新世紀叢書/百年系列

當代重要思潮・人文心靈・宗教・社會文化關懷

繁花上海背後
上海黑幫
上海黑社會的發生、壯大,
有其豐富的內涵,
它也曾是上海城市歷史的組成部分。

作者◎蘇智良/上海師範大學歷史學教授、人文學院院長

繁花上海背後：上海黑幫（原書名：上海黑幫）

【目錄】本書總頁數共336頁

序：說史論「黑」，除「黑」務盡

二〇〇九年是「黑社會」一詞頻繁使用的年份，打黑風暴席捲神州各地，尤其是重慶的黑社會事件，可以說是新中國六十年來最轟動、最離奇的打黑案件：全中國唯一的禁毒女總隊長是「黑老大」的情婦，一個不起眼的魚塘淤泥裡竟撈出二千萬元現鈔，十一年連任重慶市公安局副局長的「文二哥」文強，這個偵破「中國第一刑案」要犯張君伏法的「打黑英雄」，竟是黑社會的保護傘和「黑老大」，他控制著「四大黑將」、「六大幫派」……這一系列的精彩新聞直播，直看得大眾百姓瞠目結舌，震撼不已。

重慶和全國的打黑風暴也表明，在今日之中國，黑社會犯罪仍是一個嚴重的社會問題。

當然，最近三十年中國的進步是巨大的，這也包含著中國人觀念的進步。筆者對黑社會的研究，起源於當代黑社會的萌芽時期。記得筆者與陳麗菲在二十世紀八〇年代末寫作《近代上海黑社會研究》一書時，當時能找到的中文辭書中，竟然沒有「黑社會」

這個幾乎婦孺皆知的名詞的解釋，所以我們首先就對黑社會的定義進行了研究，提出了我們的看法。數年之後，政府和法院在多年否認社會主義國家存在黑社會之後，才終於承認存在有組織犯罪，提出有組織犯罪和黑社會性質的犯罪，以後又界定了黑社會性質的犯罪。

一九九一年，《近代上海黑社會研究》由浙江人民出版社出版，十餘年後該書又被商務印書館重版。二〇〇〇年我們推出了《海上梟雄——黃金榮與上海社會》，由江蘇人民出版社出版，該書二〇〇九年被北京的團結出版社再版。

二〇〇三年時，在與上海電視臺紀錄片編輯室合作，拍攝「慰安婦」《最後的倖存者》時，我拿出《海上梟雄——黃金榮與上海社會》，對著名編導宋繼昌言，如果拍一部上海黑社會的紀錄片，不搞臉譜化，而是實事求是地解讀他們發跡背後的真實故事，既非常有意思，也十分有必要。宋編導慧眼識題，認為可做。

於是他約來好友李曉共同編導，又約了中央電視臺加盟合作，我有幸與杜月笙好友、楊管北之子楊麟先生一起擔任顧問。拍攝中，找到了原法租界巡捕房的督察長薛畊莘、原國民黨上海市黨部大員姜豪、潘漢年情報系統的重要幹部劉人壽、老上海京劇演員熊志麟等，十分出彩。

於是，五集的《海上沉浮》問世後風靡一時，被翻譯成多種語言，該片的DVD也賣得十分紅火。此後，國內外數家電影公司和電視臺蜂擁上海，爭相拍攝上海黑社會。數年過去了，《海上沉浮》還在被觀眾們所津津樂道。

在近代上海灘，由於都市「三界四方」的政治構造，由於嚴重的貧富差別和社會失序，也由於中外官府的腐敗貪婪，出現了被稱為近代中國最嚴重的黑社會集團，出現了顯赫一時的「三大亨」，出現了號稱「三百年中國幫會第一人」、「上海皇帝」的杜月笙。

上海近代黑社會的發生、壯大，有其豐富的內涵，它也是上海城市歷史的組成部分。以杜月笙為例，其性格是非常複雜的。杜氏出身寒微，崛起市井，但縱觀他的一生，絕非「正氣磅礴，大義凜然」，而是充滿暴力與犯罪；中年後脫胎換骨地改造，儼然為地方領袖，社會中堅，參與民族抗戰，熱心社會公益，他的人生吃好「三碗面」的論斷，在社會上也曾產生過一定的影響。當然不得已時仍要使出殘忍的黑道手段。不過有一點是相同的，杜月笙等黑幫大亨都不讓自己的兒女走黑道，再犯罪。即使是張嘯林這個大老粗，他的公子也是法國博士。所以，陳水扁案件曝光後，許多臺灣人痛斥陳水扁將兒女全部拖下水，遠不如上海黑道。

黑社會成因非常複雜。當年，西西里農民因為不堪忍受外族侵略，而自主建立「Mafia」——黑手黨，此後這個「第二政府」逐漸異化為黑社會組織。在中國，儘管黑社會在二十世紀五〇年代初基本被消滅，但近二十年來，隨著社會流動劇增，私慾的膨脹和權力沒受嚴格監督，再加之社會資源分配失衡造成的貧富差距，使缺乏政治權力的底層民眾，忍受了太多生活的不公，有的人甚至「以惡除惡」、「以暴易暴」，而淪為了惡勢力的一部分。黑社會及有組織犯罪再度出現並很快生長，九〇年代，還停留在砍手、砍腳的街頭暴力水準，到近年來，已在往企業化、公司化、精英化方向發展，各地湧現出一些職業犯罪集團與腐敗官僚勾結，形成黑白同道、黑白通吃的惡勢力。即使是在美國、日本、歐洲等發達社會，各種面目的黑道仍存在，甚至蔓延。

二十年前，我們在《近代上海黑社會研究》一書的最後提出了一個問題：黑社會會捲土重來嗎？現在答案早已大白。看來，黑社會還會長期伴隨著人類社會，他們還在隱祕的角落裡販毒、敲詐、綁架、火併、兇殺……

蘇智良

二〇一〇年七月

1

亂世稱霸

鄭家木橋小癟三

「鄭家木橋小癟三」是一個歷史名詞，在十九世紀末二十世紀初為上海南部流氓地痞、無賴的統稱。早年的黃金榮、杜月笙等，正是在南市和法租界、公共租界交界處，以「鄭家木橋小癟三」這樣的典型流氓團夥，開始了他們的混世魔王的人生道路。

上海作為近代飛速發展而成的一個大都市，其特點之一，便是流氓勢力的膨脹。地痞流氓是因為社會失控而形成的一種特殊的惡霸勢力。上海在開埠以前，就因為人口流動頻繁、社會結構複雜以及地方吏治不力，致使地痞流氓勢力猖獗。一八四三年上海開埠後，隨著城市半殖民地半封建化的畸形發展，流氓勢力急劇膨脹，主要原因有三：

一是一八五三年清政府漕糧改河運為海運後，幾千條漕船上的水手連同河岸縴夫、搬運工人及商販等近百萬人陷入失業的絕境，淪為流民。其中有相當部分的流民進入上海，與本地流氓同流合汙。在這些人中間影響最大的民間祕密結社組織——青幫，原來是下層社會藉以自保的團體，但以後逐漸成為黑社會勢力的重要組織形式。稍後，主要活動於長江中游地區的洪幫，也由於販運鴉片等活動而逐漸進入上海，與流氓勢力結合。流氓幫會化和幫會流氓化是近代上海黑社會勢力形成的一個重要特徵，也是這一勢力變得極其強大的重要原因。

二是獨立於中國行政法律體系之外而又各自為政的、畛域分明的公共租界和法租界，把整個上海一分為三，變成了城區的集合體。全市沒有統一的政治法律制度和行政機構。不僅中國官廳不能在租界內行使權力，租界的巡捕不能往華界活動，就是公共租界與法租界的巡捕也互不相謀，各行其是。這種政治的不統一、社會控制力量分散軟弱的環境，正是上海流氓幫會勢力滋生、繁衍的土壤。

三是中外統治當局，尤其是租界當局，對鴉片、賭博和娼妓等骯髒營業的縱容與扶植，造成了一個巨大而邪惡的經濟部門。上海租界向以「罪惡的淵藪」聞名於世。尤其在工商業甚為缺乏的法租界，公董局一直把向菸館、妓院和賭場徵稅作為財政收入的主要來源。如一八六五年，法租界公董局全部收入的三分之二來自賭稅。這個以菸、賭、娼為核心的邪惡經濟部門，既為大規模的黑社會的生存、發展提供了經濟基礎，又進一步敗壞了社會風氣，擴大了流氓勢力的社會基礎。

上海延安東路原是一條寬闊的河流，叫洋涇濱，為黃浦江的支流，它西經周涇濱與蘇州河相連，往東匯入黃浦江。洋涇濱因通洋涇港而得名，濱分東、西兩段，浦西稱西洋涇濱，浦東叫東洋涇濱，後來東洋涇濱逐漸淤塞，從此浦西段不再冠以「西」字，而直呼洋涇濱了。自十九世紀四〇年代始，洋涇濱成為英、法租界的分界線。其兩岸各有一條小路，南面的是孔子路，北面的為松江路。洋涇濱上有九座橋樑連接兩岸的南北交通，自黃浦江邊數起，有外洋涇橋（又作頭洋涇橋，今外灘延安東路口）、二洋涇橋（今四川南路口）、三洋涇橋（今江西中路口）、三茅閣橋（此地原有一座三茅閣道觀，今河南南路口）、帶鉤橋（今山東南路口）、鄭家木橋（今福建南路口）、東新橋（今浙江南路口）、西新橋（法國人稱作「八里橋」，中國人也稱其為八仙橋，今雲南南路口）和北八仙橋（今雲南南路以西）。最初，這九橋中除了外洋涇橋是鋼筋水泥建築外，其他均是木橋。由於此處為英、法租界的交接處，故車水馬龍，商賈雲集。沿岸茶館臨河高築，明窗開敞，是商人們談生意的好去處，於是產生了「洋涇濱英語」。

鄭家木橋在開埠前就已架設，原名陳家木橋，上海話裡「陳」、「鄭」同音，因此後來變成了鄭家木橋。上海小刀會起義後，清軍前來圍剿，這一帶頓成戰場。英國領事為阻止戰火蔓延到租界，下令拆除此橋。到一八五六年，美國傳教士泰勒為了方便教徒進出河南的基督教教堂，出資在木橋原址上建造了一座長十米、寬四米的木橋，外國人稱泰勒氏橋，上海人仍稱它為鄭家木橋。鄭家木橋一帶，商號林立，各地商賈成交之後，就近到山東路麥家圈、福建路四馬路（今福州路）一帶，逛妓院、賭場和燕子窠。這燕子窠比菸館略小，陳設也較簡單，當然價格也比菸館要便宜，它滿足了上海數十萬癮君子的需要，因此風靡一時。久而久之，這一帶就成了三教九流、各色人等的雲集之處。於是，遊民乞丐因這裡茶樓酒肆、娼寮賭場毗連而時常出沒，扒手小偷因這裡各地商人成群也常在此聚散，流氓地痞們更是在這裡呼風喚雨，聚眾鬧事。

由於洋涇濱是英租界、法租界（後來為公共租界和法租界）的交接處，橋南的法租界巡捕不能涉足橋北英租界，橋北的英租界巡捕也不能越界捕人，一河相隔，形同兩國。流氓地痞們充分利用這種環境，以鄭家木橋為其風水寶地，凡行人行經或者商船停靠此地，他們便一哄而上，於光天化日之下公開搶劫，大之於貨箱皮包，小之於婦女所戴的耳環頭簪。這些歹徒往往在英租界得手後，只須逃入橋南的孔子路即告無事，而在法租界作案後，只要避入橋北的英租界亦然。洋涇濱的有利地形，使得流氓歹徒越聚越多。他們結夥成幫，各佔地盤，形成了近代上海黑社會的一個雛形。

而從捕快職位上退下來的黃金榮，便成了這眾多的流氓地痞中的一人。

黃金榮原籍浙江餘姚，一八六八年十二月十四日（同治七年十一月初一）生於蘇州。

父黃炳泉原為蘇州捕快，後全家遷到上海，在城內張家弄購屋居住。黃金榮讀過幾年私塾，後入裱畫店為學徒，對書法下過一些功夫，黃自稱斗大的「福」字寫得最拿手。他身材矮胖，結實有力，皮膚黝黑；一張田字臉，碩大無比，近似蛤蟆；口大容拳，但目光炯炯。他憑蠻力亦憑其社會閱歷而拳打腳踢，在洋涇濱兩岸為非作歹，不久與丁順華、程子卿結成了流氓團夥。

丁順華，南匯人，原是農民，身有蠻力，且學得一手好拳術。最初，他每日搖柴船到洋涇濱來討生意，遭到當地流氓的勒索，遂糾集同鄉自衛；久而久之，自己也蛻化變質，成了鄭家木橋的一霸。

程子卿（1885-1956），江蘇鎮江人，因皮膚漆黑而人稱「黑皮子卿」，幼時讀過幾年書。及長因家貧而輟學，在米店當學徒，每日掮米，練就鐵打的身坯，且善於出鬼點子。後來他也看中了洋涇濱這塊風水寶地，糾眾做敲詐之事。

黃金榮與丁順華、程子卿結為兄弟，依次為黃老大、丁老二、程老三；強強聯合後，便成為鄭家木橋一帶無可爭議的霸主。其收益主要有兩項：一是來此地販運各種農產品的農民；二是洋涇濱兩岸的商家。前者要留下買路錢，後者要繳納「保護費」。除此之外，有時仍要做些「抛頂宮」（搶路人的高級呢帽子）、「剝豬玀」（搶剝路人衣服）、「剝田雞」（搶小孩的絨線衣）、「揹娘舅」（用繩套住被害人頭頸揹至角落，待昏迷即搶剝去衣物）等勾當。

經常來此的商賈、旅販和農民們，為了免遭麻煩，須主動向流氓中的最有勢力者行賄送禮以尋求庇護。這些流氓中的強有力者往往成為團夥幫派中的頭目，漸漸地，流氓中的小金字塔形成，小地盤服從大地盤，小頭目服從大頭目，產生出盤根錯節的地方惡勢力。黃金榮在丁順華和程子卿哼哈二將的支撐下，橫行霸市，聚賭狎妓，成為洋涇濱兩岸小有名氣的黑社會頭目。

因終日在黑道上跑，黃金榮認識了一些租界的巡捕，並跟在他們後面做「蟹腳」（即「跑腿的」），上海人稱之為「三光碼子」。這一時期的黃金榮尚屬「鄭家木橋小癟三」的社會極底層人物，自然沒有固定收入，到進入巡捕房後，才改變了生活和地位。

實際上，「鄭家木橋小癟三」是一種形象的說法，在法租界與華界交界的十六鋪地區、英租界與華界交匯的滬西曹家渡地區等，均是黑道勢力滋長的寶地。上海黑社會就是在這種情況下應運而生的。

黃金榮穩坐巡捕房

黃金榮的兒媳李志清經常講，想想滿好笑的，阿拉（上海話「我」的意思）公公一輩子不會開槍，不會拳術，而且一生一世不會講法國閒話（言語），但卻做了一輩子的警察頭子。

黃金榮是靠什麼祕密武器，坐穩巡捕房的呢？

十九世紀末的法租界，菸、賭、娼行業的興旺，固然給統治當局帶來財源，但由此而膨脹的黑社會勢力，卻嚴重擾亂了其統治秩序。為了解決這個矛盾，租界當局相繼採用「以毒攻毒」的辦法，即吸收流氓充當巡捕來控制流氓團夥，以便把流氓的犯罪活動限制在不致危及外國殖民者的根本利益和基本統治秩序的範圍內。黃金榮便是在這一思路下「有幸」被法租界當局吸收，成為巡捕房的一員而發跡的。黃金榮後來說：

做包打聽，成為我罪惡生活的開始。我被派到大自鳴鐘巡捕房做事，那年我二十六歲。

關於黃金榮是如何被招入法租界巡捕房的，說法不一。在法租界巡捕房曾工作過二十多年的原法租界督察長薛畊莘寫過一篇〈我接觸過的上海幫會人物〉，其中有這樣一段文字：

法租界當局為了收拾這批鄭家木橋小癟三，用以毒攻毒的辦法，雇用黃金榮為刑事科便衣探員（俗稱包打聽）。黃就把大部小癟三收為徒弟，加以掌握，作為向法捕房立功的資本。

法租界招華人警力以維持治安，本身就含有如薛畊莘所云「以毒攻毒」的策略，這已為其後幾十年的歷史所證明。所以，黃金榮入法租界巡捕房，「考」與否本身並不應作為一種正式的史料立論。也許，說黃金榮以「招考」的形式被納入巡捕房更為確切。

關於黃金榮何時成為巡捕的，也有兩種說法。一種說法是一九〇〇年，法租界擴張後進入巡捕房的。黃金榮自己說二十六歲成為巡捕，舊時中國人算年齡均以虛歲計，一八九二年正是黃金榮二十六歲。較早成書的《大流氓杜月笙》一書也作一八九二年。一九二五年黃金榮在從巡捕房辭職時稱「供職迄今已有三十年於茲」，這三十年當然是個概數，若以一八九二年計則黃金榮供職三十三年，若以一九〇〇年計，則黃金榮服務為二十五年，可見取一八九二年說，則黃金榮前後的說法還是一貫的。因此，筆者認為一八九二年應是比較合理的。

法租界與流氓勢力的結合，是歷史的特殊選擇。隨著租界的擴張，人口猛增，社會環境日趨複雜。歐洲巡捕不諳中國的風土人情、社會內幕，難以有效地控制社會，以後所招募的外國巡捕也形同擺設。而黃金榮一類人物是從社會底層摸打滾爬過來的。他們了解社會各階層的底細，尤其熟悉黑社會各團夥的內幕與布局。租界與黃金榮一類人物的「聯姻」，無疑將會扭轉租界對治安問題一籌莫展的局面，大大改善對上海社會的控制。另外，菸、賭、娼等邪惡經濟部門的存在，是殖民當局獲得穩定捐稅的基礎。為了保證其正常營業，就必須容納與之有血肉關系的黑社會勢力。而流氓團夥間的嚴重妨礙統治秩序的勾心鬥角、你爭我奪的矛盾，也只有靠「以毒攻毒」、培植最有能量的黑勢力的方法加以解決，從而保持社會新的平衡。總之，法租界當局為了確保租界的平安，放棄了司法公正這一道社會公正的最後堤防，而心甘情願地引入流氓勢力，其原委是可以想見的。

對於黃金榮來說，法租界向他這一類人等伸出橄欖枝，不啻於是給他們鋪平了一條登天的大道。在過去，黃金榮率眾從事敲詐、搶劫、詐騙等黑道事業，既擔驚受怕，要躲避官府的圍剿，又須防止同道兄弟的「黑吃黑」。他們雖能得到溫飽，甚至有小財好發，但社會地位低下；能光明正大地出入於大庭廣眾之前，獲得體面的社會地位，正是其夢寐以求的。況且，有了殖民當局做靠山，他們就可以憑藉自己亦官亦匪的身分，吞併其他流氓集團，以獨霸一方。事實上，黃金榮日後成為赫赫有名的流氓領袖，成為上海灘上炙手可熱的三大亨之首，乃至中國黑社會勢力的龍頭霸主，正是以擔任法租界密探為起點的。

所以，一八九二年，是黃金榮一生的一個大轉折。

黃金榮被分配到大自鳴鐘巡捕房值勤，這大自鳴鐘的地名，現在泛指金陵東路以北、延安東路以南、紫金路以東到黃浦江這一帶。一八六五年法租界公董局在原福州會館舊址上建造了三層大樓，中間有座高高的鐘樓，裝有當時上海第一臺大自鳴鐘。它與後來的外灘江海關大樓的大自鳴鐘和跑馬廳彩票樓的自鳴鐘鼎足而三，號稱上海三大自鳴鐘。直到黃金榮退休後的一九三四年，這裡才翻建成一幢十層大樓（其址今為延安東路一四七號，上海公安局黃浦分局出入境接待室）。這個巡捕房的正式名稱叫北區巡捕房，租界時代，樓前曾矗立原來法租界總巡麥蘭的銅像，因而俗稱麥蘭巡捕房，這裡還曾做過法租界的總巡捕房。

黃金榮擔任探員，人稱華探，上海人俗稱包打聽。他首先讓把兄弟丁順華和程子卿收買一班慣竊老賊，在法租界各處設置眼線暗哨，這就是大包打聽養小包打聽的制度。黃時常指使手下製造種種事端並加以解決，不斷擴大其影響，以取得法租界當局的信任。深諳黑社會內幕的黃金榮對這類勾當做起來是「熟門熟路」。有時，他讓眼線糾合癟三們去搶劫作案，事先他向法租界巡捕房報告，然後將作案者一網打盡，事情平息後，黃金榮再設法將眼線保釋出來。有時，他在法租界的繁華地公館馬路（今金陵東路）商業區出巡，事先派小流氓鬧事，待黃金榮到達時，小流氓們便大叫一聲「黃老闆來了」，隨即抱頭鼠竄，黃金榮也會裝模作樣嚴加訓斥。久之，法租界警務處對黃金榮另眼相看，認為他最有辦法，而黃金榮在捕房中的地位也愈加鞏固，並在華捕中嶄露頭角。於是，商店老闆和富翁財主等因為他能降服流氓，維持治安而塞錢送禮，到後來，甚至按月給他送錢，將他視為「保護神」。總之，黃金榮暗中製造混亂的局面，把法租界鬧得雞犬不寧，然後再由他出面消除這種混亂的現象，這是黃金榮早期博得名聲的主要手法。

上：黃金榮童年生活的街區：張家弄舊影
下：黃金榮服務的巡捕房，解放後這裡是黃浦區公安局

黃金榮走紅的另一個原因是得到副總巡石維也的賞識。黃金榮的特長是遇事能立即抓住問題的中心，快刀斬亂麻。石維也直接管理包探和巡捕，黃金榮對之竭盡奴顏婢膝之能事，經常行賄，從而深受石維也的器重，被其視為最得力的奴才。石任內的絕大部分貪汙都是黃金榮一手包辦的，所以有此靠山，黃金榮便站穩腳跟。

黃金榮自一八九二年進入法租界巡捕房做探員，儘管工作可算出色，但升至探目後便停止了很多年。這主要是法租界當局把中國人仍視作二等公民。巴黎的歹徒來到上海，一夜之間便可以成為探長，甚至總巡。而中國的巡捕則要熬上好多年，才能爬到探長之位。黃金榮在探目的位置上一做便做了二十多年。如一九一三年七月，時值討袁時期，《申報》十七日載：昨日晚上，法國總領事令總巡派華探目黃金榮率各華探前往各處偵察。到一九一九年黃金榮仍為探目，據是年十一月二十五日報載，二十四日下午法國郵船載華工四百餘人由法抵滬，法捕房派探目黃金榮等前往照料。直到一九二一年，黃金榮的職務還是探目。十月五日的《申報》報導說：日前，公共租界的電話公司接線員與法捕房華探目黃金榮發生衝突，事後，電話公司迫於黃金榮方面的壓力，將此接線員送往法租界會審公堂拘禁。但五日那天，公共租界的四個電話局的全體接線員以罷工抗議。受此壓力，六日，英美大班到法捕房將該接線員保釋，此事才算了結。

幾乎所有涉及黃金榮的書籍都稱黃金榮很早就當了探長，而從筆者所見之史料來看，黃金榮根本沒有擔任過探長一職。黃在法租界地位的提高主要是在創辦三鑫公司以後。從所查閱的史料看，一九二二年初，黃金榮才從探目直接升任巡捕房華人督察員，其時的黃金榮已經十分活躍，其維持治安的範圍已遠超出法租界，而在上海社會成為破案高手。是年三月十八日的《申報》報導黃金榮率員一夜連破兩案：

十七日晚上七點餘時，督察員黃金榮帶著探目徐阿東、任水揚、劉友法、張惠泉和李連生等巡查到敏體尼蔭路（今西藏南路），發現一行跡可疑者，即上前盤問，那人突然拔出一把勃朗寧手槍反抗，被巡捕們奮勇拿住，查該人姓名徐老三。

另一案件是黃金榮與巡捕徐阿東、韓邦達、楊振富、任水揚和王芝芳等經過周密偵察，發現一盜匪隱藏於華界的方板橋壽祥里六十九號，於是即報告該地警局，十七日晚，法租界巡捕協同華界警員同往緝拿，匪徒發現後頂住大門，然後準備越屋而逃，被巡捕登屋逮捕，並押回法租界總巡捕房審訊。

一週之後，黃金榮又破大盜王小弟案。王小弟為當時著名盜賊，專事搶劫，遇反抗或者警察抓捕即提槍拿刀，很是兇猛，前後竟然傷斃三十餘人，當時上海各界談王色變，人人自危，王小弟遂成為當時上海治安的大患。後黃金榮的眼線偵知王賊躲藏在公共租界六馬路（北海路）的三江旅館內。二十四日，黃即與探員沈德福、韓邦達、楊振富、任水揚等會同公共租界的老閘捕房將其一網打盡，捕獲王及其同夥四人。一時轟動上海全城。

是年八月二十一日，居住在法租界愷自邇路（今金陵中路）長安里的婦女某氏在公共租界被人勒死後，藏於木板箱內拋棄。後經黃金榮及探目韓邦達的偵察，認定兇手為王惠根，並查知其匿跡之所，遂於二十一日前往搜索逮捕。

在治安方面，法租界在確實必須倚重黃金榮的情況下，一九二四年，黃金榮升任督察長（英文稱Captain-Superitendent）。從史料來分析，他在督察長任內，治績顯著。三月，黃金榮曾捕獲大批盜匪。當時，上海連連出現殺人越貨的案件，法租界總巡費沃利要求黃金榮火速破案。黃金榮與正副督察員沈德福、楊振富率探員金九林、許培春、何土根、陳阿毛、任水揚、潘瑞福、王如枕等到處偵察，終於查得這些歹徒隱匿在閘北與公共租界交界處，經與各方商洽，十六日，黃金榮與各員前往緝拿，一時警員密布，將十多名盜匪全部逮捕歸案，受到各方讚揚。被譽為「法租界治安的長城」。

關於黃金榮何時從法租界巡捕房退休，多數說法稱在一九二五年。實際上，黃金榮的退休有個過程。

一九二五年三月二十七日，黃金榮向法租界巡捕房總巡費沃利提出辭呈，他稱已在巡捕房供職三十多年，向來辦公勤謹，曾得有法國政府獎章多種。近因年邁，加之腦筋不足，故請求辭去督察長一職。不久，即獲得法租界的批准。《海上名人傳》稱：

> 甲子冬，先生以舊時足傷天陰輒發決意辭退督察職務，法當局一再堅留，先生不得已，勉允退職後仍遇事維持。

黃金榮為何辭職？半個多世紀以來，也有種種說法。

黃金榮遭到有法租界背景勢力的打擊，是確認無疑的事實。這種打擊首先來自魏廷榮，也來自一些社會團體，如上海的天主教會；還來自同僚或黑社會勢力。就在黃金榮要求辭職前的兩個月，即一九二五年初，在黃金榮一手遮天的法租界，竟發生了巡捕集體敲詐黃金榮的怪事。

原來黃金榮長年有兩大嗜好，一是鴉片，二是賭博。那個時期黃金榮主要在鄭家木橋華慶里一四二號自己開設的賭臺聚賭，這裡成了黃金榮的第二個家。當黃金榮與租界矛盾日益激烈時，平時胡作非為慣了的巡捕也想對有所「跌霸」的黃金榮敲詐一筆。那時正逢春節過年，在一月二十九日晚上下班後，三個糾集起來的巡捕同夥，他們分別是大自鳴鐘巡捕房第二七三號華捕卞鴻裕、第二號華捕徐國祥和第三七八號華捕李榮，他們一起前往華慶里賭臺，當面向黃金榮勒索，上海話俗稱「討香菸錢」。可以想像黃金榮看到三個華捕氣勢洶洶地向他討香菸錢時，首先，他也許驚訝得難以置信，要知道過去黃金榮正是這一行當的祖師爺；然後，他脹紅了臉，憤怒地要衝過去撕碎這些同行。但轉念一想，好漢不吃眼前虧，自己正在多事之秋，多一事不如少一事。於是，吩咐手下各給了三元大洋，算是花錢消災。

不料，卞鴻裕等三人僅是個開頭，卞等得手後，立即招呼同道第三〇六號華捕李三、第五七號華捕張渭川和第三七一號華捕周根生等十多名華捕一擁而入，強要大洋。這情景一方面讓人了解租界的警察是多麼腐敗，一方面看到黑道世界殘酷無情，所謂牆倒眾人推。

但黃金榮豈肯俯首稱臣，他要讓這些晚輩們知道，他還是法租界的督察長。時有任金和者，是何許人也不詳，見狀拿出十元大洋以做和解，結果李三等見每人只能分得一元，豈肯罷休，而黃金榮也不願調和。於是，李三等人見強索沒有得逞，便掏出警笛，正好有西捕趕到，上前盤問。黃金榮的勢力畢竟根深柢固，卞鴻裕、李三等十多人立即被解送捕房。

三十日，法租界會審公廨開庭審理。卞鴻裕等竟延聘律師申辯稱：被告巡捕等乘新年之時，向各賭戶勒索陋規，設或有之，實因賭戶賭博，以致引誘他人，此乃原告之咎，請求從寬發落。結果法庭判處卞鴻裕、徐國祥、李榮和三人各押西牢二年，李三、張渭川、周根生等三人，各押西牢一年。

黃金榮以「腿上舊疾復發」為由辭去巡捕房督察長之職，但不久得到法租界當局的堅決挽留。因此，黃金榮只得同意「遇事維持」。所以後來一個時期，黃金榮有時仍被稱為督察長。如一九二七年初蔣介石到上海布置清黨反共和四一二事變時，黃金榮仍被稱為是巡捕房督察長。因此黃仍參與一些巡捕房的事務。經過法租界的不斷挽留，一九二七年二月，黃金榮同意，又被法租界公董局聘為巡捕房高等顧問。聘為顧問之後，黃金榮雖不實際參與破案，但對法租界華人巡捕的人事仍握有較大的權柄。無論是在法租界，還是在上海灘上，黃金榮仍威風凜凜。法租界當局遇到治安方面的事情，仍要請教黃金榮。有時法國總領事和總巡會親自到鈞培里來求教。黃金榮口稱退休了，然每天交往訪會的客人川流不息，門前車水馬龍。一九三〇年十二月二十日，黃金榮六十三歲壽辰，就是這麼個小生日，「各界前往晉觴祝賀者，絡繹於途，車水馬龍，盛極一時，直至深宵而散」。

當時報刊均稱黃金榮為法租界顧問，黃金榮的管家黃振世也在其口述的〈我所知道的黃金榮〉中有這麼一段話：

> 在第一次歐戰結束以後，黃金榮因「維持」法租界治安有「功」，法帝加聘他為法租界公董局顧問，領少將銜。法捕房裡所有華籍探目、巡捕，均由黃金榮提名升級。

便是指此事。但說法租界同時聘黃金榮領少將銜，似無實據。就常識而言，法租界當局，包括其最高負責人法國駐滬總領事是不可能有此權力的。

發跡十六鋪的杜月笙

一九三一年杜祠落成典禮，國學大師章太炎曾親自撰文〈高橋杜氏祠堂記〉，傳頌一時。章太炎僅僅根據杜月笙兒時所聞「祖先由浙江海寧遷來」，廣徵博引，為其修訂家譜，並「考證」出「杜之先出於帝堯」，「直系祖先為山陰杜衍」，杜月笙的祖先上溯到帝堯。

杜之先出於帝堯。夏時有劉累，及周封於杜，為杜伯。……其八祖皆御史大夫。……宋世有祁公衍，實家山陰，江南之杜自是始著也。

由此，出身寒微、父母雙亡、近族寥落的杜月笙一躍而成為名門之後，躋身於帝王之系。

這自然無從考據，實際上，杜家是貧苦市民。

杜月笙生於一八八八年，比黃金榮小了整整二十歲，為上海縣高橋鎮南杜家宅（今浦東新區高橋鎮）人，因生於陰曆七月十五，故名月生，後稱月笙。發跡後文人墨客引經據典為其改名杜鏞，號月笙。語出《周禮．大司樂疏》，西方之樂為鏞，東方之樂為笙，如此名號風雅多了。其生父叫杜文卿，祖業傳到他手上只有一幢平房了，在楊樹浦開一小米店。生母為朱氏，生下一個女兒後因霍亂而亡，那年杜月笙只有三歲。杜月笙的妹妹交一黃姓寧波商人領養而不知所終，此後杜文卿續弦張氏，但好景不長，在杜月笙五歲那年，其父也病故了。繼母給杜月笙以母愛，但因生活所迫，後也離開了杜氏門庭。此後，小小月笙只得向舅舅朱揚聲借錢，卻被做泥水匠的舅舅罵出門去。所以，杜發跡後，對這個舅舅還是不加理睬。直到一九二五年修造華格臬路公館時，還是其大太太說了句：「這回，你就照顧照顧娘舅吧！」杜月笙才讓朱揚聲當了土木監工。

杜月笙童年便染上賭博惡習，家中鍋灶碗碟，能換錢的，都給他送進了賭場，所以娘舅非常看不起杜，視其為壞小囡、敗家子。十五歲時杜到上海，在十六鋪的張恆大水果行中當學徒，本可以學些本事，求個溫飽，無奈杜嗜賭成性，因挪用錢款而被老闆攆出水果行。其師兄王國生可憐他，常弄些爛水果批發給他。此後杜月笙提著水果籃周旋於碼頭、輪船、茶樓、菸館之間，他幫客人削水果皮，由此練就一套削水果的本領，綽號「萊陽梨」。

此後在十六鋪一帶過了一段流浪生活，又到鄭家木橋聚眾鬥毆，敲詐勒索。有時指使一幫小流氓到商店門口互相打鬧，拋糞便，弄得顧客紛紛躲避，影響商店的生意，店主只好給他們錢了事。杜月笙的拿手好戲是詐騙。清末的十六鋪是上海的水陸碼頭，人來客往，十分繁華。先由一穿著尚可的小癟三拿著一隻沒有底的茶壺或花瓶，看準剛到上海的商人模樣的人，往身上一靠，那茶壺摔在地上，小癟三立即邊哭邊鬧，說是家傳寶貝要給生病的母親換藥，現在茶壺碎了，母親必死。這時，杜月笙等裝作是過路「打醬油」的，稱小孩可憐，商人應賠，最後逼迫對方少則五塊八塊，多則數十塊才算了結。

當黃金榮已是法租界巡捕房包打聽時，杜月笙還在洋涇濱兩岸苦苦掙扎。後來杜被一家花煙間收留，在這個兼營菸賭的黑窟裡，結識了眾多混跡其間的黑社會人物，並拜青幫頭目、賭場老手陳世昌①為老頭子，列悟字輩。杜月笙被引入同孚里黃金榮公館，這是他人生的一個轉捩點。

關於杜月笙進黃公館的方式有幾種說法。一種說法是杜月笙的青幫師父陳世昌住在

①陳世昌，蘇州人，常在十六鋪一帶以抽籤子賭輸贏，人稱「套籤子福生」。早年加入青幫，為通字輩，與黃金榮等相識，門徒有杜月笙等。

八仙橋附近，與黃金榮熟悉，是陳將門徒介紹給黃金榮的。第二種說法是杜月笙的青幫同門兄弟馬祥生在黃公館裡做伙頭軍，是他看到杜生活過於糟糕而引見給黃金榮的。第三種說法有點傳奇色彩，當時，杜月笙流落街頭，以賣萊陽梨為生，晚上則露宿街頭；一日清晨，正遇巡捕追擊強盜，當強盜掠過杜月笙身邊時，被他一把抱住，從此得到黃金榮的賞識而進入黃公館。第四種說法是黃金榮晚年自己所說：

> 四十歲左右，我在小東門巡捕房做探目，由在小東門有（原文如此——引者注）一個姓王的介紹，認識了杜月笙。

看來當事人的自述比較可靠，當然也有黃金榮怕連累馬祥生等人而有意掩蓋的可能。在流浪十六鋪的時期，杜月笙曾為法租界的包打聽陳三林、徐阿東做過幫手，即「三光碼子」。可能那時已去過黃公館了。當時，杜月笙在一批小癟三中已經有了一定的號召力。一天，黃金榮要偵察南市某疑犯的情況並伺機逮捕他，因按照規定，法租界的巡捕是不能到中國地界去執行公務的，因此黃金榮要手下人在南市物色幾個小弟兄，去設法把那人弄進法租界。結果，第二天，要抓之人被押至巡捕房，出力者中為首的就是瘦瘦的杜月笙。黃金榮望著杜月笙，點點頭講了一句：「以後我的巡捕房有事找你，你聽他們的指揮。」

杜月笙進入黃公館的時間約在一九〇七－一九〇八年，此前杜還在鄭家木橋做癟三小首領。杜月笙進入黃公館時僅二十歲，而黃金榮已四十歲，比他要長一輩，杜又是進來討口飯吃的，所以稱黃為「爺叔」，第一次還行了一跪三叩首的大禮，實際成了黃金榮的徒弟。而且，「爺叔」的稱呼保持了十多年，直到二〇年代中期，上海灘的流氓世界已形成了黃、張、杜三大亨的新格局，杜月笙才開始改口，由「爺叔」改成了「金榮哥」。

然而，進入黃公館，並非就是上了天堂。黃金榮的公寓裡各色人等幾十號，且等級森嚴。剛進去的杜月笙，資格最淺，只能從黃公館的後門進出，在灶披（指廚房）間裡吃些殘羹冷飯，沒有任何工資收入。至少在一九一一年，杜月笙還相當落魄。該年四月，他因與同夥去租界一個客棧敲詐五元錢，而被捕房拿獲。在巡捕的嚴厲審問下，杜月笙供稱：在這一次行動中，他只是個從犯，只分到一元。即使杜的供詞是誑語，但一次出手僅敲詐五元，還要被解送巡捕房，可見其時杜月笙還遠非大亨之屬。其密友回憶：

杜月笙二十歲生日，同夥弟兄每人出了一塊錢，準備晚上聚餐慶祝，不料一個下午，杜就把人家送的份子全部輸光。杜的好賭，當時在同夥中是出名的。

據杜後來自己對其子回憶，直到一九一五年他結婚後，仍經常過著「青黃不接」、「開不出伙食」的清苦生活，那時的最高理想便是「窄門淺戶，粗茶淡飯」。早期的杜月笙，可以說吃喝嫖賭，無所不為，尤其是賭博，常常輸得只剩一條短褲，窮困潦倒。他的出窠兄弟袁寶珊回憶：

> 月笙哥賭銅鈿輸脫了底，他就喊我縮在被頭窟裡勿要起來。他把我的衣褲一捲，送進當鋪，當點錢再進賭場。每逢碰到這種事體，我總是困在床上暗中祈禱，月笙哥能贏得銅鈿，贖當回家。否則的話，我身上只有一套汗衫褲，豈不是一生一世爬勿起來了嗎。

中年後的杜月笙回顧年輕時代的荒唐事，經常用一句上海話開導門徒：

吃是明功，著是威風，嫖是落空，賭是對沖。

要改變命運靠自己，於是，杜月笙極力施展其為人乖巧、機靈詭詐的本事，首先贏得了老闆娘林桂生的賞識和歡心。

令黃金榮對杜月笙另眼相看的，是這樣一件事。一年冬天，黃金榮的小生日，按照慣例門徒等手下人都要備好禮物前來拜壽，但杜月笙並未到來。黃金榮有些納悶，便問左右：小赤佬哪能唔沒來給我拜壽？知情者說：小杜這幾天生意不好（指沒有搶到鴉片等），伊手下的小弟兄伙倉（指吃飯）開不出了，小杜拿自己的衣裳送到當鋪去換鈔票了，伊沒有衣裳所以不能來拜壽了。黃金榮聽了，不禁嘆道：小杜為人還真講義氣啊。

於是，黃金榮讓他到十六鋪，去管理生吉里賭臺，挑他發點財，果然杜不辱使命。後黃又派他向停泊在碼頭上的民船討碼頭錢，向花煙間、燕子窩和賭臺收月規錢。杜月笙兢兢業業，盡心盡力，從而獲得了黃金榮的信任，黃門上下都講「杜月笙這個小鬼滿靈格」。久之，黃金榮將杜收來的錢分些給杜月笙。杜月笙隨後也常常跟著黃金榮出去做跟班，拎皮包，去聚寶樓，入日新樓，見見世面，尤其在獵取情報和接受賄賂等方面，顯示了他的機靈詭詐和聰明伶俐。

在杜月笙入黃公館的最初幾年中，黃金榮林桂生夫婦待之如義子，處處給予照拂。是黃金榮讓杜當了生吉里賭臺管事，逐漸讓其獨立門戶；林桂生還介紹了個名呼「老四」的女人照料其生活，到一九一五年杜月笙結婚成家，新娘子沈月英，蘇州人，黃金榮是大媒人。後來到一九二九年，杜月笙又看中了在黃金榮的金榮大戲院裡唱戲的當紅鬚生姚玉蘭，又是黃金榮要李志清從中撮合，成全了杜月笙的心願。自然，初出茅廬的杜月笙也對黃金榮忠心耿耿，為黃在上海打天下立下汗馬功勞，如策畫張嘯林的加盟，從「搶土」到經辦三鑫公司等。

「搶土」歷來就是黑道最擅長的不法勾當之一。「搶土年代」有不少「離奇故事」，「八股黨」就是勢力最猖獗的團體。公共租界和法租界先後誕生過兩個「八股黨」。辛亥前後，原公共租界的地盤控制在以沈杏山為首的幫會團夥手中。沈利用地利，糾集季雲卿、楊再田、鮑海籌、郭海珊、余炳文、謝葆生、戴步祥等七人，專事搶劫鴉片菸土，號稱「八股黨」（後為與杜月笙的「小八股黨」區別，也稱「大八股黨」），使租界內的潮幫菸商們頭痛不已。後來「八股黨」與潮幫土商談妥，收取保護費，承擔鴉片接運，轉身從鴉片的偷盜者變成了保護者。為防止其他幫會勢力的搶奪，他們賄賂上海兩大緝私武裝——水警營和緝私營，並打通軍隊關節，使其暗中沿途保護。同時，又利用捕房內的關係，得到公共租界警務處的特別關照。就這樣，「八股黨」依靠強有力的流氓團夥及其背後的勢力，從吳淞口外承接鴉片運至租界中心區域，然後將部分鴉片再轉入內地。可以說，「八股黨」替滬上菸商開闢了一條相當完善的販運通道，幾乎壟斷了整個上海的鴉片承運業，公共租界土行的繁盛顯然有著他們的「功勞」。

民國初期，法租界的黃金榮集團不滿沈杏山一夥對這條「生財之路」的壟斷。在杜月笙的策畫下，從十六鋪、鄭家木橋等處招來顧嘉棠、高鑫寶、葉焯山、芮慶榮、楊啟棠、黃家豐、姚志生、侯泉根等八人，組成了「小八股黨」，連同他們的成百「徒孫」，開始以「實際行動」爭奪鴉片的承運權。「小八股黨」的搶奪行動遵循「周密調查，妥善布置，閃電般行動，狡兔式逃逸」的原則。搶土地點多選在「大八股黨」將鴉片從碼頭提運到土行的途中，利用月黑風高、風雨交加之夜，看準時機搶下一定數量的鴉片後，馬上祕密運到洋行街（今陽朔路）一〇五號潮州會館，或者華格臬路（今寧海西路）的潮州山莊，將菸土放入空棺材中，再伺機運回法租界。憑藉著黃金榮的號召力、「小諸葛」杜月笙的狡詐、骨幹隊伍的精悍勇猛，還有遍布各處的眼線，「小八股黨」在與對手的較量中逐漸佔據了上風。

鴉片商人是勢利的。在「小八股黨」咄咄逼人的打擊下，沈杏山集團的鴉片護運權開始動搖。而當公共租界迫於輿論開始逐步實施禁菸政策時，沈杏山知道「大八股黨」的輝煌將不復存在。興盛了半個世紀之久的山東路麥家圈一帶的大小土行，經不起法租界種種優越條件的誘惑，開始紛紛「南遷」。從此法租界黃金榮集團的鴉片販賣活動開始進入高潮。

販毒巨擘三鑫公司

民國初期，在公共租界迫於壓力、決定禁毒時，黃金榮等抓住這一機會，要求法租界當局允許菸土公賣，這一計畫得到了法租界的太上皇——法國總領事的認可，這樣，黃金榮便催生出了一個世界販毒史上也可獨佔一章的三鑫公司。經黑道一手操辦、租界和軍閥共同提攜，三鑫公司如一朵邪惡卻攝人心魄的毒卉，在各種先天和後天條件的滋養下絢爛綻放。

關於三鑫公司的成立時間，有一九一八、一九二四、一九二五年等多種說法。澳大利亞學者馬丁認為應在一九二五年，實際上這只是沿用了《大流氓杜月笙》中的說法。筆者認為其成立時間在一九一八年冬。理由除了筆者二十年前採訪民國老人獲得的口述資訊外，還有一些報刊資料，如《字林西報》一九二三年八月刊文指出：「據確實消息，上海於近五六年中，確有一大私土運販收費之機關，活動不已。」這正好是一九一八年。當然，這一大機關不一定就是三鑫公司，但不少上海幫會人物的回憶，多稱一九一八年，這是較為可靠的。第二，另一證據是，一九二二年上海城隍廟失火後，黃金榮等即在三鑫公司的每兩鴉片菸中，增加了些價錢，積少成多，然後重建城隍廟的。第三，三鑫公司的成長與林桂生的策畫有很大的關係，而一九二〇年底，林桂生已與黃金榮離婚，故三鑫公司之建立肯定在此之前。

三鑫公司有時又名三星公司（其發出的鴉片印花上標著「三星」字樣和三顆五角星鼎立的圖案）。三鑫公司之得名，一般認為，一是發起人黃金榮與公司的經理杜月笙（杜鏞）和金廷蓀三人的名字中都有一個金字；二是他們希望能變土為金，日進斗金。

三鑫公司以杜月笙為總經理，金廷蓀為副經理，張嘯林入夥後，也擔任了副經理，主要骨幹還有沈杏山等人。實際負責人是金廷蓀。金廷蓀，寧波人，外號「釘鞋子阿三」，早年為苦出身，因喜好賭博，棄業做了流氓，在寧波城裡跟丐頭老林發，混跡於輪船碼頭以敲詐度日。後因犯案而潛逃到上海，與黃金榮、杜月笙等相識而志趣相投。黃金榮因其巡捕房探員的身分而不便公開露面，做了三鑫的後臺老闆，總巡費沃利也在幕後支持。在華界，三鑫公司的合夥者是中國的軍警各方，這通常是由張嘯林負責聯絡的，如緝私營統領俞葉封、松滬警察廳主任祕書劉春圃、鎮守使署祕書長江幹廷，一直到松滬護軍使何豐林。而土行、菸館成為公司的分支機構。稍後《時報》報導指出，包運販賣鴉片者有「某長官及租界內之張、戴、謝、杜、沈、季、郭、鄭並諢名『松江老大』等多人」，菸土進口，經常由「兵輪裝運」。這表明，三鑫公司是一個租界、軍閥、流氓、鴉片商人相互合作與勾結所形成的大販毒機構。

三鑫公司的總部設在法大馬路（今金陵東路）惟祥里（過去有些書寫唯祥里，其實惟祥里三個字直到今日，還刻在弄堂口），總部正門在法大馬路（今門牌為金陵東路一九六弄），設有鐵門，平時有公司的保鏢守衛，而且法租界還派出安南巡捕保衛。後門在火輪磨坊街（今盛澤路五十三號）。此外，辦事處有二，一是自來水街寶成里二號（後為寧海東路九十弄二號），二是靠近黃金榮公館附近的格洛克路（今柳林路，其建築於一九九五年被拆毀），也有巡捕警衛。公司還在法租界的腹地杜美路（今東湖路）建立大型的鴉片倉庫（後該處建成杜月笙新公館，一九四五年時作為軍統在滬辦事處所在地，今為東湖賓館一號館）。金廷蓀的亨利路豪宅（今新樂路八十二號），自然也是公司的議事場所。

該公司的主要業務是為中外鴉片菸商提供保護，並收取費用，具有保險公司的性質。公司成立之時便有二十一家潮幫土商加入了公司，資本額為二百七十萬元。三鑫公司所營的主要是波斯土、川土、雲土和北口土。波斯土在高橋的東海灘提取；雲土先運至四川，然後和川土一起運到宜昌，再通過長江運到隆茂碼頭由三鑫公司派人提取；北口土在怡和及金利源碼頭提取。提貨由公司職員在巡捕的保護下進行，公司的飛龍汽車隊負責運送，沿途有安南巡捕武裝押運。鴉片入庫後，由公司和捕房分別開條蓋戳，並從土商那裡得到保護費，保護費通常是鴉片總值的百分之十。土商們繳納了保護費，就如向保險公司保了險一樣，如鴉片被搶劫偷盜，即由公司照價賠償。

公司的另一項業務是壟斷法租界的鴉片交易。它與法租界當局協商規定，凡租界內銷售的菸土，都必須貼上公司的「三星」印花，否則不得出售；公司出賣印花可以得到大量收入。鴉片商人雖要繳納保護費和印花稅，但卻可避免令人頭痛的鴉片失竊，並得到租界和流氓幫會的雙重保護，而這筆錢可以轉嫁到消費者身上去。因此他們都樂意依附在三鑫公司的門下。

法租界的菸館和燕子窩也是三鑫公司的禁臠。公司規定對界內的菸館、燕子窩進行保護，每盞菸燈須向公司繳納「菸槍稅」大洋三角，公司將保證其正常營業，一旦發生菸館、燕子窩遭其他流氓騷擾或被巡捕衝擊事件，公司將全額賠償其損失。公司雇用數十名流氓為檢查員，專門輪流到各菸館檢查菸槍執照，實點菸槍數目，發現少報、隱瞞的，輕則罰款，重則吊銷執照，停止營業。

三鑫公司也直接參與鴉片的販賣。它直接設有中華菸館、寶裕里菸館等。三鑫實際

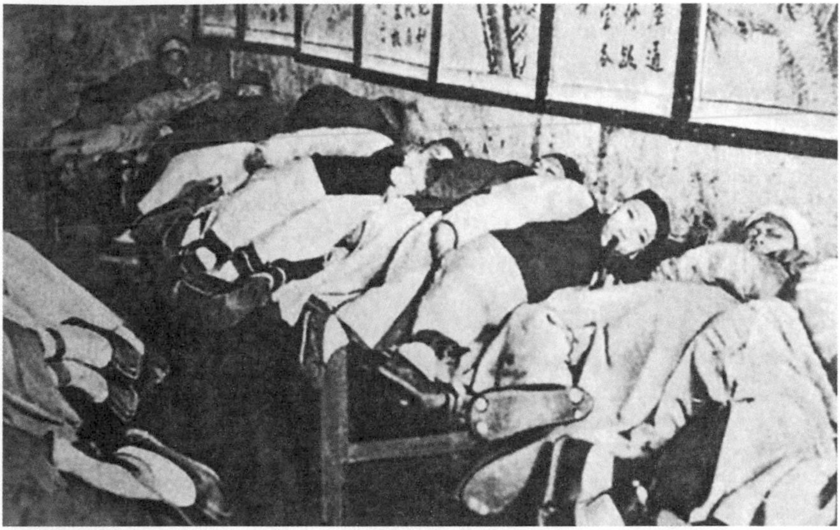

晚清遍及城鄉的菸館之一角

原圖 1909 年世界首次禁毒會議在外灘舉行，圖為各國代表合影

上成為包銷鴉片的超級大型土行，且由於它的政治背景和經濟實力，使它能夠操縱鴉片價格的漲落。就這樣，黃金榮集團憑藉著流氓幫會的巨大能量，以及租界殖民者和軍閥的背景，使三鑫公司的販毒不僅獨佔了法租界的鴉片市場，而且還插足公共租界，並在很大程度上控制了公共租界的地下鴉片市場；不僅如此，其業務還擴展到了全國各地，隨著時間的推延，其涉及的地區更加廣闊。例如熱河為民國鴉片的重要產地之一，熱河都統湯玉麟每年要將數百萬銀元的鴉片運至上海，由三鑫公司銷售。

對鴉片業的壟斷給三鑫公司帶來了巨大的利益。其年收入究竟有多少，因三鑫公司營業的祕密性質，沒有精確的統計，儘管如此，我們還是可以從零星史料中推算出儘量接近歷史真實的概數。據參與其事的郁詠馥回憶，三鑫公司的毒款，每年可有幾千萬元。當時上海《字林西報》也刊文披露：

據確實消息，上海於近五六年中，聞有許多著名華吏，與租界內之一西人團體，會同經營此事。……最近在吳淞漁船中，查出大宗私土，值一百萬元，曾經扣留若干時，後即開釋。……上述之機關，據云專門收費，其中人物聞有中國武人、警官、文官、查菸員及租界巡捕與流氓等，若輩專為保護私販，得安然在上海登岸，私土均分做一磅二磅包裝，作圓球形，該機關收費，自半元至一元不等，另加保險費，每盎司一元，今年正月十號，某官吏謀私運土三百箱入吳淞，即由機關中人扣留，因事前未接洽，私土即將充沒，幸經某武官及偵探到場調解，卒由該官照付鉅費，將土領回云。近來私運之範圍漸大，每月吳淞一處上岸之土，在一千箱以上，每箱平均二千八百盎斯，每盎斯該機關收費一元，每月收入有二百五十萬元，或一年三千萬元之多。

據此則消息，估計三鑫公司的年收入在二千五百萬元與三千萬元之間，應不會有太大的出入。一九一六年中國國家財政總收入二．九十五億元，直到一九二五年也只有三．四十五億元，而三鑫公司的收入竟相當於北京政府年財政收入的百分之十，真是富可敵國了。

這些鉅款由公司職員及與之有關的人員分潤。公司的職員大約有一百五十人，直接經營公司的上海流氓幫會人員，所獲最多。其內部按「大三股」、「中六股」和「小八股」來分配。所謂的「大三股」即黃金榮、張嘯林和杜月笙三人，他們每年所得都在數百萬元，其中又以黃金榮最豐。「中六股」即金廷蓀、沈杏山、顧嘉棠、葉焯三、徐采

停泊在黃浦江上的鴉片船

1908 年，傳教士在上海浦東焚毀鴉片菸槍

丞、芮慶榮等人，他們有的是三鑫公司的得力幹將，有的是三大亨的鐵桿親信。「小八股」指部分八股黨及其徒子徒孫們，只要掛名為「檢查員」者，都能從鴉片交易中得到數十元到數百元的好處。他們以及所有的公司職員除了薪水以外，還有三節分紅（端午、中秋和過年），一個普通的雜役，也可分得六七百元，職員則數千至數萬元不等。公司為收買人心，對上海幫會的頭面人物也支付孝敬費，每人每月達三百大洋。這些人包括張樹聲、高士奎、曹幼珊、劉登階、梁紹堂、步章五、程孝周、樊瑾丞、阮慕白等，連袁世凱的兒子袁克文因為名列大字輩也照樣可得到孝敬費。

法租界當局是瓜分公司利潤的另一股勢力。鴉片稅包括菸館土行的執照稅、營業稅、燕子窩的菸燈捐等，作為法租界的主要稅收來源之一，一直在其財政收入中佔據重要地位。在法租界內，上至法國總領事、公董局董事、巡捕房總巡，下至一般的捕員小吏，按照各自的官位尊卑，對公司的貢獻大小，均可分享鴉片之餘利。其所得也是相當可觀的，僅總領事范迪爾（Henry Auguste Wilaen，一譯魏爾登）每月到手的鴉片津貼就達十八萬銀元；而公董局、巡捕房等機構之所得也不少於該數。不僅如此，法租界還經常藉口特別支出而向公司打秋風，如法國將軍麥蘭來滬的招待費便是公司出賬的。特別是一九二〇年五月新任總巡費沃利（E. Fiori，一作費沃禮）上任，費氏見錢眼開，鼎力合作，使黃金榮如魚得水，營業更加紅火。

潮幫菸土商人在黃金榮的羽翼下，也能得到十分可觀的穩定收益，當然這種收益比起他們獨佔的時代來說，要少得多，因此他們也時常懷念過去的好時光，嘗試擺脫三鑫公司的控制。一九二三年，他們與青幫大字輩首領、原通海鎮守使張鏡湖聯手，開闢販毒新線路：鴉片從公海運至長江北汊的啟東海門，然後用小船接到蘇北，再轉運各地。一時，三鑫公司曾經收入銳減，但好景不長，次年江浙戰爭爆發，孫傳芳佔領上海，潮幫的運土路線就此被卡住。最後，潮幫土商只得再度屈膝於三鑫公司，在它的保護下分得餘利。

同樣，中國地方政府及軍警當局也無一例外地分享著鴉片的好處。黃金榮憑藉其上海地頭蛇的特殊地位，前後與各種軍閥勢力結為莫逆。無論是盧永祥、何豐林、楊善德，還是齊燮元、孫傳芳、張宗昌，對可坐享鉅額銀餉的三鑫公司均大開綠燈，並盡力保護，當然，三鑫公司方面也會不時地襄助軍餉，因此黃金榮被軍閥們引為知己。早在一九一七年，盧永祥就呈請北京政府批准向黃金榮頒發二等銀質獎章，並任命其為松滬護軍使署上校督察。

二十世紀二〇年代，軍閥之間混戰連連，但對黃金榮的三鑫公司，基本上沒有太大影響，相反有時渾水正好摸魚。

自一九二四年齊盧江浙戰爭後的兩年間，統治上海的軍閥曾五易其手：盧永祥之後齊燮元據滬；到第二次奉直戰爭，齊燮元敗逃，盧永祥再度返滬；不久盧永祥被奉軍楊宇霆替代；隨後孫傳芳又將楊宇霆逐走。總之，不管哪路軍閥當權，黃金榮等上海黑幫總是成為軍閥們「爭相羅致」的對象，左右逢源，如魚得水。如一九二五年一月，第二次直奉戰爭奉系獲勝，加入奉軍的張宗昌率軍乘勝南下入滬。張即通過其青幫大字輩師父李徵五的介紹結交黃金榮，黃金榮邀請張宗昌到黃公館吃喝玩樂，聚賭狎娼，然後對張言道：「你現在擁有十多萬軍隊，薪餉開支很大，僅靠奉天發給的經費，遠遠不夠。我們可以在上海幫你的忙，給你籌畫一些。」

本來就是「有奶便是娘」的張宗昌立即同意並與之達成協議，以販毒籌集軍餉。於是，張宗昌派軍隊保護三鑫公司麾下土行的毒品輸入，而鴉片商人們則預付三百萬元的「保險費」。當張部奉命撤離上海後，奉軍命李奎元為駐滬辦事處處長，專門負責與黃金榮等商洽護運鴉片以換款子事宜，並留下王棟負責毒品進口後的安全輸運。

一九二五年十月，孫傳芳控制上海後，即與黃金榮談妥，以張嘯林、杜月笙為高級參議，與三鑫公司合作，照樣派兵保護鴉片輸運，並幫助公司取締其黑道上的對手。而公司每年支付孫傳芳部隊一千五百萬元的報酬。二〇年代也是中國反帝浪潮一浪高過一浪的時期，上海人民不斷展開如火如荼的鬥爭，而黃金榮等竟乘機大肆活動，趁「各界對土案不遑顧及……華界連日召集大小同行磋商推銷營業辦法，訂定各城鄉凡願擔任分銷者，且由日銷五十箱增至七十箱」。繼續大量販毒，以撈取金錢。

三鑫公司鉅額毒品利潤對租界稅政的支撐，使得法租界當局十分滿意。一九二五年五月下旬，法租界公董局董事布盧姆（L. Blum）再次與三鑫公司簽訂協定，根據這一協

三鑫公司放行鴉片的印記

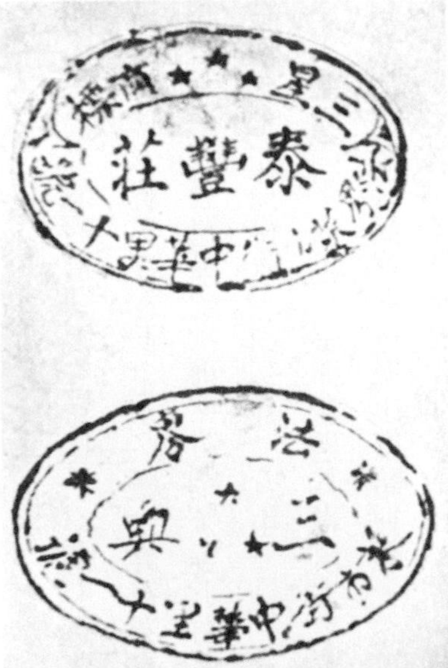

法大馬路（今金陵東路）的惟祥里是三鑫公司的總部

定，法租界內可以開設二十家鴉片零售店和一些土行；公司首先向捕房支付十四萬元，以後每月向巡捕房預付菸稅八萬元，並負責提供保鏢制服等，此外還要向所謂的「歐洲委員會」支付進庫鴉片稅每箱二百五十元，另外，每家菸土零售商還要每月向租界繳納五百元；在啟運鴉片時須事先通知巡捕房；巡捕房負責對非公司的土商等進行打擊，以保護公司的利益。協議不僅擴大了公司的營業範圍，而且進一步保證了三鑫公司對鴉片的壟斷權，並鞏固了公司與租界之間牢固的同盟關係。

一九二六年，法租界當局迫於中華國民拒毒會的禁毒壓力，被迫在租界內舉行了一次搜查，儘管這次搜查是象徵性的，但也已使部分鴉片零售商十分驚慌。這一來卻又給三鑫公司以可乘之機。即營業重心從保護運輸而發展到包銷。當時上海的報紙如《時報》對外國列強與流氓幫會合夥販毒敘述頗詳：

> 本埠菸土販賣，自法租界當局，接受拒毒會之報告，舉行一次搜查後，目下暗中有軍艦為之保護，不受海關檢查。各土行近日門市，亦甚住，大者每日千餘元；小者亦至少六七十元。各土行每月之祕密費，每家至少亦須千元，各土販設有二種公司，一為保運公司，以運動當局，保護菸土往來，不遇任何危險為

專責；一為保銷公司，以運動允准暗中販賣菸土為專責，以杜某為之長，收入甚豐。聞各土販等，神通廣大，設當局下午將往某土行搜土，而該土行已早於上午接得報告，先事籌備，屆時搜獲者，不過零星數兩或數磅之土而已，反之若保險之土行，事前未獲得報告，而突遭搜查者，則所受之損失，由杜某立即賠償之，各土販等暗中有此保護，遂有恃無恐。

四一二政變後，蔣介石將上海納入管轄範圍。由於鴉片利益上的衝突，三鑫公司對國民政府的鴉片公賣政策有過一些牴觸，無論是信遠公司還是自新公司在江浙地區的鴉片承包，最終都在國內外的種種壓力下夭折，其中重要的因素是三大亨所在的三鑫公司的不合作。

一九二七年底，重掌國民政府的蔣介石不得不打消壟斷鴉片貿易的念頭，與杜月笙祕密合作進行鴉片走私。這種合作具體包括：在沿海水域，由國民黨海軍對三鑫公司來自外洋的運土輪船加以保護，確保安全入口，而杜月笙則以貨物數量按比例報效錢款。如一九二九年五月，三鑫「土」船出發赴波斯裝載毒品，國民黨海軍「以至浙江洋面會操為名」，由海軍次長陳紹寬「派李世甲與土販杜月笙、張少（應為「嘯」）林、林蘭圃、張瑞堂、蘇嘉善等接洽」。九月該船返滬，安全載回毒品一千二百四十九箱（每箱淨重一〇四〇磅），按慣例每箱報效費一千六百元，僅此一次，報效費即達一百九十九萬八千四百元之鉅。另外還包括，在三鑫公司走私鴉片的「黃金水道」長江上，各關卡、砲臺對三鑫的貨船儘量給予方便。

直到一九三一年，三鑫公司才宣告結束。這時，杜月笙被任命為上海市禁菸委員會常務委員。

關於三鑫公司的作用，首先是對二十世紀前期中國鴉片走私的空前活躍起了推波助瀾的作用。鴉片是英國殖民者打開中國大門的敲門磚。自十九世紀初大量輸入中國後，形成社會問題。到鴉片戰爭前，中國已有二百多萬人吸食毒品。此後，在帝國主義和封建階級的推波助瀾之下，到一九〇六年，吸毒人口達到二千萬人。清末民初，中國自上而下展開了一場空前規模的禁毒運動，進口洋菸和國產土菸均急劇減少，然而，一九一六年袁世凱死後，中國進入軍閥割據的時代，各地軍閥視鴉片交易為軍餉之來源、割據之基礎，從而大大刺激了毒品的流行。三鑫公司等機構的出現，流氓幫會勢力與軍閥合作販毒，進一步促進了毒品的氾濫。到二〇年代後期，中國的吸毒人口已經達到八千萬人，由此而恥辱地成為世界上最大的毒品消費國。在這個過程中，三鑫公司扮演了一個重要的角色。

其次是鴉片所帶來的鉅額利潤，使黃金榮集團與殖民者和地方軍閥的聯繫大大加強，黃金榮一九二四年擔任巡捕房督察長，與三鑫公司也有直接之聯繫，其政治能量空前增長；不僅如此，而且還使黃金榮集團的經濟實力遠遠超過了他們的前輩和同行，黑社會勢力日益膨脹。

最後是黃金榮集團因此而成為上海乃至中國最為龐大、最有勢力的近代城市幫會組織。而且，在黃金榮集團的內部，因杜月笙的周密部署，張嘯林的對外聯絡，一裡一外，兩人地位迅速提高，逐漸與黃金榮分庭抗禮，到三〇年代初期，上海的黑道世界由創辦三鑫公司前的黃金榮一人獨尊，金廷蓀、杜月笙、張嘯林等為第二階梯，而逐漸形成黃、張、杜三大亨的新格局。

「張大帥」顯赫上海灘

張嘯林原名小林，浙江慈溪人，生於一八七七年六月十四日（陰曆五月初四）。一八九七年遷至杭州，住在拱宸橋附近。張家的經濟收入還算不錯，有了些餘錢後，其父張全海還把張嘯林送到私塾念書。但紈袴子弟的張嘯林，在私塾裡讀書時，不學好樣，染上一身偷、摸、賭、色等不良習氣，成為地方一霸。以後僥倖進入專門為清王朝培養下級軍官的浙江武備學堂後，還是惡行不改，他嫌行伍生活太清苦，尤其是大清早出操，暴雨烈日，日復一日，他感到實在太無聊，於是在外嫖賭，事情敗露後，憤憤離開學堂。但是浙江武備學堂的經歷，為他日後與軍閥勾結奠定了基礎，並為爾後的發跡提供了資本。該學堂由浙江巡撫廖壽豐奏請創建，第一期共招四十人，學習期一年，張嘯林為第四期的肄業生。民初浙江的軍閥要員，如張載陽、周鳳岐、夏超等都是其在浙江武備學堂時的密友。

一九〇〇年張嘯林離開學堂，拜衙門一探目李休堂為先生，打架鬥毆，欺詐賭博，本性不改，在杭州鬧出人命案後，跟著吳鴻跑到上海謀生。後來，張載陽升任浙江省省長，經張載陽、周鳳岐又識得浙江督軍盧永祥，以及盧的部將、松滬護軍使何豐林等，張嘯林便有了強硬的靠山。張嘯林本名小林，發跡後有文人為其改名為寅，寅是虎年，因此稱嘯林。

一九一二年，上海公共租界青幫流氓季雲卿到杭州遊玩而與張相識，結為莫逆。後張嘯林回訪季雲卿，季將張嘯林介紹給了黃金榮，黃金榮嫌他坯子粗，加之滬杭兩地沒有什麼來往，僅僅把他視為泛泛之交。後張嘯林在杭州潦倒而到上海謀生，經季雲卿介紹先後在三馬路（今漢口路）開小花園旅館，在五馬路（今廣東路）滿庭芳（廣東路福建路交界處）一帶吃賭臺和妓院的俸祿，又在勞而東路（今襄陽北路）開鬥牛場，四馬路（今福州路）大興街一帶設茶會。張嘯林疏通關係，拜青幫大字輩樊瑾丞為師，列名通字輩。張因身材魁梧，渾身蠻力，且兇狠毒辣，被門徒捧為「張大帥」。後又將目光轉向碼頭，不久初露頭角。在上海認識了日本浪人土肥原賢二，並經土肥原介紹，認識了日本軍官永野修身，這段經歷與他晚年落水為漢奸不無關係。

當時，浙江錫箔商人為了使自己的貨物在碼頭上不受損失，就找到同鄉張嘯林，願意支付保護費，換得貨物的安全。浙江錫箔商人船大量多，單憑張嘯林個人的力量難以應付，需要同夥，於是張嘯林就找來在十六鋪外號叫「水果月生」的杜月笙。在青幫中，杜月笙是「悟」字輩，而張嘯林是「通」字輩，輩分還比杜月笙高。從那以後，他倆越走越近，後來成為結拜兄弟。最初張嘯林為爭奪鴉片的提運權，而與黃金榮的助手金廷蓀交惡，黃金榮在得知張嘯林與浙江省省長張載陽、督軍盧永祥等關係密切後，決心招徠張嘯林入夥，於是，黃金榮、杜月笙將張嘯林引為知己。

一九一九年，張嘯林將全家遷至了上海。從此，張嘯林進入黃金榮集團，開始走向他黑道生涯的巔峰。成為上海三大亨之一，主要得益於三鑫公司。三鑫公司初創時，張嘯林並沒有加入，在阿金提出撤股、范回春離職之後，張嘯林才進入三鑫公司。而且張嘯林進入三鑫公司，很可能是杜月笙的引薦，因為黃金榮已搞定了租界當局，金廷蓀和杜月笙聯絡鴉片商人合作，唯有江浙地區的軍閥沒有關係，據說張嘯林當年向杜月笙表示，公司業務完全可以做大些，為何不與軍閥合作，劃分地盤呢？這指出了三鑫的弱點，得到杜月笙的賞識和推薦。於是，張嘯林在三鑫公司中的作用主要不是對付外地流氓組織，而是聯絡浙江軍閥和上海軍警勢力。當時浙江省省長是張載陽，浙江督軍是盧永祥，而松滬護軍使是盧的部將何豐林，張嘯林與之關係密切。三鑫公司原本就以租界的政權為護符，杭州青皮（指浮浪無所事事者）張嘯林加入後，又進一步獲得軍閥力量的某種庇護，三鑫公司的地位也變得更加特殊。

黃金榮集團在吸收了張嘯林之後，勢力劇增，它不僅因以租界的政權為護符，能在流氓爭霸衝突中立於不敗之地，而且又進一步獲得了統治上海的皖系軍閥的某種庇護，地位更加特殊，勢力更加龐大。

張嘯林進入黃金榮集團，達到他黑道生涯的巔峰，主要得益於三鑫公司。張曾與杜月笙合作開設霖記木行，由張任董事長，杜任總經理，獨家經銷蘇聯的木材。還聯絡范回春、周邦俊、黃楚九等，組織遠東公共運動場股份有限公司，設立賽馬場，大肆賭博。

張嘯林的名氣開始變得顯赫，逐漸也成為與黃金榮、杜月笙齊名的上海大亨。一九三〇年，張嘯林衣錦還鄉，在杭州引起轟動。當地的政客土豪、地痞流氓為他擺酒接風。杭嘉湖一代的流氓紛紛投靠在他的門下。張嘯林還在西湖邊購買地皮，建造別墅，並在湖濱路開設飯店。張嘯林雖人在上海，但在浙江仍有強大的勢力。一九三六年，張嘯林六十歲生日時，段祺瑞、蔣介石領銜，有百人署名為張嘯林壽辰的徵文啟事，對其大加吹捧。值得注意，該啟事提及兩個收禮處，一處設在上海的愛多亞路（今延安東路）九十七號霖記木行，另一處設在杭州的延齡路（今延安路）飲馬井巷三十四號本宅。

蔣介石發動四一二反革命政變，張嘯林與杜月笙均是衝鋒在前的打手，然事變之後，張與杜的關係，卻逐漸出現裂痕。事件的起因是門徒的轉投門庭。

張從杭州帶來的親信祕書翁佐卿，在張的介紹下與杜結識，可是不久翁竟投奔杜門，成為杜的首席祕書，這使張嘯林感到很沒有面子，不僅對翁極為不滿，對杜也產生恨意。緊接著是手下擁有兩千多門徒的「二級大亨」陸桂才也改換了門庭，搖身一變也成為杜門的一員猛將。究其原因，除了杜月笙勢力的急劇上升之外，張、杜兩人處世待人的不同風格，也是張門弟子逃亡的重要原因。

張嘯林的兒子張法堯取得博士文憑、從法國留學回國後，張嘯林想憑藉杜月笙和蔣介石的關係，幫忙打通關節，讓其子張法堯進入政界，杜月笙雖然口頭上答應，並沒有進行實際操作。張嘯林知道事情真相後，十分氣憤，且自二〇年代中期，隨著杜月笙勢力的膨脹，作為結拜兄長的張嘯林反而等而下之。「三大亨」地位的排列，原本是黃、張、杜，二〇年代中後期，改為黃、杜、張，到三〇年代初逐漸變成了杜、黃、張。從此張嘯林和杜月笙貌合神離，同時張嘯林和蔣介石的關係也由此漸有疏遠。一九三三年杜月笙剛剛組織所謂以「進德修業，崇道尚義，互信互助，效忠國家」為宗旨的「恆社」，張嘯林便指使手下人搞了一個所謂「忍廬」集團，團結徒眾，並與之相對抗衡。杜月笙是法幣發行準備委員會成員，一九三五年蔣介石施行「法幣」政策，杜月笙事先得到該消息，大量拋售舊幣，購進法幣，發了一大筆財。而張嘯林卻始終蒙在鼓裡，實施新幣後，一下子損失幾十萬元。張嘯林對杜月笙封鎖消息極為不滿，於是他們之間的怨恨進一步加深。

從張嘯林和杜月笙兩人身世的比較中可以看出，杜月笙走上黑道，有其生活所迫的部分因素，而張嘯林卻更多是自身的原因。由於存在本性上的差異，所以抗日戰爭爆發後，當中華民族處於最危難的時刻，他們對此迥然不同的表現，也就不難理解了。

蔣介石是黃金榮徒弟嗎？

一九四七年十二月十五日，這個日子是黃家花園無上榮光的日子，也是晚年黃金榮最得意的一天，因為民國「總統」蔣介石來到了這裡，不僅如此，還結結實實地向黃金榮這個黑社會首領行了跪磕禮。

那年的初冬季節，關於蔣介石下跪的傳聞，一下子在上海灘傳揚開來。有人說，這只不過是黃金榮抬高自己身分的一個「噱頭」而已。

筆者查閱史料判斷，確有其事。

一九四七年，農曆十一月朔日即西曆十二月十二日是黃金榮八十大壽，這成為上海黑道的重大節日。十二月十一日榮社便在《申報》等報刊上登載啟事，宣稱：

國曆十二月十二日，即農曆十一月朔日，為黃理事長金榮老先生八秩壽辰。先生任俠好義，功在社會，亮節高風，望重當時，同人等共沐薰陶，時承謦欬。

但當時內戰連年，不能大事鋪張，所以榮社表示「先生夙抱悲憫之懷，謝絕臺萊之頌，堅以民生凋敝，國步艱難，力戒鋪張，冀符節約」，便決定當天假座玉佛寺備下素齋待客，「盡一日之歡，頂禮壽佛來表祝噎之願。凡與先生交好歡迎參加，增輝盛會」。

十二日早晨，黃門的徒子徒孫及親朋好友有數千人從四面八方滙聚而來，這天的玉佛寺格外熱鬧，正中掛著一副壽聯，上聯是「金玉滿堂，天賜百福」；下聯是「榮華富貴，仁者萬壽」，將金榮二字嵌入聯中。前來拜壽的有上海經濟管制督導員蔣經國、上海市市長吳國楨、社會局局長吳開先等市府要員，均由楊虎和杜月笙接待。孔祥熙稍遲些也光臨大雄寶殿祝賀。

在鈞培里黃公館裡，車水馬龍，迎來送往，壽禮堆積如山，連天的祝壽活動已將黃金榮這個八十老人弄得夠戧。

十二月十五日（農曆十一月初四日）的下午，黃金榮正在鈞培里打瞌睡。忽然管家疾步過來敲門報告：有南京電話，講是一定要老爺子親自接聽。黃金榮一聽連忙說「快點」。因為這個電話可能就是他最期待的一個電話。果然是蔣介石的祕書陳布雷親自打來的，說蔣介石明天到上海來，準備到黃家花園來拜壽。這句話聽得黃金榮高興得一時說不出話來。過了一會兒，連忙高叫：通知各個赤佬，快去漕河涇。

於是，程錫文、魯錦臣等火速趕到漕河涇，吩咐手下人置物打掃，布置四教廳，並準備好豐盛的宴席。「過房兒子」陶雪生聽說後，自告奮勇，調動漕河涇的地方自衛團擔任黃家花園外面的警衛，花園內也在四周要點派了心腹站崗。

第二天清晨，陶雪生率領五百多名自衛團員，在漕河涇的前前後後，沿路站崗。黃家花園裡打掃得乾乾淨淨，四教廳前陳列著一堂的樊石八仙群雕。大廳的正中供著福祿壽三星，左右擺著十二把紅木太師椅。

十六日下午，蔣介石走入了黃家花園，黃金榮率領楊虎、杭石君、龔天健、魯錦臣和程錫文等在門口迎接。只見蔣介石身穿藍袍黑褂，頭戴銅盆帽。步入晚境的蔣介石似乎特別懷舊，他見到黃金榮，馬上緊走幾步說：「沒來拜壽，是因玉佛寺人多不便，又因公事很忙，請原諒。」黃金榮感動得說不出話來。說話間走入四教廳，黃金榮請蔣介石坐，蔣介石卻沒有立刻入座，他親自動手要去搬一隻紅木椅子，陳希曾等人趕忙出力搬動，蔣介石叫將椅子搬到正中的八仙桌前放下，又親手取下來一隻軟墊，把黃金榮扶到正中的紅木椅子上。此刻黃金榮已明白蔣介石的用意，便連忙勸阻說：「不敢當，不敢當，行個鞠躬禮吧！」可是，蔣介石已跪下，雙目注視著黃金榮，然後端正地磕了一個頭。這時，黃金榮急得站起來去攙扶蔣介石，口中再三講「不敢當」、「不敢當」。於是，蔣介石半推半就，在椅子上坐定。下人端上一杯白開水，蔣喝了一口，喘了口氣，然後對黃金榮說：「這次特來拜壽，表表我的心意，因為前線情況緊急，我馬上要走，請保重身體，多福多壽。」說罷果然寒暄了幾句後，便向黃金榮作揖告辭，匆匆離去。黃金榮望著準備好的宴席，想到蔣介石連一口茶也沒喝，感到十分過意不去。過了很久，黃金榮才感嘆道：

蔣總統真是個禮重義厚的大人物，我能受到他這樣的尊重，真是一生的榮幸。

這個場景是黃金榮的管家程錫文回憶的，確實是數十人親身經歷的。

那麼，堂堂的民國「總統」蔣介石為什麼會給黃金榮下跪呢？這得從上海物品證券交易所開始說起。

第一次世界大戰爆發後，中國的民族工商業進入了快速發展的黃金時代，伴隨著民族工商業的提升，作為中國工商業中心的上海需要建立證券交易所，來融資以繼續推動工商業的發展。於是，工商界領袖虞洽卿聯絡李平書、聞蘭亭等經濟界的實力人物，創辦了上海證券物品交易所（今四川中路一號上海基礎工程公司和上海市鐘錶公司，近延安東路），交易物品為有價證券、棉花、棉紗、布匹、金銀、糧食和皮毛等。早在交易所籌辦之時，孫中山也十分重視交易所的作用，曾協助虞洽卿等申辦。他期望將有限的革命經費炒作增值，來支持革命事業。於是，戴季陶、張靜江與陳果夫等祕密成立「協進會」以推進交易所的籌辦。

張靜江（1877-1950），名人傑，以字行，浙江南潯人。南潯為江南絲蠶米糧富庶之地，富商雲集，號稱「四象八牛七十二條狗」。張靜江即出身於「四象」（劉、張、龐、顧）之中的張家。他早年即以十萬銀兩捐得二品候補道銜，被任命為駐法使館參贊，後在巴黎經商，曾資助辛亥革命。以後到上海擔任孫中山的中華革命黨的財政部長，袁世凱死後，仍在上海經商，並負責籌款資助孫中山的革命活動。交易所成立時，張靜江動用中國國民黨的黨務基金加入其中。

交易所於一九二〇年七月一日正式開張，交易所設理事會，由虞洽卿任理事長，設證券、棉花、布匹、金銀、糧油、皮毛等七部。交易所採用股份制，出面做買賣的當事人即經紀人。這種經紀人需要殷實的商號擔保，並繳納一定的保證金。上海證券物品交易所是中國最早也是最重要的民族資本交易所，開張後萬眾矚目，熱錢湧入，股票價格成倍往上翻，行情十分看好。

時陳果夫擔任第五十四號經紀人「茂新」的經理，而蔣介石就是其股東之一。蔣介石一九一九年八月由山東回到上海，經過一段流亡生活，急需錢財，與張靜江、戴季陶和陳果夫等過從甚密，也參加了交易所的籌備工作。身無分文的蔣介石是怎樣當上股東的呢？原來是靠了張靜江的贈送。一九二〇年十二月十五日，張靜江與蔣介石等曾訂立過一個「集合資本經營上海證券交易所之經紀人事合同」，上書：

牌號定名為恆泰號，經紀人由張秉三出名；營業範圍暫以代客買賣各種證券及棉紗二項為限；資本總額計上海通用銀幣三萬五千元，每股一千元；佔股數目計卅五股：吳鈞記一股、吳子記一股、吳吉記一股、蔣偉記四股、小恆記二股、王愼記一股、王樸記一股、吟香記一股、陳明記一股、邱成記一股、劉儼記三股、朱守記一股、張靜記五股、張瑩記三股、張秉記四股。

這表明，蔣介石當時是以蔣偉記的名義投資四千元參加「恆泰號」，而這四千元是張靜江代蔣認購的。一九二一年一月十日蔣在給張靜江的信中說：「七日教言領悉一是，代認恆泰號股份甚感，請為簽字。」

初期，證券物品交易所信譽良好，營業蒸蒸日上，未及半年獲利已達五十萬元，年平均獲利率達百分之四十八。蔣介石邊學邊做，據說「拿了金融書報資料來讀，研究如何在證券投資方面做出決定。這對他倒是一種新奇玩意，他就對各種不同類型證券股票的價格漲跌，感到一種興奮」。在這段時間裡，他把妾姚怡誠遷入法租界貝勒路（今黃陂南路）一幢小洋房內；不久張靜江夫人朱逸民又介紹陳潔如與蔣相識。寧波出生的陳潔如是上海愛國女中的學生，一九二一年十二月五日蔣與陳潔如在永安大樓舉行結婚儀式。同時，蔣介石還在家鄉奉化大興土木，修繕房舍，創辦武嶺小學；六月蔣母王采玉病死，蔣大辦喪事，又修築了一個頗為講究的墳墓。當然，他也拿了一些錢資助粵軍返粵討伐桂系。從這一系列的活動看，當時的蔣介石在交易所內確實因經營得法而獲得了較為豐厚的錢財。

所以這樣算來，蔣介石還是我國第一代股民。然而，蔣介石參與的交易所投機好景不長。由於物品證券交易所開張大吉，吸引不少投機家競相開設交易所以謀暴利，滬上相傳交易所是發財所，到一九二一年夏秋之交，上海的交易所增加到一百四十多家，大大超過了市場的需要，交易所的大量過剩，很快引發了一場危機，史稱「信交風潮」。

一時，交易所倒閉，經紀號破產，股票如廢紙。蔣介石參加的「恆泰號」等也無充足的保證基金，都是空麻袋揹米，苟延殘喘到一九二二年春終於徹底垮臺。眾多的股票持有者拿著股票要求兌現。交易所的監察人周駿彥被債權人逼得走投無路，曾兩次要跳黃浦江自殺。結算下來欠債高達二百四十萬元，蔣介石本人在場內外也負債數萬元。一時，上海灘上，討債成風。債主們因收不回現錢，開始雇用亡命之徒來代行收賬。

在風聲鶴唳之中，蔣介石急忙請大同鄉虞洽卿幫忙，虞洽卿素有「老好人」之稱，他對孫中山手下的革命黨人總是多方庇護。他認為，在當今上海灘，叫得響的人物要算法租界的黃金榮，而且黃的祖籍也是寧波府的，與虞本人有二十年的交往，因此建議蔣拜黃金榮為老頭子，以躲過此難。蔣介石當即表示照辦。

於是，在一個黃道吉日裡，在虞洽卿的陪同下，落魄中的蔣介石走入了鈞培里黃金榮公館的大門。拜師儀式的傳道師是徐福生。在二樓正中的客廳裡，蔣介石向端坐在太師椅上的黃金榮呈上大紅的拜師帖子，上面寫著：「黃老夫子臺前，受業門生蔣志清」，然後跪下磕頭行了大禮。這些細節都是黃金榮的密友、上海魚市場的老闆黃振世回憶的，當屬可靠。

蔣介石拜師後，黃金榮便出面將債主們請到狀元樓酒店，酒過三巡，黃金榮指著蔣介石道：如今，志清是我的徒弟了，以後有得罪的地方請各位多包涵；志清如真的欠哪位的債，請來找我要。這時，虞洽卿也在旁邊假裝打圓場道：一點點事體，就不要提了，我帶頭買個面子就拉倒了。債主們一看，今日是鴻門宴，要硬頂的話，鈔票非但討不回來，而且還要得罪了「麻皮金榮」和「阿德哥」虞洽卿，不如做個順水人情罷了，於是紛紛表示前賬作廢，一筆勾銷。就這樣，黃金榮的一句話，壓在蔣介石頭上千鈞重擔頓時便煙消雲散了；當然他對黃金榮的威風與能量自然也有了新的認識。

蔣介石對黃金榮幫助他了結了債務十分感激，表示將離開上海去廣州追隨孫中山，繼續從事反對北洋軍閥的事業。黃金榮看到蔣介石的確幾乎一文不名，想到幫人幫到底，便與虞洽卿一道，拿出數百元大洋給他做了旅費。對於這段往事，知情者黃振世也說：

蔣介石初在陳英士部下，陳死後，蔣在政治上失去靠山，乃與戴季陶、陳果夫從事物品交易所的投機買賣。因投機失敗，處境十分狼狽。蔣乃決定離開上海到廣州去投靠孫中山先生。因迫於債務，又缺乏路費，由虞洽卿介紹他去投拜黃金榮為師。黃見此筆交易好做，不但不收蔣介石一筆壓帖贄敬，而且送給蔣介石大洋二百元作為路費，助其成行。

也有人說蔣介石進入黃門的時間是一九一三年。嚴如平、鄭則民的《蔣介石傳稿》第四十一頁載：

早在一九一三年「二次革命」失敗後，蔣介石隱居上海期間，身任法租界警務處督察長的黃金榮，設堂招收青幫門徒和門生。蔣介石託黃金榮的門生徐清甫遞帖投拜黃之門下。黃金榮得知蔣的經歷，非常高興，欣然收納。以後，蔣隨徐做些投機買賣，又結識了虞洽卿、杜月笙等上海灘上的大亨。

筆者以為這裡有三處值得商榷，其一，黃金榮此時尚未擔任巡捕房督察長；其二，此時的黃金榮非青幫首領；其三，蔣介石結識大同鄉虞洽卿在拜師黃金榮之前，而非在其後。黃金榮在〈自述悔過書〉中明確說：

蔣介石是我的朋友虞洽卿介紹認識的，因為蔣介石那時候在交易所做事，有人欠蔣介石錢，由虞洽卿介紹託我代他討債的。

交易所成立在一九二〇年，因此，說蔣介石一九一三年就拜黃金榮為師，似乎難以成立。至於馮沛祖在《上海三大教父》（廣東旅遊出版社一九九七年版）裡稱，蔣介石在一九一六年秋季拜黃金榮為師，現在看來也無事實依據。

蔣介石拜黃金榮為師這一事件，就當時而言並無太大的意義，對蔣介石而言，目的是擺脫欠債的窘境；而對勢力日益膨脹的黃金榮來說，是因為虞洽卿的面子；內心而言，黃金榮對這個瘦骨嶙峋的新門生恐怕沒抱多大的希望。但事實上，事後對師徒雙方均有深遠之意義：蔣介石通過與幫會、流氓勢力聯姻，在後來的政治生涯中，多次在危難中得到幫會勢力的鼎助。其中最典型的事例便是四一二事變時，上海流氓勢力充當了蔣介石清黨反共、屠殺工人的打手，此後，他們仍是南京政府維持統治的強有力的助手；而黃金榮也「無心插柳柳成行」，師父因門生的高貴而更加光彩，更加神氣。

其實，早在一九二七年蔣介石就曾來黃公館探望。那是該年的十一月十日，下野訪問日本的蔣介石回到了上海，到二十四日，走訪黃公館，還給黃金榮送了厚禮。

最近讀到一篇採訪杜月笙長孫杜順安的文章，杜順安講，當年蔣介石拜的是他的祖父杜月笙，而非黃金榮，採訪錄稱：

蔣介石早年尚未發跡時，曾經到上海由旁人引薦見過我祖父，並且遞過「紅帖子」，所謂「遞紅帖子」的意思，就是投門生帖子，要在幫內施行擺香堂的儀式。蔣介石曾經拜在我祖父門下，成為祖父的門生。論年紀，蔣介石還大我祖父一歲，但祖父早在二十三歲，就已經是青幫重要頭領了。

外界一直有個誤解，說蔣介石是拜在黃金榮門下，這是不對的說法。黃金榮一直到日本打進上海租界，始終未曾辭去上海法租界巡捕房華人探長的職務。黃金榮既然身為探長，受限身分，黃金榮是不可以開堂收徒弟的，如果被人發現他還私下開香堂收徒弟，他的巡捕房華人探長職位必定不保。

祖父和黃金榮不同，他沒拿政府薪水，儘管有一陣子在黃金榮手下，但是，他不吃公家飯，當然可以收徒弟。據我的了解，蔣介石並沒有遞過「紅帖子」給黃金榮，只是曾經去拜訪過黃金榮。我父親親口告訴我，我們家有蔣介石的「紅帖子」。所謂「紅帖子」，就是一張紅紙上面寫著投入門生的姓名，父母親的名字，和本人生辰八字，帖子上並以毛筆正楷工整寫著：「弟子某某某認某某人為師」。父親告訴我，蔣介石遞的「紅帖子」上，名字清清楚楚寫著「蔣志清」三個字，蔣志清是蔣介石上學以後用的名字。

筆者以為這段採訪不符合歷史。也就是說，老蔣不可能拜杜月笙為師。第一，蔣介石拜師的時間是一九二二年，那時的杜月笙自己雖已離開黃公館，靠著三鑫公司已躋身三大亨之列，但與黃金榮的權勢相比，道行還淺。第二，說黃金榮因為是探長而不能收徒弟，肯定是想當然了。因為自一八九二年黃金榮成為巡捕後，直到他退休，不知收了多少徒弟。如朱學範，如陸京士，就是杜月笙自己也是在黃金榮當巡捕的期間走入黃公館的。第三，蔣介石拜師杜月笙，可以說，八〇年來，沒有任何當時人提起過，而蔣介石拜師黃金榮曾有許多證據，如上所述，此處不再贅言。至於說「黃金榮一直到日本打進上海租界，始終未曾辭去上海法租界巡捕房華人探長的職務」，也並非事實。

中匯銀行的掌門人

杜月笙作為一位幫會大亨，他早期的所作所為，幾乎都帶有黑社會的性質，譬如開設賭局、販賣菸土等。但是，一九二七年後他開始脫胎換骨，進軍工商業，一九二九年三月創辦了自己的銀行——中匯銀行，由此跨入了金融界。當年上海灘上流行這麼一句話：「沒有杜先生辦不到的事」，由此可見他的為所欲為，及能量之大。他要做社會上流人物，於是，他把手伸進了金融界。

對於促成杜月笙真正開辦銀行的原因，有兩種說法。

一種說法是，杜月笙暗中指使門徒綁架榮德生，勒索到一筆鉅款。他原本是想用這筆鉅款開設一家較有規模的戲院或京劇院，因為杜月笙本身是個戲迷，而且他的太太姚玉蘭就是當時有名的京劇演員。但是，由於一時沒有找到合適的地方，又考慮到黃金榮等已開設了一些戲院，如果再開設戲院，時間長了難免會產生矛盾。恰好，在他新收的一批門徒中，有幾個是金融界有些名望的人物，比如上海鹽業銀行經理車鉅南、大同行宏泰錢莊老闆劉慶甫、浙江興業銀行襄理戚保庭等人，都拜在他門下。他們看到杜月笙有這麼多錢存在銀行、錢莊裡，豈能無動於衷？於是，這些人便鼓動杜月笙開辦銀行。

這種說法並不可靠，因為榮德生遭綁架是在一九四六年四月，也非杜月笙所為，而是當時國民黨第三方面軍第二處處長毛森下令逮捕的。既然前提條件已經不成立，那麼結論也就值得懷疑了。

另一種說法是，一九二七年杜月笙當上華董後不久，就有個有來頭的人物，來到了杜月笙的公館。這個人就是當時四行（中南、金城、大陸、鹽業）儲蓄會的經理、堪稱上海金融鉅子的錢新之。錢永銘，字新之，晚號北監老人，浙江吳興（今湖州）人，一八八五年出生於上海。一九二七年春，江浙資產階級代表在與蔣介石達成交易之後，為適應蔣介石建立政府的需要，在上海成立「上海商業聯合會」，錢新之擔任了這個聯合會的常務委員。同年他又參與蔣介石與上海商界策畫成立的「江蘇兼上海財政委員會」，被蔣介石任命為委員。這兩個機構一經成立，就立即從上海銀行、錢莊兩業中為蔣介石借墊了三百萬元經費。四一二後，又繼續為蔣介石籌款。因而南京國民政府成立後，蔣介石即任命錢新之為財政部次長。一九二八年，錢出任浙江省省府委員兼財政廳廳長。是年秋，國民政府中央銀行成立，錢新之被任命為理事。十一月交通銀行加入官股二百萬元，改組為特許發展全國實業銀行，錢新之擔任常務董事。

錢新之自以為搞經濟出身，眼界高，素不與下三界——也就是流氓、賭棍、菸販子打交道，對於幹賭、菸這兩行的更是嗤之以鼻。四一二事件後，杜月笙開始嶄露頭角，才引起他的注意。他欣賞杜月笙的雄心、膽略和組織才能。所以他決定物色這位海上聞人進入金融界。

錢新之反問杜月笙，以先生黨國要人的身分，為啥偏偏抱著賭臺、菸館這些不入流的生意不放呢？然後進一步向杜月笙進言，以杜月笙的手腕、聲望，今後應該大辦工商實業。名列工商界後，他的名望會更大更重，地位更加鞏固，在上海灘會更令人矚目。而要搞工商實業，首先應該辦個銀行，躋身金融界。杜月笙聽了錢新之的進言，深以為然。於是馬上著手籌備開設銀行。此後杜月笙在金融方面的活動，大都由錢新之幫忙謀畫，錢新之也以杜月笙為靠山。

筆者以為第二種說法更符合歷史原貌。但是，無論是哪一種說法，有一點是可以肯定的，即開設銀行，絕非是杜月笙自己想到的點子。

關於杜月笙開設中匯銀行的確切時間，很多關於杜月笙的傳記中都提到，一九二八年春節，錢新之來到杜公館，說服杜月笙開設銀行，經過幾個月的籌備後，在同一年，杜月笙開辦了中匯銀行。

其實，杜月笙開辦中匯銀行的確切日期是一九二九年三月七日，有《申報》為證。在一九二九年三月七日的《申報》上，中匯銀行刊登了這樣一則開業廣告：

本行資本總額一百萬元，業經招認足額，第一期股額已收洋五十萬元，先行開業。專營商業銀行各項業務，兼辦儲蓄。茲擇於三月七日，即舊曆正月二十六日正式開幕。如蒙光顧，毋任歡迎。

行址上海愛多亞路九十七號，電話董事室一一七七六號，經理室一一七七八號，營業部六二八二五號。

在同一天的《申報》的另一版面上亦刊載有這樣一則標題為「中匯銀行今日開幕」的消息，全文如下：

杜月笙張嘯林田鴻年等，發起籌集資本百萬元，創辦中匯銀行，由田鴻年為總理，公推杜月笙為董事長，行址在愛多亞路九十七號，現已布置完竣。訂定於

本月七日即舊曆正月二十六日正式開幕，預已分發請柬。屆時請海上商業領袖，
蒞行參觀云。

到了第二天即三月八日，《申報》上繼續發了一篇題為「中匯銀行昨日開幕」的報導。由此可知，中匯銀行開辦的時間是一九二九年三月七日。

中匯銀行剛成立時，董事長為杜月笙，其實直至杜月笙去世，他一直是中匯的董事長，即使在他去了香港之後也仍是。常務董事為周文瑞、朱如山、魏晉三、姚蔭鵬，董事有張嘯林、李應生、蘇嘉善、金廷蓀，監察人曾蒙鳴、周子貞，副經理田鴻年、謝順之。開幕這天，當時的淞滬警備司令熊式輝、法國總領事甘格霖（Edgar Koechlin）、馮少山、袁履登、朱吟江等七百多人都前去道賀，並且當天就收到存款五百多萬元，各個錢莊或以現銀或以莊票存入中匯銀行，這其中包括甘格霖在中國多年搜刮的民脂民膏。

中匯銀行籌備之時，有賴於杜月笙這尊庇護神，因此它的創業資金來源並不匱乏，甚至可以說是手到擒來。

錢新之替杜月笙籌畫了一套籌款方案，從三方面籌集資金：湊、堆、挖。所謂「湊」，就是從鴉片行、賭場裡拼湊。

杜月笙耳朵特別大，外國人稱他「大耳朵杜」

杜月笙的中匯銀行大廈，現為中匯商廈

一方面，杜月笙手中有三鑫公司的龐大資金和利潤，可抽出一部分。另一方面，租界裡的十大土行，每家的流動資金每天少則十萬，多則幾十萬，而且盈利極高，為了給杜月笙捧場，湊出幾十萬，是力所能及也是理所當然的。另外，杜月笙還控制有五大賭場：富生、榮生、義生、利生、利源，每天出入的金額，動輒幾萬，提出一部分投資中匯，也等於交了一份保險費。

所謂「堆」，即「堆花」。這是當時上海銀行同業中的規矩，凡是有新銀行開張，同業的銀行都要在銀行開幕那天向新銀行存進一筆錢，表示道賀。當時上海灘有幾十家銀行，憑著杜月笙的名望和權勢，這些銀行老闆自然不敢不照顧，而且堆花數目也大，期限又長，這一筆錢就已經很可觀了。另外，還有說一九三一年之時，上海商業儲蓄銀行遇到擠兌風潮，後來靠杜月笙擺平。上海商業儲蓄銀行的經理陳光甫燃眉之急得解，對杜月笙當然感激不盡，因此，在中匯銀行新建大廈落成之時，他以「堆花」方式，將五十萬兩白銀存入中匯銀行，讓杜月笙白用一年，利息分文不取。

至於「挖」，就全憑杜月笙的黑道手段。

當時上海綁票盛行，租界中的巨富無不膽戰心驚，儘管家中養有保鏢，但怎是上海灘上各幫派的對手？於是，只有乞求當時最大勢力者杜月笙的庇護。因此，杜月笙要辦銀行時，他發話下來，按帖子攤股，這些巨富豈能置之不理？不到一星期已經收足二十五萬股金了。但杜月笙不滿於此，他看準上海富商的弱點，外怕綁票，內懼妻妾。妻妾成群，必然會有矛盾爭執。杜月笙看準這也是一條生財的門道。於是，他放出風聲，說他包打名媛、富孀官司。風聲剛傳出，財神就紛紛找上門來了。

第一個大財神，便是上海棉布大王吳耀庭。他有個嬌滴滴的小老婆，原來是滬江大學校花，溫柔文雅，又會講英文，唱歌、跳舞樣樣會。因此，吳耀庭在社會上應酬，總由她出面招待，為他增色不少。可是，如此一來，吳耀庭的結髮夫人便不開心了。結髮夫人已經年過半百，怎能比得上小老婆的美貌和才華？且結髮夫人嫉妒成性，虐待小老婆。於是，那小老婆聽到杜月笙放出的風聲後，忙託人來杜公館求救。杜月笙行動甚為迅速，立刻派高鑫寶將她接出來，密藏在高家。再由張嘯林向租界會審公堂遞狀告那結髮夫人。吳耀庭怕家醜外揚，不得不向杜月笙求情，而送杜月笙的好處就是給中匯銀行捐款五十萬這才了事。

吳耀庭的內院風波剛平息，杜月笙又插手了當時上海數一數二的巨富徐懋棠的家族內訌。徐懋棠，祖籍浙江慈溪，畢業於上海英華書館，時任大英銀行總經理。他父親徐慶雲死後，留下二千萬元的遺產。徐懋棠想要獨吞全部遺產，而徐慶雲的小老婆們則要求與徐懋棠分割遺產。杜月笙得知此消息以後，一面挑唆徐慶雲的小老婆們去告徐懋棠的狀，一面又以調解為名壓徐懋棠。徐懋棠禁不住內外夾擊，便向杜月笙屈服了。這時，杜月笙就答應幫他擺平。於是對那些小老婆們連威脅帶利誘，並分給她們一些錢，就將她們打發了。徐懋棠為了還杜月笙的人情，也捐給中匯銀行五十萬元。後來又有一個姓朱的富商，也碰上同樣的事情，靠杜月笙擺平，得了一宗遺產，便將三分之一入股，成為了中匯銀行的大股東。

就這樣，靠著錢新之的籌畫，杜月笙的手段，開辦銀行的資金來源問題解決了。於是中匯銀行於一九二九年三月七日，在法租界八仙橋附近的愛多亞路（今延安東路），正式開張。這是中國第一家由黑社會首領開辦的銀行。

建立中匯銀行後，杜繼續在金融界擴展勢力，廣泛尋求同盟者，利用各種手段和他們建立關係。在一九三一年的擠兌風潮中，他除了解救了陳光甫的上海商業儲蓄銀行外，還幫孫衡甫的四明銀行解除了危機。當然這些都是有代價的。陳光甫將商業銀行的部分儲蓄業務送給了中匯銀行，而孫衡甫則將一張五十萬元的支票存入中匯銀行。一九三三年，杜月笙替交通銀行總經理唐壽民私人開辦的國華銀行解了圍，而唐壽民實際上是宋子文系統的人，於是到一九三六年，在孔祥熙和宋子文的幫助下，杜月笙登上了中國通商銀行董事長的寶座。

短短數年，杜月笙在銀行界已聲名鵲起，又藉著和官僚資本的特殊關係，許多銀行紛紛來請這尊既通權貴、又諳黑道的保護神。至一九四七年止，杜月笙任董事長的銀行有中匯、中國通商、浦東商業儲蓄銀行、亞東商業儲蓄銀行、國信銀行和光中商業銀行。另外還擔任交通銀行的董事，以及上海市銀行工會董事。儼然成為中國金融界的翹楚了。

一九四八年十二月一日起，中匯銀行股份有限公司更名為中匯商業銀行股份有限公司（簡稱中匯商業銀行），在原名基礎上加「商業」二字。一九四九年四月二十七日，此時上海解放已指日可待，在蔣介石要求下，杜月笙帶著一家老小以及祕書隨從，登上一艘事先包租的荷蘭輪船，離開上海前往香港。從此以後，杜月笙和中匯銀行就失去了直接的聯繫，即使名義上他仍是中匯銀行的董事長。

上海解放後，中匯銀行收歸國有，一九五〇年為擴展業務，以中匯大樓全部作為抵押，向通商銀行借款人民幣二十億元，分三年清償借款。但最終因沒有能力償還，於是決定將中匯和通商兩行精簡合併，中匯銀行從此消失了。

三大亨恩怨為哪般？

民國上海灘有一句話很形象地描述了「三大亨」的差別：黃金榮愛財，杜月笙愛名，張嘯林愛打架。所以，一般人對他們的稱呼也截然不同。黃金榮喜歡別人叫他「黃老闆」，他也以「法蘭西」的大老闆自詡。杜月笙最要聽的是「杜先生」，聽起來似乎有點學問。而張嘯林與軍隊沾過點邊，又崇尚武力，因此人們稱他「張大帥」。

在一九二七年前，黃金榮與杜月笙的關係較為密切。杜月笙在黃門十數年摸爬滾打，為黃金榮打天下，毫無二心。黃金榮也投桃報李，一九二四年，黃金榮將法租界華格臬路（今寧海西路）二一六號內兩畝地基送與杜月笙和張嘯林，建起了杜公館和張公館（後為寧海西路幼稚園等，九〇年代後期因建延中綠地而被拆除）。東邊是張嘯林的張公館，西邊住杜月笙，一牆之隔，共用花園天井，兩家還開了一扇小門，進出方便，親如一家。張嘯林的公子張法堯從小嬌生慣養，花天酒地，後來去法國留學，帶夫人留學，開銷很大，索款電報，雪片飛來，氣得張嘯林發誓不再寄錢。杜月笙聞知，默默地承擔起接濟的擔子。某地遭受天災，杜月笙主持「救濟」工作，舉辦賑災義演，杜和張同臺客串，以資號召，杜扮黃天霸，張扮竇爾墩，各界送的花籃有四百多隻。以上種種，可見當時張與杜兩人的關係是何等的親密。

但一九二七年後，三大亨的關係越來越微妙，首先是黃杜矛盾日深，並逐漸公開化。導致雙方矛盾的起因是杜月笙實力的迅速上升和黃金榮的老衰。

在黃、張、杜三大亨中，黃金榮的作風向來保守，且較為貪吝，進入國民黨統治時期後，儘管有門生蔣介石這一最佳背景，但隨著年邁體衰，對整體局面的控制已經心有餘而力不足了，一九二七年後逐漸退居幕後。每年冬天，黃金榮在漕河涇大擺宴席，慶祝壽辰，撈些禮金錢。黃金榮賺錢的方式也是老式的，他的產業主要是早年經營的舞臺戲院和一些房地產。他始終認為坐收房租，遠較投資於工商業要牢靠穩妥，因此他不願意進行股份合資開店設廠，因此，終其一生，沒有和人合營過一項企業。

而杜月笙正值盛年，野心勃勃，有著強烈的權勢慾，而且工於心計，善於審時度勢，還捨得揮金如土，籠絡人心，有一套頗為高明的處世手腕。他看準了以租界為靠山的流氓勢力與國民黨結盟中所佔據的有利地位，即國民黨急於利用他們，卻又無法制約他們，只能用名利實惠來籠絡討好他們，而國民黨當局的青睞，又是抬高自己的社會地位和擴展勢力的最有力槓桿。因此杜認定，充分利用自己對國民黨統治者的特殊政治價值，積極參與政治活動，儘量向國民黨靠近，借助於它的政權力量，乃是乘機躋身上流社會並飛黃騰達的最佳途徑。為此，他使盡渾身解數，向政界、財界進軍，取得了意想不到的效果和成功。就是在這個黑社會勢力與南京政府結合、社會地位青雲直上的過程中，杜月笙脫穎而出，超越黃金榮，成為上海流氓幫會世界中最顯赫的角色，並使其個人的權力「合法化」。

關於三大亨之間角色的升變，老報人徐鑄成曾有一段非常精闢的回憶文字：

一九二二年在無錫讀中學時，只聽說上海有一個黃金榮，十分了得。後來有了海上三大聞人的説法，排序當然是黃、張、杜；二〇年代後期，則改為黃、杜、張；三〇年代又變成了杜、黃、張了。

杜月笙地位上升後，在與黃金榮的關係方面，最初、也是最顯著的變化便是對黃金榮稱呼的改變。當年杜月笙踏入黃公館時，還是個二十多歲的小後生，與年長二十歲且已執掌上海黑道半片天的炙手可熱的黃金榮相比，自然晚了一輩，因此，杜月笙親切地稱黃金榮為爺叔，稱林桂生為師娘，這一稱呼叫了十多年。直到一九二〇年，五十三歲的黃金榮看中了露蘭春，不惜拋棄幫助自己打天下的林桂生，並央求杜月笙做個中人。這一事件使杜月笙對黃金榮這個「爺叔」看法有了很大的改變。自進入黃公館之門後，杜對黃金榮的一切吩咐，沒有二話可說；但這次黃金榮不惜林桂生出走，也要娶二十三歲的女伶露蘭春，使杜月笙十分失望，他似乎看到黃公館將要衰弱，而這正是超越黃金榮的良機。從此，他逐漸改口稱黃金榮為「金榮哥」了。果然，自杜月笙幫助黃金榮躲過露蘭春事件的難關始，沒有幾年，上海灘就形成了黃、張、杜三大亨的新格局。到四一二事變以後，杜月笙更是超越黃金榮而逐漸成為上海流氓幫會世界中的第一號人物。

黃杜矛盾的深化，還在於黃金榮在杜月笙超越自己的時候，失去了平常之心。特別是二〇年代末、三〇年代初，黃金榮在上海政治舞臺上的衰退與如日中天的杜月笙，形成鮮明的對照。在法租界的華人董事問題上也有充分的表現。

法租界的華人董事從一九一四年始。最初是虞洽卿和陸崧侯，旋因虞洽卿拒絕擔任而改由吳宗濂擔任。一九二六年法國總領事那齊雅正式承認華董，次年他聘陸伯鴻、朱炎、魏廷榮、陸崧侯和吳宗濂五人為華董。這時，羽毛豐滿了的杜月笙於一九二七年一月將法租界商業總聯合會改組為法租界納稅華人會。一九二八年一月，張嘯林被選為華董，杜月笙等為顧問。一九二九年一月，法租界納稅華人會新選委員在貝勒路（今黃陂南路）一號該會會所舉行就職典禮，黃金榮與張嘯林、魏廷榮等為執行委員。而杜月笙不僅是納稅華人會的執行委員，而且還擔任了法租界商界總聯合會的主席（一九三一年七月，法租界納稅華人會改選，黃金榮當選為監察委員），而張嘯林則是法租界納稅華人會執委會主席，兩人地位均超過了黃金榮。次年十一月，法租界納稅華人會選舉華人董事，杜月笙以三十票與張嘯林、魏廷榮、朱炎、陸伯鴻等當選，而黃金榮僅得五票，排在未當選者之首，連金廷蓀也擔任了專門顧問。趨炎附勢的報紙對三大亨的排名也有了變化。有時第一位是法租界納稅華人會主席張嘯林、次為法租界商界總聯合會主席杜月笙，最後一位是法總巡捕房高等顧問黃金榮；有時第一位是杜月笙、第二位是張嘯林，第三位才輪到黃金榮。

對於這些幫會內部的勢力盛衰更替，黃金榮總有些不甘。當然如果細緻地分析，造成黃杜矛盾深化這種局面的主要因素，恐怕主要不是花甲之年的黃金榮，而是他的數千徒眾。

由於有些黃門弟子是報社的記者編輯，黃金榮便要求他們著手蒐集杜月笙的違法言行，並予以攻擊。《新聞報》的石君就秉承老頭子的旨意，在報上有計畫地攻擊杜月笙經營菸、賭的事實。杜月笙深知輿論的威力，和與黃金榮公開鬧翻的嚴重後果，立即到黃公館謝罪，將搜刮來的錢分贓給黃金榮，直到抗戰爆發。

有時朋友聚會，黃金榮也會半陰半陽、似真似假地冷嘲熱諷，當眾揭底，讓杜月笙下不了臺。有一次，杜月笙正在侃與人鬥法的往事，不料黃金榮當頭棒喝說：「月笙，我勸儂不要這樣太用心計，免得短壽促命！」還有一次，有人正在捧場恭維杜月笙所兼的幾十個董事長、總經理，謂之中國第一個實業家，捧得杜月笙飄飄然。杜月笙正得意時，黃金榮冷笑道：「月笙，儂還記得伐，第一次當董事是啥辰光？」杜月笙一時語塞。黃金榮得意地講：「是在民國十年，我在殺牛公司接茄勒路（今吉安路），由源熹出面創辦不收學費的金榮公學，我當董事長，讓儂當了一名董事。」聽得此語，杜月笙當面還能笑笑，但心中畢竟滿失面子的，所以朝黃公館走動就越來越少了。

三〇年代初，黃金榮的學生、英美菸草公司工會主席陳培德準備競選上海總工會主席一職。杜月笙的門生、淞滬警備司令部軍法處長陸京士為打擊黃門，擴充杜門勢力，指控陳有共產黨嫌疑，陳被淞滬警備司令部逮捕。這事氣得黃金榮火冒三丈，高叫：「哼，這倒好，吃飯忘記種田人了。」立即差人把杜月笙找到黃公館來，並關照無論他在做什麼事，都要馬上來。否則以後就不要再上鈞培里了。杜月笙聞言立即趕到黃公館，只見黃金榮正躺在菸榻上抽大菸，便像二十年前當黃的跟班那樣，恭立一旁，等候發落。這次，無論黃金榮如何發脾氣，杜月笙溫文平靜，讓黃金榮扎足面子。於是，化險為夷。陳培德隨即由淞滬警備司令楊虎釋放。經過楊虎的調停，陸京士和陳培德各當了一段時間的總工會主席。黃金榮的得意門生、管家黃振世在一九二八年參與上海魚市場的籌建時，也被杜黨排擠，他在回憶中說：「被杜黨排擠傾軋，心懷不滿之後，也在黃前點火。」在黃杜兩黨的較量中，黃金榮一派處於下風，是不爭的事實。

在黃杜矛盾升級的同時，張與黃、杜之間的縫隙也在加深。

事件的起因是門徒的轉投門庭。張從杭州帶來的親信祕書翁佐卿，在張的介紹下與杜結識，可是不久翁竟投奔杜門，成為杜的首席祕書。緊接著是手下擁有兩千多門徒的「二級大亨」陸桂才也改換了門庭，搖身一變也成為杜門的一員猛將。究其原因，除了杜月笙勢力的急劇上升之外，張杜兩人處世待人的不同風格，也是張門弟子逃亡的重要原因。在國民黨來了之後，張嘯林仍一成不變地做人做事，目空一切，毫無顧忌，有機會就大撈特撈，他始終眷戀過去軍閥時代的好時光。張嘯林的兒子張法堯取得博士文憑、從法國留學回國後，張嘯林想憑藉杜月笙和蔣介石的關係，幫忙打通關節，讓其子張法堯進入政界，杜月笙雖然口頭上答應，並沒有進行實際操作，為啥？杜月笙何等聰明，張法堯留法五六年，結果法語還不如陪他去法國讀書的夫人，便可知是繡花枕頭一包草，因此不願幫忙。張嘯林知道事情真相後，十分氣憤，且自二〇年代中期，隨著杜月笙勢力的膨脹，作為結拜兄長的張嘯林反而等而下之。「三大亨」地位的排列，原本是黃、張、杜，二〇年代中後期，改為黃、杜、張，到三〇年代初逐漸變成了杜、黃、張。從此張嘯林和杜月笙貌合神離，同時張嘯林和蔣介石的關係也由此漸漸疏遠。一九三三年，杜月笙剛剛組織所謂以「進德修業，崇道尚義，互信互助，效忠國家」為宗旨的「恆社」，張嘯林便指示手下人搞了一個所謂「忍廬」集團，團結徒眾，並與之相對抗衡。杜月笙是法幣發行準備委員會成員，一九三五年蔣介石施行「法幣」政策，杜月笙事先得到該消息，大量拋售舊幣，購進法幣，發了一大筆財。而張嘯林卻始終蒙在鼓裡，實施新幣後，一下子損失幾十萬元。張嘯林對杜月笙封鎖消息極為不滿，於是他們之間的怨恨進一步加深。

最後，張嘯林走火入魔，投敵叛變，走上了不歸路。

日本軍方佔領上海後，他們與漢奸將目光投向張嘯林。張嘯林原本就和日本軍方土肥原賢二、永野修身等人在菸土買賣上有密切的聯繫，正想在政治上有所發展。於是張嘯林和汪偽一拍即合，開始在偽政府中活躍起來，成為「孤島第一人」，產生了政治野心。得知上海市偽市長一職被傅筱庵奪走後，張嘯林就想憑藉自己在上海和浙江的勢力，謀求浙江省偽省長一職。張嘯林的投敵活動，引起國民黨的極大不滿。蔣介石親自指示軍統局長戴笠對張嘯林予以制裁，青幫也積極配合。軍統對張嘯林進行數次暗殺行動，但均未成功。最終在杜的布置下，由戴笠的特務用重金收買張嘯林的隨身保鏢林懷部。一九四〇年八月十四日，林懷部故意在院中和張的司機爭執，張嘯林從樓上窗口探頭責問時，林懷部立即拔出手槍，一槍命中張嘯林，張當場斃命。

張嘯林和杜月笙原本是青幫的結拜兄弟，由於各自勢力的消長、民族矛盾的變化，相互之間關係不斷惡化。張嘯林的一生充滿傳奇，他早年憑藉他在浙江杭州的勢力，混入上海灘，進入三鑫公司，逐步成為上海大亨，而在晚年時，又想依仗自己在青幫中的勢力，返回浙江當漢奸，最終落得如此下場。張嘯林死後，張公館被其子張法堯賣給了沈聯芳，杜月笙再無勇氣踏入凶宅一步。

抗戰勝利後，杜月笙回到上海，黃金榮曾親自到上海西站去迎接。杜月笙望著垂垂老矣的黃金榮，一聲「金榮哥」不禁熱淚盈眶，畢竟老兄弟已分離太久。但不久，黃杜之間又開始鈎心鬥角。

一九四九年四月，杜月笙再次來到黃公館，向這位提攜他闖蕩上海灘的「爺叔」做最後告別，八十二歲的黃金榮不願風燭殘年再遭旅途勞頓。杜月笙告別高橋，告別上海，內心一陣淒涼。

在香港，臥病中的杜月笙時時關心著大陸形勢，而中共也在力爭對上海經濟和社會有重大影響的他能返回，老友章士釗受託來港在杜宅一住多日，反覆向他宣傳黨的政策。杜月笙依舊顧慮重重。他看到中共對留在上海的黃金榮，的確兌現了「不殺不捕」的承諾，後來他又得知，黃金榮響應「改造」號召，開始掃大街，報紙上風燭殘年的黃金榮手拿掃帚、灰頭土臉站在垃圾車前的照片映入眼簾時，杜月笙又暗自慶幸沒有留下。

一九五一年八月十六日，杜月笙在香港病故，兩年後的一九五三年六月二十日，黃金榮也在上海去世。

抗日救亡中的幫會

幫會本無恆定的政治立場，他們信奉的哲學是「有奶便是娘」。但在日本要滅亡中國的民族危難時刻，大部分幫會組織參與了這場全民族的抗戰，日本侵略者的兇殘狠毒，鄉村社會的成長環境，戲文傳說中的家國意識，這些均促使幫會人物投入抗戰。在上海的黑道成員，開埠以來，生活在外國殖民者高人一等的社會之中，受到資產階級、知識者、工人等愛國熱潮的感染，因此大多具有較為強烈的愛國情懷。連幫會的會員證上，也寫了「國家至上、民族至上」、「輔助抗戰建國」的字樣。

九一八事變後，上海掀起抗日救亡運動。黃金榮等對馬占山的抗日行動予以堅決支持。一九三二年四月十九日，黃金榮、杜月笙領銜，與王一亭、王曉籟等聯合致電黑龍江省主席馬占山，支持其抗戰行動。後來，馬占山回電黃金榮等表示：

占山今已決心誓雪此恥，秉國府之意旨，率部屬而奮鬥，以與滬上各軍，遙為聲援，幸賴諸先生與諸同志，大聲疾呼，喚醒民眾，齊賦同仇，誓為後盾，將來長期抵抗，終必成功。

一．二八事變爆發，日本帝國主義進攻上海，於是，上海各層民眾紛起抗爭。

召開國難會議原是國民黨第四次全國代表大會第九次大會（一九三一年十一月二十二日）做出的決議，後因蔣、汪矛盾和淞滬抗戰爆發而推遲。一九三二年四月七日，終於在洛陽舉行。本來值國難當頭，各界無不希望「廣集憂時之士、經世之才」，團結和發動國民，一致禦敵。但國民黨對國難會議已定下基調，即可以說「救災」、可以談「綏靖」（剿共），唯獨不可言「救亡」，這表明國難會議實際已成為國民黨統治的御用工具，人們無不失望。四月五日，上海會員張耀曾、黃炎培、史量才、張嘉璈、章士釗和黃金榮等六十六人聯名致電國民政府，表示不願參加國難會議的理由：

> 國難會議，辱承敦聘，讀組織大綱，集全中國意志，共定救國大計等語。念匹夫之有責，雖湯火其敢辭。顧同人深信凡民族爭存於世界，以合作為最重要條件，盛衰存亡，胥繫於此。我中華民族，所以積弱至今瀕於危亡者，唯一癥結，

確在不能合作。民國二十餘年，內訌之頻繁激烈，人所共見。近數年來，更立一黨專政之制，杜絕多數民眾政治上合作之途，以致黨員鬥爭於內，民眾睽皆於外，全國囂然，戾氣充溢，日人乘之，乃有九一八以來之奇辱。此而不變，淪亡可待，遑論禦侮。同人參與國難會議，方擬開陳所信，化除杜絕合作之黨治，實現全民協力之憲政，對此救亡大計，努力解決，以答政府相邀之雅，而副人民望治之殷。但是政府忽有限制會議議事之規條，經推代表赴京晉謁，奉詢真理，復承汪院長函覆，會議討論以禦侮、救災、綏靖為範圍等語。誦悉之下，不勝惶惑，以為尊臺赴會，如嚴守制限，置救亡大計不提，則對國家為不忠，對政府為不誠。而政府既已嚴定制限，則此實施憲政之案，又無提出會議餘地，思維再四，與其徒勞往返，無補艱危，不如謝絕徵車，稍明素志。因特電陳不能赴會理由，幸乞諒察。

通電公開後，各界贊同，而汪精衛政府頗為難堪，汪精衛一連數日來電催促，而上海眾會員仍不讓步，四月十日再次聯名通電，表明兩點主張：

其一，同人痛憤日本非法無道之暴力侵略，徹悟擁護民族生存、國家獨立之嚴重責任，同時並顧念世界維護和平之信約及努力，主張以左列大方針，對付外患：一、中華民國領土及主權之完全無缺，為全國人民神聖不可侵犯之主張，不辭任何犧牲，必擁護到底。二、為貫徹前項主張，應以武力自衛為主，以國際折衝為輔。三、對外任何條約及協定非經臨時民選參政機關或憲法上之有權機關同意，不生效力。其二，同人深感挽救國難，非舉國一致不為功，又故念應付國難，非政府健全有力不可，更確信永久防止國難，非實行民主政治不能徹底奏效。主張在憲政未實施以前，由國民政府立即實行左列各項：一、確保人民之言論、出版、集會、結社各自由，凡限制上述各自由之黨部決議及一切法令，除普通刑事及員警法規外，均廢止之。二、承認各政黨得並立自由活動，不得再用公款支給任何一黨黨費。三、實行地方自治，予人民以自由參與地方政治之機會。四、集中全國人才，組織有力政府。五、設立民選國民參政會，監督政府，限二個月內成立。六、籌備憲政，限八個月內制定民主主義之憲法宣布之。

通電最後指出：「倘若大會贊同，政府採納施行，一新全國視聽，藉以團結人心，消弭大難，則同人雖不及赴會，其與赴會無殊。」

這些主張否定了國民黨的一黨專政，在當時轟動一時。按照黃金榮的學識，他肯定不是首倡或中堅分子，但他贊同這一宣言，這已經是我們所看到的他在政治上最進步和最開明的舉動了。這兩項倡議深得與會會員的回應，國難會議主席團被迫增加了關於政治改革議案的討論，最後通過了〈如期結束訓政〉、〈設立中央民意機關〉、〈國民代表大會有預算決算國債之決議權〉等議案，通過了〈共同禦侮原則〉和〈國難會議宣言〉等。

上海市各界為反對日本侵華，組織「上海市反日會」，黃金榮、杜月笙等也是其中的活動分子。一．二八時期，黃金榮積極參加了抗日救亡活動。例如募集救國捐，全國各界積極回應，熱情之高，可謂史無前例。杜月笙積極參加史量才發起上海資產階級團體的會議，在巨籟達路劉吉生寓所（今巨鹿路上海作家協會）成立了「壬申俱樂部」（後更名為上海市民維持會），杜擔任副理事長，與理事長史量才等積極參與援助十九路軍的工作。國民政府自一九三一年十月到一九三二年五月的八個月中，不給十九路軍分文軍餉，地方維持會聽聞後，即印製文詞優美、真摯感人的〈募集救國捐啟〉：

彼軍人既捨棄身家，死守一隅，以保全國，吾民眾何可不聞風興起，各竭綿力，以答孤忠。各地仁人義士，以現金以物品委託代致者，亦既踵趾相接，始信輸財紓難，人有同心，豈唯救死扶傷，責無旁貸。軍民必須合作，興亡端在匹夫。在莒毋忘，自愧請始。用是草成小啓，並告同胞，正名救國，與尋常募款不同，與子同仇，其慷慨解囊相助。吾海內外愛國諸君子，幸共鑑之。

杜月笙經常到巨籟達路敦豐里（今上海市第一婦幼保健院）的維持會辦公地，主持募捐。上海各界民眾的捐獻超過了十九路軍八個月的軍餉，據說達到了九百萬大洋，可見當年上海民眾支持抗日熱情之高漲。十九路軍總指揮蔣光鼐感動地說：

淞滬之役，我軍得民眾莫大之幫助，近者簞食壺漿，遠者輸財捐助，慰勞獎勵，永不敢忘。此同仇敵愾之心，使吾人感奮欲涕。

黃金榮、杜月笙等幫會人物自然也捐獻了不少銀子。杜月笙還負責上海地方維持會的給養組，組織將棉衣、食品、藥物等源源不斷地輸送給十九路軍。為救治傷患，上海民間共建立七所傷兵醫院，其中的第一傷兵醫院由孔祥熙、杜月笙等合作籌辦，第四傷兵醫院為杜月笙獨立建立，就設在了他開設的善鍾路（今常熟路）正始中學內。

黃金榮也將自己的產業貢獻出來，參與籌建難民收容所。一・二八淞滬抗戰期間，在康梯路（今建國東路）的金榮學校裡，設立上海戰區難民臨時救濟會第七收容所，收容難民二百人。在大世界設立第十四收容所，負責人是童子劍。為了遣送難民，黃金榮、杜月笙、張嘯林、金廷蓀、顧竹軒、陳世昌等人於八月聯合發起演劇助賑，決定「假一座大舞臺，表演三天，所有戲館場面班底，一概義務助賑，各發起人認銷戲券，每人約二千元」，預定籌滿金額為六萬元。

一九三七年八一三抗戰打響後，杜月笙與戴笠合作建立抗日武裝，九月四日，蔣介石批准建立蘇浙行動委員會，由杜月笙、戴笠、劉志陸任常委。下設蘇浙別動隊，總指揮是早年追隨過孫中山的劉志陸，下設五個支隊，第一支隊長何行健，成員主要是青幫、紅幫成員。第二支隊長陸京士，第三支隊長朱學範，這兩支隊的成員是杜門的基本隊伍。第四支隊長張業，成員是京滬一帶的特工人員。第五支隊長陶一珊，成員是警備司令部受過訓練的學徒、店員、青工等。別動隊總人數達一萬人，協助中國軍隊防守上海，修築工事，維持治安，嚴防和肅清敵諜，鎮壓漢奸，直到淞滬抗戰結束，也犧牲了不少隊員。杜月笙從上海市各界抗敵後援會撥出經費作為解散費用。

八一三戰役期間，杜月笙以高度的熱情，參與動員市民募捐。他在報紙上刊登徵募救國捐和金銀物品的告示，一個月裡，杜月笙主持的各界抗敵後援會籌募委員會就募得一百五十餘萬元。為堅持抗戰，政府發行五億元救國公債，杜月笙以上海市民勸募總隊長身分四處奔走，呼籲市民們「毀家紓難」，他演講說：

從九一八到現在，匆匆地已經七年了，這七年中間，備受了敵人的壓迫，我們常常臥薪嘗膽地刻苦自勵，同時還期待著世界的公論。然而侵略者的野心，並沒有為了世界公論而削弱，只有變本加厲地格外侵略得厲害，因此我們絕不能存著依賴心來希望人家幫助，救國完全要靠我們自己的力量。

杜月笙不僅自己帶頭捐款，而且將杜美路的公館借給財政部作為勸募委員會的辦公室。結果，僅上海一地就募得七千五百萬元。

十一月十二日，上海城市除蘇州河以南的租界外，全部落入敵手。接著日軍侵佔了江浙各地，侵略軍殘暴屠殺搶掠，大批難民流離失所，他們紛紛逃入上海租界，法租界的人口從四十五萬人增加到一百二十五萬人。一時，上海租界孤島內到處充斥著難民，他們露宿街頭，衣不蔽體，食不果腹，處於死亡的邊緣。於是，各界人士紛紛行動，向難民們伸出了援助之手。

做為法租界大亨的黃金榮在這股愛國愛民的潮流面前，當然也不會無動於衷。黃金榮與虞洽卿、袁履登、聞蘭亭等組織籌建了上海市難民救濟委員會，黃擔任了副主任。

八一三事變爆發後，大量難民湧入租界，政府下令將各種學校做為收容場地。就在事變爆發後的第三天，兩枚炸彈落在愛多亞路虞洽卿路口，這裡正好是大世界的門口，一時屍橫遍野，血肉橫飛。黃金榮即打開大世界遊樂場的大門，讓難民們入內躲避砲彈，將大世界這個全上海最熱鬧的娛樂場所改成了臨時難民收容所。不幾日，大世界已容納了幾千難民，但四處的難民還是滾滾而來，黃金榮索性把共舞臺、黃金大戲院、榮金大戲院和榮金小學等也空出來接納難民，做了臨時的難民收容所。東面的四明公所也做了臨時收容所。難民入住後，黃金榮每日要支出不少錢財，購買食物，設立診所等。他還在南市老西門、城隍廟等處施捨米粥給窮人和難民，這些愛國行動，得到社會各界的好評，為黃金榮爭得了美譽。

日軍佔領上海及周圍地區後，租界成為了孤島，上海各處的難民收容所增加到一百二十六個，收容人數達十萬人。由於日軍的封鎖，孤島內糧食奇缺，難民面臨斷糧的威脅。於是，黃金榮一方面是擔心難民餓死，有失人道，將好事變成了壞事，一方面他又怕難民在大世界裡死去，從而遭致罵名，破壞風水，斷了財路。便急遣管家程錫文、大世界副經理陳福康等得力門徒到蘇州、常熟一帶購買糧食，通過水路運至蘇州河邊。這些糧食使大世界內的難民避免了餓死的厄運。雖然開銷了不少銅鈿，但黃金榮還是鬆了一口氣。同時，上海各界也紛紛動員起來了，電臺免費播送難民消息和尋人啟事，各抗日團體和童子軍在街頭勸募。同鄉會和救濟會在報刊上刊載募捐啟事，戲劇界全體出動，在共舞臺和卡爾登戲院義演《雁門關呼延贊表功》和全本《關雲長》、《鳳儀亭》等。

上海淪陷前，日軍已在考慮佔領上海後的格局，他們最希望合作的是杜月笙。因為只要杜月笙願意合作，他們控制上海就不費吹灰之力。所以日本總領事館、陸軍部、海軍部等均以老杜為對手，展開利誘與威逼。先是日本海軍軍令部長永野修身大將在日內瓦回國途中，特地順訪上海，拜會杜月笙，明確提出一個十分誘人的建議，日本政府提供三千萬日圓與杜合資開辦中日建設銀公司，永野滿以為杜氏會見錢眼開，想不到杜打起了太極拳。八一三戰役失敗後，杜公館又來了一個不速之客，此人就是日本著名特務土肥原賢二，土肥原歷數杜對日「不友好」的表現，要其將功補過，無條件與皇軍合作。不吃硬的杜月笙對土肥原賢二的霸道自然十分反感，再加上朱學範、楊管北等的勸告，決心躲開日本特務的監視，於十一月二十六日晚悄悄離開上海，到達香港後繼續與日本較量，其中一件大事是策反高宗武、陶希聖脫離汪精衛集團。

一九三九年十一月，身在香港的杜月笙得到上海助手徐采丞等的報告，說高宗武、陶希聖對日汪失望，有反正意向，杜立即飛赴重慶向蔣介石匯報。然後於一九四〇年一月，周密安排高、陶兩人祕密離滬到港，不久又將陶希聖在上海的三個孩子在日軍的監視之下出逃成功。一月二十一日，高、陶兩人公開曝光賣國的「日汪密約」，從而沉重打擊了汪精衛賣國集團。蔣介石曾撥款二十萬元給杜月笙，以資酬勞。軍統在徐采丞家安裝了祕密電臺，杜月笙和戴笠就是通過這部電臺與上海聯絡的，杜順安回憶說：

> 日本佔領上海，租界區也淪為敵偽鐵蹄之下，那時戴笠先生領導的軍統局，和上海祕密通訊的祕密電臺，就設於祖父的徐姓門生家中，戴先生及我祖父經常藉著電臺下達命令，徐先生就口述給萬墨林，要萬墨林傳令給上海地下工作人員。萬墨林大字不識一個，無法筆記，卻有本事記住情報指令的每一個字。原

來，他用幫會切口，或是密令代號，強行記憶要傳達的指令。每次出任務，萬墨林都可以正確無誤地把指令傳達給地下工作人員，堪稱一絕。

留在上海的黃金榮，自始至終沒有擔任過公開的偽職。相反，為了表示對蔣介石的忠誠，黃金榮讓兒子黃源濤擔任軍統上海特派員，原大世界經理丁永昌擔任軍統上海租界特工派遣站長，其他人也接受了國民黨的委任。一九四〇年初，蔣介石為了控制和指揮上海的工作，在行政院下設立上海市統一委員會，任命杜月笙為主任委員，黃金榮也是二十四名委員之一，其他委員有楊虎、黃炎培、虞洽卿、陸京士、朱學範等。常務委員為杜月笙、吳開先、蔣伯誠、戴笠、俞鴻鈞五人，委員會成立後即設立駐滬辦事處。黃金榮對此自然表示擁護。國民黨派上海市統一委員會常委吳開先、蔣介石的軍事代表蔣伯誠到滬活動，杜月笙致函黃金榮，請黃予以協助。黃金榮立即請吳開先到漕河涇黃家花園敘談，吳首先說明重慶政府抗戰到底的決心，並轉達蔣介石和孔祥熙對黃金榮的問候。後來，黃金榮和金廷蓀根據吳開先的意見，兩次邀請滬上工商金融界的人士到南洋橋金廷蓀的寓所赴宴，由吳代表重慶，安撫各位，告誡勿被日偽利用，作陪的有原上海抗敵後援會的負責人和租界的有關人士。吳開先後來回憶：

終汪逆之世，上海所有銀錢業較知名之士，無一敢冒不韙而參加敵偽之金融組織者。此事第一由於孔庸之部長之運用得力；第二應歸功於杜月笙先生之鼓勵成功。

當然，歷史是複雜的。一九四三年，杜月笙與戴笠合作，設立通濟公司，從上海等淪陷區運出棉紗等，緩解大後方物資的匱乏。同時，也將大批戰略物資運入淪陷區，給侵略者解決了一些經濟問題。因此當時就有人斥責杜月笙藉機大發國難財，並非是無中生有。

一九四〇年到一九四五年間，黃金榮與國民黨第三戰區司令顧祝同一直有聯絡。顧祝同曾派他的妻舅許某到鈞培里見黃，黃金榮則派門徒秦興炎到南京、浙江等地第三戰區所設的辦事處聯繫，為國民黨軍隊提供軍火、藥品和糧食。抗戰勝利前夕，顧祝同派何尚時為駐滬聯絡專員辦事處專員，任命黃的門徒秦興炎為支隊長，黃的兒子黃源濤為大隊長，何還與秦、黃結拜為兄弟。而杜月笙在重慶，與戴笠合作，成立「人民行動委員會」，將各地幫會團結起來，不給政府添亂，支援抗戰工作。

黃金榮與抗日遊擊隊雙槍黃八妹也有聯繫。一九四一年，美國一架戰鬥機在協助重慶政府作戰中，被日軍擊落在太湖地區，該機飛行員白勞特降落在太湖，被黃八妹的部下救護下來。黃八妹派人向黃金榮送信，經黃金榮的穿線，秦興炎、何尚時等終於將白勞特護送到後方。

連黃金榮的大世界遊樂場也成為了重慶方面和日偽分別看中的接頭據點。由於大世界地處租界中心，市面繁華，人流雜多而且進出方便。於是被日偽勢力所注目，他們經常在這裡接頭密談。與此同時，國民黨潛伏在上海的軍統、中統特務在戴笠的遙控下，也以大世界作為理想的聯絡點。黃源濤、丁永昌等為獲取更多的情報，在大世界辦了一個「高峰舞廳」，一張入場券只需一元，但十分豪華，只有有身分的人才能入內。果然舞廳一開張，汪偽七十六號特務隨之而入，這裡成為上海孤島上蔣、日、汪勢力角逐的中心。表面上黃源濤與七十六號的第六行動大隊大隊長吳醒亞為難兄難弟，連李士群也會到此了解蔣介石、共產黨的情報。一次，丁永昌將青浦三塘村的傅文鄉和范子傑是中共地下聯絡員的情報出賣給了七十六號特務。幾天後，這兩位革命者即遭到七十六號特務的殺害。

同樣，黃金榮與中共方面也有聯繫。在抗戰時期的大世界遊樂場裡，已經出現了中共地下黨組織，聯絡人員是姚惠廉，姚和其他的地下黨員的合法身分都是劇場的工作人員。他們在遊樂場內部祕密發展共產黨員。為了能夠應付意外情況，大世界的地下黨組織採取幫會的形式來做掩護，吸收下層的曲藝藝人、勤雜工和小販等加入。如唐嘉鵬的徒弟以叫賣牛肉湯為生的小白原等，接受了革命思想，為地下黨傳遞了不少情報。後來，姚惠廉將一些黨員和積極分子輸送到蘇北的新四軍去，支援了武裝鬥爭。一九四二年夏，由於叛徒的告密，七十六號特務緊急包圍大世界，逮捕了姚惠廉和他的助手江濤等十多人。地下黨獲悉後曾盡全力進行營救但未能成功。不久，姚惠廉等被日偽特務槍殺於龍華。這七次行動，日偽特務沒有事先通知黃金榮。以後，汪偽特務又幾次在大世界內逮捕所謂的中共嫌疑犯，大世界的地下黨組織遭到了毀滅性的打擊。接著，特務們依仗日本主子的勢力，早已不把黃金榮這個昔日上海第一號大亨放在眼中，揚言要對大世界的老闆問個水落石出。老於世故的黃金榮只好用「花紙頭」（紙幣）來塞狗洞。

販毒巢穴宏濟善堂

宏濟善堂的始作俑者是日本特務里見甫。這人姓里見，名甫，為上海的日本東亞同文書院第十三期生，畢業於一九一六年。後在同文書院學友的幫助下，進入天津的京津日日新聞社，開始了新聞記者的生涯。九一八事變後，里見甫北上奉天（今瀋陽），在關東軍第四課中擔任宣傳工作，創建了「滿洲國通訊社」。在此過程中，作為中國通的里見甫，逐漸得到日本軍方的器重。其後，里見甫還化名李鳴在天津創辦了《庸報》。一九三七年，負責對華謀略的日本陸軍省參謀本部第八課長影佐禎昭大佐挑中了里見甫，讓他來負責對華鴉片買賣。從此時到戰爭結束，里見甫主持了八年的鴉片買賣，並被稱為「鴉片王」。

日本在華中地區推行「以毒養戰」的政策。上海是當時最大的毒品集散地，也是日本開闢華中毒品販賣市場的中心。來到上海後，里見甫曾把鴉片工作的重點寄託在了上海幫會老大杜月笙的身上，然而八一三事變之後，杜月笙卻祕密離開上海到了香港，並與戴笠的軍統合作，此舉使得里見甫的打算化為泡影。於是，他退而求其次，挑選了盛幼庵為合作對象。

據檔案資料的記載，八一三抗戰之後，日軍在上海最早設立的販毒機關就是上海公賣處，成立於一九三八年二月，參與這項事務的中國人有盛幼庵、蒲劍英、方達璋等。這一公賣處的實際主持者是日軍上海特務部機關長楠本實隆，楠本的合作者就是里見甫。對於這一公賣處的具體情況，盛幼庵的助手蒲劍英在一九四〇年呈偽上海市市長的一份檔裡有著詳細的記載：

謹略者，竊按滬上特貨之承銷，戰前早已實行多年，而戰事發生後之民國二十七年二月間，由蒲劍英、方達璋、盛幼庵等發起，召集土商公呈友軍軍部所委蘇、浙、皖特稅處批准籌備，奉處長陳奇謀令，委方達璋為上海公賣處正主任，蒲劍英為副主任，盛幼庵者居間幕後，專負交際之責。經過四月餘，遂在滬西正式發貨出售。參加土商均係前滬南出售零膏之大埔幫，其經濟雄厚之潮幫不與焉。當時特稅處冀其速成，乃特許免費登記給照之土商十户，旋增徵費登記者六户，繼又增至二十户，最後增至共計三十二户。其登記費初為每户五百元，後至二千元，其手續費初為萬元，後至三萬元，保證金每户二萬元，且由盛幼庵指定上海公賣處營業科長藍芑蓀為公會會長，日向宏濟善堂領銷紅土三箱，每箱計有一百六十枚，每枚十二兩，計每枚官價三百三十元。但初辦時，由特稅處發貨，每枚包括印花及手續費不過一百三十二元，外加盛幼庵名下費用若干，每枚也僅一百七十元而已。其後金價高漲，在盛幼庵操縱之下，最後遂有上開三百三十二元之價格，然尚須由盛幼庵增加其個人利益每枚六十六元後，始歸土商分配承銷，則市上價格，開從來未有之新紀錄，良有以也。蓋該宏濟善堂與公會間尚有居間之盛幼庵介乎其中，乃成今茲狀態。不特此也，盛幼庵根基初定，即設計排擠，於是有裁撤公賣處之命，劍英幸得潔身引退。繼將蘇、浙、皖特稅處改組為宏濟善堂，專司徵稅發貨。斯時唯盛幼庵名義得向宏濟善堂領貨，唯藍芑蓀有權支配，操縱之勢已成，私囊之入紛紛，聞幼庵已富至二千萬元以上。

這份檔案不僅反映了上海公賣處的內幕，也引出了日軍在華中地區最大的販毒機關——華中宏濟善堂的創建過程。宏濟善堂是盛幼庵秉承日本主子的旨意，設計排擠、裁撤公

上：瑞金賓館 3 號樓曾是敵偽時期的販毒中心宏濟善堂

下：外馬路 1178 號，舊為黃金榮倉庫，那裡曾堆放過鴉片

賣處，由蘇浙皖特稅處改組而成的。實際上，隨著日軍戰事的推進，僅有的上海公賣處已經不能滿足日軍龐大經濟開支的需要，華中宏濟善堂的設立是日軍在華中地區實行毒化政策的重要據點。與此同時，從這份檔案中我們也可以看出，在上海公賣處時期，盛幼庵這位清末豪門盛宣懷的侄子（因排行老三，又被稱為盛老三）不僅為自己聚斂不少錢財，而且也建立起與日軍的密切關係，成為日後華中宏濟善堂助紂為虐的關鍵人物。

一九三九年六月，華中宏濟善堂總部在上海虹口設立，由盛幼庵任理事長，里見甫擔任副理事長。宏濟善堂本身就是日本特務機關「里見機關」控制的下屬機構，里見曾直言不諱說自己的工作是「管理和投資，以未來獲利提供於帝國政府」，他也曾明確承認進行鴉片貿易的啟動資金來自於東京。於是，宏濟善堂相繼在上海、南京等地設立了地方宏濟善堂，從而建立起了華中宏濟善堂的網絡體系。

關於華中宏濟善堂的運作體系，《華中宏濟善堂設立綱要》規定：「華中宏濟善堂由向在上海經營鴉片批發業之商人中資本充裕者組織之」，並且「限定十名以內」，每個菸商各提繳二十萬元法幣保證金。宏濟善堂總部的主要業務是採辦各類毒品，並將毒品運售到地方宏濟善堂。地方宏濟善堂則由「該地方經營鴉片之商人中資力充裕者組織之」，「限定五名以內」。加入宏濟善堂總部的中央土行，以戒菸總局核定之菸土售價每一元法幣加收取八分的手續費售給地方宏濟善堂的土膏行。然後再由地方宏濟善堂「加徵由華中宏濟善堂購得時價格之一成相等之手續費」分售給各鴉片零售商進行銷售，鴉片零售商也受宏濟善堂的控制，須向當地宏濟善堂遞交一千元。上海的宏濟善堂總局設於虹口，並在南市九畝地、閘北天寶里、浦東東昌路洋涇、滬西曹家渡等處，設立四分局，上海郊區共分布著大中小土行一百二十家。

宏濟善堂鴉片的來源主要有三。一是利用偽蒙、偽滿政府強迫當地人民種植鴉片；二是從伊朗購入；三是來自臺灣等地。其中相當部分是精煉毒品，也就是海洛因和嗎啡。菸土由日軍用兵艦從熱河華北一帶運來，其種類分紅土、北土（即熱河土）數種。在偽維新政府期間，華中宏濟善堂在上海一地的銷售量，每月約達六萬餘兩，到汪偽政權時期，每月僅上海一地約四萬兩，外埠各地約六萬兩。由宏濟善堂售出的菸土，必須貼上禁煙總局的特稅印花，蓋有「宏總驗訖」印戳，才被視為官土。各級偽政權對於這些菸土必須准予放行。除此之外，日偽還給予宏濟善堂以法律特權。

宏濟善堂如此堂而皇之地販賣毒品，在華中地區聚斂了大量的資金，關於華中宏濟善堂的收入問題，有不少資料透露了這方面的情況。如一則報導披露：

僅一九四一年一年，它就向淪陷區的中國人賣出了二百二十二噸鴉片，獲利三億元（偽儲備券），而當時南京汪精衛傀儡政權一年的預算，也不過這個數字。也有學者做過一些粗略的估算，據不完全統計，日本通過在華中販售毒品，每年約從中國人民身上榨取三億日圓的資財，整個八年中約計二十一．七五億日元。

驚人的毒品販賣收益，使得染指這一交易的盛幼庵，成為當時上海灘富甲一方的人物，時人稱汪偽人物中有四隻暴富的獅子，老四李士群，老三周佛海，老二邵式軍，這首席就是盛幼庵。於是，盛搬進了當時上海最大、最漂亮的私家花園——金神父路（今瑞金二路）馬立斯花園（今瑞金賓館一號樓），並雇了日本憲兵做保鏢，看守大門。一九四四年，盛幼庵七十大壽時，曾大擺宴席，並邀請南北名伶大唱堂會，連演三天三夜。

華中宏濟善堂從一九三九年六月設立，到一九四四年四月結束，前後存在了六年時間，它不僅通過販賣鴉片的方式掠奪中國人的大量資金，同時，也使鴉片氾濫到了驚人的地步，僅在上海一地，因吸食菸毒而破產的商民即逾萬戶，許多市民因吸毒鋌而走險，或因此喪命。在東京法庭審判時，出庭作證的公共租界巡捕房證人奎爾指出：

經常服用海洛因和其他麻醉品者，都是從街頭的行商者手裡買這些藥的，然後吸食或注射到胳膊上。……在麻醉品注射所，經常是只有一支注射針……有時帶有梅毒及其他疫病，由於用一支針注射，這種可惡的疾病就逐漸傳播開來。

當然鴉片勾當最大的獲益者還是日本，里見甫承認：「在日本戰時體制的管控下從事鴉片貿易。」連昭和天皇也對陸軍插手鴉片交易之進展是否順利而深表憂慮，曾屢屢向其身邊的侍從武官問及「那件事（鴉片謀略）進展得如何了？」日本皇室侍從武官鹽澤清宣中將也曾將天皇憂慮之語告訴里見甫，里見甫誠惶誠恐，更加全力投入鴉片交易，以為戰爭提供經費。所以，宏濟善堂的鴉片祕密交易的收入，主要是用於擴充日本軍費，為戰爭至少提供了相當於十二艘航空母艦的物力支持。另一部分收入則用於扶植偽政府，接受過宏濟善堂資金的偽政府包括汪精衛偽政權、偽滿政府和偽蒙政府。里見甫供認：

宏濟善堂通過波斯鴉片盈利達二千萬美元。這筆錢特務部存在時上繳給了特務部，特務部撤退後上繳給了興亞院。鴉片的分配方針是南京政府及興亞院決定的，而這一方針是建立在：一、蒙古政府的歲入，二、南京政府的歲入基礎上的。

近年，在日本國會圖書館發現了一份《宏濟善堂紀要》，這份二十一頁的文件，清晰記載了宏濟善堂經營鴉片貿易的範圍、來源、收益和操作方法。從這份文獻中可以看到，日本在華販賣鴉片的收益達到了驚人的地步。在東京審判中，里見甫曾承認自己從事鴉片貿易，但堅決否認涉及嗎啡、海洛因等烈性毒品，因為這些毒品的危害更甚。而這份檔中，卻刊有里見甫通過日本臺灣總督府獲得二百七十七公斤可卡因的紀錄，時間是一九四二年六月一日，他在偽蒙疆地區經營的毒品中，也包括大量的嗎啡。正如《鴉片王里見甫》一書的作者西木正明所指出的：「這份文件，是一份里見甫無法抵賴的罪證。」

再說說宏濟善堂兩個頭子盛幼庵、里見甫的下場。一九四五年八月十四日，上海的日本「蘿蔔頭」們（上海市民對日軍的蔑稱）早已無精打采了，但盛老三仍命令部下，照常工作。第二天日本宣布投降，六名守衛宏濟善堂的日本人向盛幼庵說明後，黯然而退。他這才慌了手腳，急忙將藏在二樓夾層裡的鑽石、金條等裝入四隻皮箱，派日軍用汽車運出。到了中午，二十六名衛隊隊員集體來到盛公館與盛講斤頭，要求每人發十根金條做遣散費，盛幼庵一面答應，一面上二樓，立即調來大批日本憲兵，將衛隊全部捉去。當天晚上，他的二姨太、三姨太等乘夜轉移。到十六日黎明，盛幼庵正在過鴉片癮時，只聽見前門已傳來捉拿之聲，他立即扔掉菸槍，跳出後樓，躲入花園樹木叢中。熬到晚上，才逃脫並潛入日軍兵營躲藏。九月九日，正當何應欽代表中國政府在南京接受侵華日軍投降時，一艘日本運輸艦悄悄駛出吳淞口，企圖溜走，結果被美軍巡洋艦發現而押回上海，船上有一百九十多名日偽要犯和大量物資，其中就有盛幼庵。最終盛幼庵被捕，一九四六年被南京的首都高等法院判處死刑，住宅作敵產接收。而里見甫被遠東國際軍事法庭以A級戰犯的罪名逮捕，並關押在東京的巢鴨拘留所，一九六五年三月二十日死去。

2

群魔真相

青紅幫「老鼠」范高頭

范高頭原名趙阿寶，出生於浦東高橋，因腦門子上長著一個大大的肉瘤，好像頭上又多生了一個小腦袋，於是得個雅號叫「高頭」。范高頭短暫人生中，有人稱讚其為幫會奇俠，又有人認為鹽梟惡霸。

范高頭原是個撐船的苦力。他自恃人高馬大，最愛幫人打架。西方人的鐵甲火輪當時很神氣，在中國內河橫衝直撞。有一回，一艘外輪在黃浦江中橫行霸道，撞沉一艘滿載的中國駁船，外輪竟不當回事，開足馬力就要走。當時許多中國小船靠上去，要找外輪算賬，但外輪是鐵甲，馬力又大，根本攔不住。正當外輪由於速度太快，又要撞上另一艘中國船時，范高頭大叫一聲，舉起碗口粗的竹篙，死命一撐，外輪船身一歪，中國船避過此難。這時外輪因為這突如其來的一撐而慌了手腳，連忙停了下來。中國船工乘機上船與洋人交涉，終於使洋人認輸賠償。此事傳開後，「范高頭」之名開始叫響，他的原名反而被人忘了。

范高頭成名後，不再滿足於靠撐船吃飯。當時沿江一帶許多人都靠偷盜洋人船上的貨物發財。范利用自己的名氣把這些人組織起來，把小偷小摸變成整批整船的「大偷大摸」。

當年因為黃浦江水淺，外國輪船由長江駛入黃浦江後，難以直接停靠碼頭，必須以水划子從輪船上將貨物駁運到碼頭，這種駁運的小船稱為駁船。范高頭帶領其同夥的主要手段，就是將駁船故意弄沉，再利用黑夜把貨物撈上來，然後拿出去倒賣。當然，那時賺錢的買賣是鴉片，故運鴉片的駁船是他們的主要目標，時常會莫名其妙地翻船沉沒。范高頭等再於夜間潛入江底將一箱箱鴉片撈起來。租界當局雖然派遣巡捕晝夜巡邏看守鴉片，但仍防不勝防，有時夜間巡邏的巡捕反而被人拋入江中溺死。後來范的生意發展到從偷鴉片，到販鴉片，再到開菸館賣鴉片的一個大的集團。手下有數千人，成為威震上海灘的一霸。因靠水吃水而偷盜，因此綽號「水老蟲」，上海人將老鼠俗稱老蟲。

范高頭本是鹽梟，加入紅幫，開創青龍山，成為龍頭大爺，廣收徒眾，擴展勢力。號稱上海灘晚清「四庭柱」的流氓頭子黃金榮、李超五、劉福彪、潘鈺卿都是他一手帶出來的，是當時江蘇沿海一帶的著名青紅幫首領。

在那時的上海，各個幫派都有自己固定的地盤，這樣不但可以避免因為互相傾軋而損傷實力，而且還有利於自己的地盤內的菸館、妓院、店鋪「抽頭」，獲得經濟利益。在抽取保護費的同時，這些幫派也承負一定的義務，那就是保護自己地盤內的店鋪、菸館、妓院，使他們免受其他流氓的騷擾和侵害。對於這些總是以「勇」、「義」為標榜的幫派中人來說，如果保護不了自己地盤內的鋪面。那將是極不光彩的事情。

范高頭與應桂馨同是青幫中人，兩人曾合夥做過走私洋紗的非法生意，結果被公共租界當局查獲，並曾關入巡捕房。這件事使得他痛恨洋人，時常尋機鬧事。

一次，范高頭的徒弟芮德寶在「綠波廊」點心店裡，見到一個英國人在毆打店裡的女招待。芮德寶雖然出身流氓，但還不敢招惹外國人，只能點頭哈腰地上前勸架。英國人蠻橫成性，不但不聽，反而對出來勸架的芮德寶大打出手。這一打，把芮德寶的流氓脾氣給激了起來，他把鬧事的英國人拖到街頭，掄起了拳頭，結結實實地揍了一頓。痛快是痛快了，卻因此引出了大麻煩。挨打的英國人向領事館起訴，狀告芮德寶打人。按照清政府和英國政府簽訂的不平等條約，英國領事館有權單方面審理芮德寶。作為紅幫老大，如果范高頭罩不住自己的兄弟，那將很丟面子。而且從當時的形勢來看，清政府不敢得罪洋人，范高頭自己也沒有實力和公共租界對抗，這個面子似乎是丟定了。

誰知這個案子碰巧落在陳其采手裡，陳其采，湖州人，為陳其美之胞弟，一九〇二年留學日本回來任上海新軍統帶（團長），負責維護上海的地方治安，具有初步的民族主義意識的他，斷然回絕了英國人提出的引渡芮德寶的要求，並進而要求由中國政府審理此案，嚴懲肇事的英國人。英方要脅不成，遂做出讓步，找人交涉調停，最後，英國人只得賠禮道歉，並賠償了經濟損失。

此案過後，范高頭非常感激和佩服陳其采，自此與陳其采建立了良好的個人關係。以後又與回上海主持反清革命的陳其美建立良好關係。陳其美為人豪邁，且「口齒捷、主意捷、手段捷、行動捷」，江湖上多以「四捷書生」讚之，因此更易被江湖接納。所以，通過結識范高頭不久，陳、范二人便結為異姓兄弟。范長陳幼，兩者相差近三十歲。自此，陳其美與上海青紅幫建立了合作關係，但遺憾的是，范高頭並沒有因此追隨同盟會，走向革命之路。

由於范高頭在光緒年間因人命案子被上海會審公廨洋人處理過，對外國人有股仇恨心。在從事幫會活動時，范每每將鬥爭矛頭指向外國人。「上海洋人屢受其滋擾」，自一九〇四年起一直與清方交涉不休。一九〇六年，上海人力車夫、小車夫因租界創辦電車準備罷工抗議，也被英國駐滬領事說成是受范高頭的煽惑所致。

與此同時，范高頭也不把清朝的地方官放在眼裡，他這樣的流氓無產者身分的幫會分子，既具有反抗官府的勇氣，又帶有嚴重的自由散漫習氣。他膽大妄為，曾夥同陸毛囡盜竊金榮記的棉紗，在「黃浦江上搶掠商貨，殺害人命，不計其數」，「甚有在黃浦一帶私收棉花捐情事」。他們還「交接上海衙署吏胥，且在城外南市設有船行，江面有小輪行駛通州，串通丁役，偷蝕稅釐」，並自造船隻，購買槍砲，像一支正規海軍一樣與官軍周旋，「浦東、上海、吳淞、通州、崇明，及山東之煙臺、青島」都是范高頭「素所遊弋及潛蹤之所」。兩江總督端方等多次組織部隊進剿緝拿范高頭，但收效甚微。一次，范高頭的船在海門江面與清兵相遇，范部立即開槍開砲，將清軍擊退。數年之中，清軍無力捕獲范高頭。一九〇六年六月，清外務部照會英國署使嘉乃績時不得不承認：「范高頭一犯為著名巨棍，迭經加重賞，設密探，不遺餘力，卒未就擒，蹤跡無定。」不久江蘇巡撫陳夔龍在外國勢力的一再交涉下派兵查辦，這位寒門出身的漢族官員果然超過前人，精幹的水軍追蹤范高頭的船隻不放鬆，從上海浦東一直追擊到通州（今南通）姜趙港，范高頭等人武裝抵抗失利，兵敗被擒，押送到蘇州。被捕後范高頭倒也寧死不屈，最後被押送到南京，送上了斷頭臺。

范高頭死得幾乎無聲無息，然他對滬劇的發展曾起過重要的提攜作用。原來在晚清，灘簧花鼓之類的小戲，均被官府視為淫戲，下令禁止；一旦演員被抓，懲罰極重。早在乾隆、嘉慶年間，滬劇的前身申曲，已有散班浪跡鄉村，演出傳承，並與官府周旋，但始終未得到很好的發展。由於青紅幫首領范高頭酷愛本地灘簧，一八九九年他便與羅店人「三光模子」趙小和合作，將許阿方、胡蘭卿領銜的本灘東鄉調藝人演出團帶進老城廂。站穩腳跟後，范再將他們引進了公共租界，在福州路福建路口的昇平樓茶園演出，受到租界內中國人的歡迎。租界文化環境比較寬鬆，因此該團此後發展到八個班社，分別在聚寶樓、如意樓等租界茶園裡唱戲。從此，申曲這個劇種日臻成熟，並受到上海民眾的喜愛。所以說，范高頭曾促進了滬劇的誕生和發展。

程子卿由盜變警

一九二一年七月二十三日晚，一個悶熱的晚上，法租界望志路樹德里三號（今興業路七十六號）的李公館裡，燈火通明，一些青年人正圍著大餐桌在開會，除了十三名中國青年人以外，還有兩個大鬍子的外國人。李公館是同盟會元老李書城的寓所，一九二一年春，李書城租賃了一〇八號和一〇六號兩幢石庫門，並將兩幢房屋打通。李書城和夫人薛文淑住在一〇八號樓上，弟弟李漢俊住在一〇六號二樓。此時，李書城夫婦去湖南了，房屋的主人只有李漢俊。

在這個石庫門客堂間裡召開的是中共第一次代表大會。會議由張國燾主持，毛澤東和周佛海擔任記錄，劉仁靜則坐在共產國際代表馬林的旁邊，擔任翻譯。當馬林正在高聲地向他的東方戰友們介紹共產國際的性質、組織和使命之時，突然，一個三十多歲的陌生男子穿過虛掩的後門闖進會場。這個人的穿著，包惠僧回憶穿著灰色竹布長褂，陳潭秋回憶是個獐頭鼠目的穿長衫的人。這個「面目可疑的人」闖入會場後，朝屋裡環視了一周。房屋主人李漢俊立即問道：「你找誰？」

「我找社聯的王主席。」那人隨口答道。

「這兒哪有社聯的？哪有什麼王主席？」李漢俊頗為詫異。

「對不起，找錯了地方。」那人一邊哈了哈腰，一邊匆匆朝後退出。

馬林的雙眼射出警惕的目光。他用英語詢問李漢俊，發生了什麼事，李漢俊當即用英語做了簡要的答覆。

馬林用手掌猛擊大餐桌，當機立斷：「一定是包打聽！我建議會議立即停止，大家迅速離開！」代表們一聽，馬上站了起來，李漢俊領著大家分別從前門走出李公館。

果然，十分鐘以後，一卡車的巡捕在「不速之客」的帶領下湧入會場。包括一個法國警官，兩個法國偵探，兩個中國偵探，還有一個法國兵，三個翻譯，那個法國兵更是全副武裝，兩個中國偵探，也是兇巴巴的，要馬上拿人的樣子。結果因為中共代表們的警惕而逃過一劫。

這個「不速之客」就是程子卿，他也因為夜闖中共「一大」會場而青史「留名」。

程子卿為什麼會夜闖中共「一大」會場呢？經過考證，原來是馬林引起了租界當局的注意。馬林是荷蘭人，又名斯尼夫列特，他曾在荷屬爪哇從事革命活動，而被當局驅逐出境，從此成了各國警方密切注視的目標。一九二一年春天，共產國際代表馬林奉命離開莫斯科來上海，途經維也納，向奧地利政府當局領取來中國的簽證時，就被拘留了六天，後來在朋友和律師的幫助下才獲釋。他被維也納警察局驅逐出境，並被吊銷了護照。奧地利政府還與馬林可能路過和要去的國家和地方聯繫，要求這些國家和地方當局密切注意馬林的動向。所以，馬林在動身來華路上已引起各方注意，他在途經可倫坡、巴東、新加坡、中國香港等地時，都受到了嚴格的檢查。六月三日，馬林取道歐洲來到上海，與從西伯利亞南下的另一位國際代表尼科爾斯基會合。當荷屬爪哇當局得知馬林可能到上海時，立即通知荷蘭駐上海總領事館，要他們監視馬林的行動。馬林一到上海，就引起了荷蘭駐滬總領事館的注意。租界當局從他來到上海灘起，就對他進行了嚴密的監視，密探們更是把馬林的行蹤查得清清楚楚，並記錄在案。據荷蘭外交部檔案《法國巡捕致上海荷蘭總領事函件》記載：「六月三日，斯尼夫列特（馬林）乘義大利的阿切拉輪到達上海，住南京路東方大旅社，自稱安德雷森。六月十四日離開東方大旅社，到麥根路三十二號一家公寓住宿。」

這就說明，馬林當時的一舉一動都被監視了。馬林對自己被監視是有所覺察的，特別在中共「一大」召開期間，他就有提防。七月二十三日當晚，馬林來到李公館時，就已經引起了密探的注意。由於程子卿的闖入，中共「一大」移至嘉興南湖召開了最後一天的會議。

這個程子卿，也曾是黑道人物。

程子卿（1885-1956），江蘇鎮江人。讀過三年私塾，後來在鎮江米店當學徒。在一九〇〇年前後，程子卿從鎮江到上海謀生，在十六鋪碼頭做搬運工，練得臂力過人。他也常到鄭家木橋周邊混日子，在那裡結識流氓頭子黃金榮，結拜為幫，人稱「黃老大」（黃金榮）、「丁老二」（丁順華）、「程老三」（程子卿）。又因為他的皮膚黝黑，綽號叫「黑皮子卿」，屬青幫的「悟」字輩人物。

一九〇五年，經黃金榮介紹，程子卿進入法租界巡捕房當了巡捕，後來升為刑事科的政治組探長。這個政治組專門處理法租界的政治性事件，組長為法國人薩而禮。

在四一二政變中，程子卿追隨黃金榮也出了力。那時，蔣介石手下的兩輛軍用卡車以及車上六十多名衛兵，在愛多亞路（今延安東路）受到法租界巡捕房攔阻，不許進入法租界。蔣介石的衛隊長和法租界巡捕爭了幾句，那些法國巡捕連車帶人都扣下來，送到法租界巡捕房。不久黃金榮知道了此事，立即要程子卿前去周旋，於是，蔣介石的衛隊連同兩輛卡車得以釋放。事後經楊虎（當時任國民革命軍總司令部特務處處長）保舉，南京國民政府給程子卿頒發「青天白日」三等勳章。胡漢民、汪精衛還各贈他親筆字軸一幅，程子卿把字軸掛在薛華立路（今建國中路）和平坊四號廂房會客室中，以為榮耀而自豪。

二十世紀三〇年代初，隨著法租界政治性事件不斷增多，巡捕房政治組後來擴大為政治部，程子卿擔任政治部主任。這一時期的程子卿，思想有所左傾，他對國民黨的無能表示失望，在法租界有時也為共產黨、進步人士以及國民黨左派做一些有益的工作，如宋慶齡、蔡元培、楊杏佛等的中國民權保障同盟的爭人權活動，得到了程子卿的協助，一些中共黨員被租界當局抓捕後，民權同盟立即聯絡程子卿，程每次都盡可能幫助「疏通」而獲釋，這些活動引起了國民黨內右翼分子的不滿。一九三一年至一九三六年間，程子卿曾先後收到七次匿名警告信，最後兩次還附有子彈。程子卿曾在徐家匯路打浦橋附近遇刺，所幸未中。此後，程子卿上下班時，法租界巡捕房派員護送，前後達半年之久，直到抗戰爆發，才得以平安渡過。新中國成立後，程子卿意識到可能被捕，求助於宋慶齡。這樣，宋慶齡向有關部門做了說明，程子卿被豁免而沒有被捕。一九五六年他病逝於上海建國中路家中。

混世魔頭應桂馨

應桂馨，名夔丞，浙江寧海城關鎮耶穌堂西側應家人。他父親本是個石匠，因在上海當包工頭而致富，後改經營地產，成為當地有名的富翁。應小時候也念過書，據說中過秀才，並略通英文，還當過教師。但應桂馨天生不安分，從小揮霍成性，好結交，他父親的資財都被他用於交朋結友，因此江湖上頗有人氣。他一生沒有聚攬什麼財富，倒是把家底折騰光了，這從他死後家裡並無什麼財產可知。其子應瑞賢輟學後，於一九二九年到上海中藥店當店員，後投奔延安，改名朱學勉，進陝北公學學習，加入了中國共產黨。抗戰爆發後重返江南，任中共諸暨縣委書記，一九四四年三月，在與日軍激戰中犧牲。另一子應野平一九一〇年生，在上海習中國畫，專攻山水，成為上海美術專科學校教授，著名中國畫家。再說應桂馨一九一〇年在寧波老家私佔民田民房，引起公憤，正在焦頭爛額之際，幸好陳其美找了朋友疏通調解。從此，應桂馨無法再在寧波待下去，便移居上海。

應桂馨早年混跡江湖，在上海加入青幫，為上海青幫大字輩流氓頭子之一。來到上海後，對陳其美知恩圖報，便將其父在西門文元坊的住宅借給陳其美，成為同盟會的祕密據點。應跟隨陳其美投入反清革命，加入同盟會，非常賣力，做了不少工作，一九一一年十一月，光復上海之戰中，他親自率敢死隊，攻打製造局。因此上海光復後，任滬軍都督府諜報科長。當孫中山從海外歸來到上海，陳派應直接負責接待和保衛孫的任務，可見陳其美對他的信任。孫中山由滬赴南京的具體保衛工作也是陳其美安排應桂馨擔任的。孫中山就任臨時大總統，特任命應為衛隊司令，並令其在上海組建衛隊隨同前往南京。孫中山就任民國臨時大總統時，應隨之赴南京擔任總統府庶務科長。但他身上江湖氣太重，身上流氓習氣一時難改。最初對來訪孫的親朋故友開始還較客氣，後來人來得多了，他時常看人下菜，有時對客人惡語相向。孫中山對此並未深究，看其不適合這種工作，僅將其改調臨時政府庶務長，這個職務挺重要，據應後來自言，下面管十二個科。誰料他並不買賬，無理取鬧要將他從上海帶來的衛士帶走，其中有的衛士不願離開，應竟用武力威脅，事情鬧到這種地步，加上應在平時有貪汙行為，在臨時政府即將解散時，孫中山打發他回了上海。應自己則宣稱，他是在臨時政府工作完成之後，才離開的。

這時，在上海有些人脈的應桂馨，希望組織幫會新式社團，而滬軍都督陳其美也打算改造、收編幫會，以為我所用，兩人設想不謀而合，於是一九一二年七月一日，以應桂馨為會長的中華國民共進會在上海成立。是年底，應桂馨與張堯卿進京，受到袁世凱的召見。由袁世凱任命為「江蘇駐滬巡查長」，從此，其政治傾向來了個根本變化。遺憾的是，對應的投靠，國民黨高層的黃興、宋教仁和陳其美等均毫無察覺。一九一三年三月二十日，受袁世凱、趙秉鈞、洪述祖之命，應桂馨物色兇手武士英在上海車站刺殺了國民黨人宋教仁，製造了轟動中外的宋教仁案。

當時，袁世凱感到了宋教仁和國民黨對他獨裁政治的威脅極大，先是試圖拉攏宋教仁，早在陸徵祥辭去內閣總理時，袁世凱就曾請宋擔任內閣總理，條件是放棄政黨內閣的主張，被宋堅決拒絕；後來企圖用金錢賄賂，也沒有得逞。一九一二年十月，宋教仁南下回家。在途中，他大力宣傳自己的政治主張，表示與專制獨裁政治制度勢不兩立。當時，各地選舉越來越有利於國民黨，已獲得參眾兩院的三九二個議席，眾人都期望宋教仁當選內閣總理。這種情況令袁世凱更加緊張，他不僅授意報刊惡意攻擊國民黨，而且陰謀以暗殺手段除去政敵。於是，袁世凱密召內閣總理趙秉鈞和內務祕書洪述祖，決定暗殺宋教仁。洪述祖找到其上海灘舊友、青幫成員、江蘇駐滬巡查長應桂馨。許諾應桂馨「事成之後，獎現金五十萬元，授二等功勳」。應桂馨答應下來，物色了兵痞出身的武士英作為殺手。一九一三年三月上旬，宋剛抵上海，忽然接到了袁世凱發出的「即日赴京，商決要政」的急電，決定立即北上。

三月二十日晚十點，國民黨代理理事長宋教仁由上海乘車去北京，國民黨著名人士黃興、于右任、廖仲愷等人去車站送行。宋教仁剛走到檢票處，突然背後響起槍聲，宋教仁中彈倒下。混亂中，兇手跳脫。宋教仁被送往醫院，因被擊中要害，於二十二日凌晨不治身亡，年僅三十二歲。

宋案突發，全國輿論大譁。應桂馨卻沾沾自喜，公然準備前往北京向袁世凱邀功請賞。二十三日，有一個叫王阿發的古董商人，來到法租界總巡捕房提供案件線索。他說：「十天以前，我在老主顧文元坊應桂馨家裡兜賣古董時，他拿出一張照片，叫我在某日某時某地把照片中的那人殺掉。應桂馨答應事成之後，給我一千元作為報酬。我只會做買賣，從來沒有動手殺過人，因此沒敢答應。今天我在報紙上看見宋先生的照片，正是應桂馨叫我作為暗殺對象的那張照片。」

得到這條線索之後，兩租界的巡捕房立即動手。二十四日凌晨，公共租界總巡卜羅斯下令巡捕在湖北路迎春坊二二八號妓女胡翡雲家中，捉到了應桂馨。由於應宅文元坊地處法租界，故卜羅斯立即電告法界警務處總巡拉皮埃（Rabier），總巡命令火速搜查應宅。黃金榮的徒弟、密探金九齡和程子卿得訊後，馬上報告黃金榮，黃金榮飛速帶人直撲新北門外徐家匯路文元坊北弄二號，這幢三層建築的門口掛著「江蘇巡查長公署」和「共進會」兩塊牌子。他先將應宅團團圍住，敲開門後，命令任何人不准走動，等候查驗。

程子卿等即開始搜查。不料搜查的結果，還是沒有找到與宋教仁案有關的隻言片字，急得黃金榮如熱鍋上的螞蟻。這時隨同搜查的國民黨上海交際處長周南陔心生一計，他向黃金榮耳語幾句後，便單獨走進軟禁女眷的廂房。只見廂房裡應桂馨的大小老婆早已哭成一團。周南陔入內後，低聲說道：我是應大哥的知心朋友，在捕房做事，剛才在捕房裡已與應大哥接過頭，大哥讓我告訴妳們，不要著急，很快就會出來的。只是有些祕密檔，不可落到他們手中，他要你們立即給我轉移出去。看到女人們還有些疑慮，周又機密地說：快點，快點，如果讓巡捕房搜去，大哥的命就保不住了。這時一個小妾站起來說：阿拉是曉得的，就在這裡。只見她走到牆角，拉開活動地板，取出一隻小箱子。周如獲至寶，出來交給了黃金榮，黃打開一看，策畫暗殺的文稿、信件、密電碼本等全在，檔上有政府總理趙秉鈞和部下洪述祖的往來電報、信件，上面有秉承總統袁世凱的旨意，要應桂馨執行刺殺宋教仁命令的詳細內容。

找到證據後，黃金榮很是高興，又在想那個直接實施殺人的武士英會不會也在這裡呢？搜查時應公館的閒雜人等均暫時關在底樓的西廂房內，也沒有時間過問。密件找到後，黃金榮便到底樓對著這群人，用隨隨便便的口吻問道：「啥人是武士英？」同來的西人探長認為這是白費勁，兇手怎麼肯在此時露面呢？豈料黃金榮的話音未落，立即有人答稱：「有！」這個小個子大約是過分緊張所致，好像是出操的士兵，站得筆直。就這樣，黃金榮輕而易舉地抓獲了刺殺宋教仁的兇手、原名吳福銘的武士英。

據黃金榮自己說，當時武士英明白自己暴露後，立即竄出客廳翻出牆去，這時黃金榮一馬當先，也想爬牆追去，無奈身材矮胖，連跳了三次，才爬上牆來，這時，兇犯已經跳到牆外，準備逃跑。黃金榮從牆上奮力向武士英撲去，正好將武壓在身下，武士英受此一壓，已經受傷，但是他困獸猶鬥，垂死掙扎，被黃金榮死死按住，直到程子卿等趕到，這才得勝而歸。武士英被擒，並搜出了五響手槍一支，槍裡剩餘的子彈與從宋教仁身體裡取出的子彈型號相同，從而為揭開宋案之謎，奠定了基礎。

接著，公共租界會審公廨開庭審理此案。黃金榮奉法租界公董局之令負責押解人犯。黃金榮等協助公共租界的巡捕將應桂馨、武士英押至公共租界北浙江路的會審公廨，並嚴加防範。為使武士英認罪招供，黃金榮又找到一個證人，就是火車站酒吧裡的西崽，宋教仁出事那天，這名西崽曾看到三名鬼頭鬼腦之人不斷向宋教仁休息室窺探，其中之一就是矮小精壯的武士英。在確鑿證據面前，兩人不得不俯首承認。

接著，兩犯被引渡到上海地方法院。上海地方法院向總理趙秉鈞發出傳票，要其到庭接受詢問，一時各地輿論紛紛批評袁世凱政府，從而迫使袁世凱批准由段祺瑞代理總理職務。四月二十四日，武士英被人逼迫，在獄中吞吃毒藥而自殺。而應桂馨被押在上海監獄後，趁著二次革命上海動亂之際，越獄逃跑，先到青島租界躲避起來。國民黨討袁的二次革命失敗後，應桂馨開始顯露行跡，公開發出請「平反冤獄」的通電。後又公然準備從青島到北京向袁世凱索酬，要求袁實踐「毀宋酬勳」的諾言，給他勳位和鉅額現金。袁本來希望用賞錢叫他離開北京，當然不可能公開授勳，但應桂馨卻堅持勳位金錢缺一不可，其蠻横態度終於惹翻袁世凱。袁派出四名殺手追趕，準備殺人滅口。應桂馨得到風聲後迅速逃跑，但最後仍未逃脫。一九一四年一月在逃往天津的火車上，被軍政執法處人員郝占一和王雙喜亂刀砍死。二月，趙秉鈞也在天津被人毒殺。再說另一主謀洪述祖，一九一六年在上海租界內被宋教仁之子宋振呂發現而捉拿歸案，後引渡到北京，被判處無期徒刑。一九一九年四月十五日，被執行絞刑。

黃金榮等的神速破案，的確得到了各方的讚揚，法租界巡捕房總巡拉皮埃高興地拍著黃金榮的肩膀，連連表示要表彰他。

四月十三日，上海各界在張園舉行追悼宋教仁大會，與會者達二萬人。孫中山送輓聯云：「作公民保障，誰非後死者？為憲法流血，公真第一人！」刺殺宋教仁一案的迅速偵破，徹底揭露了袁世凱反民主、真獨裁的醜惡嘴臉，給國民黨和全國的民眾上了生動的一課，此後大多數國民黨人從「議會政治」的迷夢中震醒，重新集結力量，拿起武器，發動二次革命，以竟辛亥革命未完之功。

從根本上分析，與國民黨人的長期交往，這並不是黃金榮嚮往革命的體現，而是他為了穩固自己得之不易的社會地位，以及他自己賴以生存的幫會利益驅動所致。但這一時期的交往，也為黃金榮和上海流氓幫會與蔣介石的聯合、充當四一二事變的工具，以及與南京國民政府的聯姻奠定了基礎。

為虎作倀常玉清

常玉清是湖北荊州人，一八八四年出生，長得身高馬大，為人粗鄙兇惡，早年就讀於湖北武備學堂。清朝滅亡後移民上海，初在日本阪川洋行當職員，隨即轉入阪川洋行開設的內外棉紗廠當「拿摩溫」（number one的音譯）。兩年後的一九一四年，轉到日商豐田、同興、大康等紗廠當工頭。那年頭，日本在上海開設大量棉紡織廠，使用「包身工」，賺取原始積累。常玉清成為日本老闆的得力助手，積累了第一桶金。三年後，常玉清開始參與管理三個工廠的碼頭貨運，一九二二年上海爆發支援香港海員大罷工的浪潮，常玉清見勢不妙，辭去碼頭差使。開始涉足娛樂業，創辦丹桂第一臺、大新舞臺等，邀請京劇名角梅蘭芳登臺演戲。但由於經營不當，得罪了新聞記者而被迫放棄。此後又在西藏路新聞路口開設大觀園浴室，由於地處鬧市中心，大觀園生意十分興隆。

為在上海站穩腳跟，常玉清來滬後即拜青幫大字輩曹幼珊為老頭子，並於一九二二年起開香堂收徒，既擴展自己的勢力，又可聚斂財富。在民國時期，上海工人中加入幫會的比例較高，其原因是工廠實行包工制，包工頭往往就是幫會頭目，工人為獲得穩定的工作不得已加入幫會，並定期向他們的師父貢獻規禮。這一情況，作為中共總書記的陳獨秀也有獨特的了解：

大部分工廠勞動者，全部搬運夫，大部分巡捕，全部包打聽，這一大批活動力很強的市民都在青幫支配之下。……他們的組織，上海沒有別的團體能比它大，他們老頭子的命令之效力，強過工部局。

在有些行業裡，加入幫會的工人高達百分之八十，碼頭、澡堂等更是幫會集聚之地。漸漸，常玉清在工人中形成不小的勢力。

一九二四年秋，中共中央應上海地方黨組織的要求，派遣李立三到上海，擔任中共上海地委工人運動委員會書記。由於李立三已擁有在安源與幫會打交道的實際經驗，因此到上海後，即與幫會下層聯絡，很快打開工人運動的局面。用當時的話語，就是將階級鬥爭引入到青幫中去，將幫會頭目與普通成員區別開來。

李立三深入小沙渡工廠區，不斷擴大共產黨的影響力。一九二五年二月，上海日商內外棉八廠工人為抗議廠方開除大批工人而率先罷工，各廠立即回應，罷工潮席捲二十二個日資紗廠。時任五馬路商界聯合會評議長的常玉清，急不可待地四出活動，為日本主子效勞。二十二日，他會見日華、同興兩廠的工人代表，了解詳情，聯絡感情。次日他又去小沙渡工廠區為日本資本家辯解開脫，聲稱「廠主方面亦有不得已之苦衷」，明確提出罷工非好事，「長此久持，大非幸事，且恐為人利用。安源罷工、京漢鐵路工會及南陽菸草職工同志會罷工之事，可為前車之鑑，望諸君須要徹底覺悟」。在常玉清等的破壞下，二月罷工未能達到預定目的。五卅慘案發生後，以李立三為委員長的上海總工會公開成立，到六月五日，罷工工人達二十萬人，聲勢浩大。不甘坐失在工人中影響力的常玉清再次出馬，七月二十一日，他自稱工人代表，找李立三尋釁鬧事，無中生有地指責李立三「私吞工人救濟金」，指責李立三招致工人利益受損，強逼李下令「使二萬閒著工人回廠做工」，並在紙上簽字作保。遭到李立三嚴正拒絕後，常玉清又要李辭職。很明顯，這是幫會與中共爭奪工運的領導權。常玉清的惡劣行徑遭到工人代表們的批判，他們高呼口號「驅逐常玉清」。

當然，常玉清的表演受到了國民黨右派的垂青，常玉清先是擔任國民黨組織的上海工人統一委員會的督察部副部長，後出任上海輪船碼頭業務工會的執行委員。

一九二七年，由於常玉清從事犯罪勾當，被公共租界巡捕房逮捕關押，釋放後不久，常又犯刑事條例，再度關入監獄，從而增添了常對英美勢力的敵視和憎恨，更加積極投靠日本，充當走狗。一九三二年一．二八事變爆發後，二月十七日的《時報》晨刊號外新聞中，刊登公安局查緝日本便衣隊首領的消息，點了常玉清的名。常玉清極為驚恐，跑到公安局去質問，然後在十九日的《申報》上發表緊要啟事，聲稱「平日為人安分守己，自問良心可質天日。……果如（時報）所載，必喪心病狂者方能出此。唯鄙人今日尚未有喪心病狂，即愛國工作亦未讓人後。」三月初，十九路軍已撤離閘北，日本勢力乘虛而入，常玉清在日本主子的指使下，撕下愛國的假面具，夥同胡立夫等人，糾集一批無業流氓，於四月一日成立上海北市人民地方維持會，下設總務、財務、巡警、交通、調查和衛生六組，常擔任其中最重要的巡警組主任，帶領門徒和無業流氓，組成一百五十人的「員警」隊伍、五十人的偵探隊伍，對閘北民眾欺詐威脅，肆無忌憚。十天之中，抽稅達三千多元，並包辦菸賭娼。閘北民眾呼籲政府懲辦，上海市政府對常玉清、胡立夫等漢奸發出了通緝令。五月五日，中日《淞滬停戰協定》簽字後，日本陸軍退出上海，常玉清等人樹倒猢猻散，惶惶不可終日。最後，胡立夫被上海市政府逮捕法辦，常玉清急忙逃到大連，繼續投靠日本侵略者。一九三三年，常玉清夥同東北青幫頭子呂萬濱等在日方策畫下，率領青幫訪日團東渡，「在東京增上寺擺設香堂，闡揚安清，受五省長官及朝野博士歡迎」。

七七事變爆發後，中日在上海展開主力作戰，三個月後，日軍佔領上海，日本侵略者為鞏固殖民統治，指使常玉清在北四川路（今四川北路）新亞飯店成立「安清會」，由常擔任會長，為日本侵略者服務。常玉清還積極參與偽維新政府的籌建工作，與梁鴻志、溫宗堯、陳群等在新亞飯店密謀拼湊傀儡政權。一九三七年十二月，常玉清出任寶山縣縣長，直到一九三八年二月。是年二月三日，常玉清在安清總會之下組織黃道會，常玉清擔任會長，會員達千人。他運用青幫的關係，專門召集海員工會人員、碼頭工人和包探等入會，指定工作，發給津貼，「使令偵查暗殺搜查中央要人及其地產」，黃道會成為上海製造恐怖、破壞抗戰的暗殺團體。在常玉清的指揮下，得知南京路大陸商場難民收容所幹事朱光是中共黨員，遂於一九三七年十一月，將其騙至新亞飯店安清會，嚴刑拷打，迫害致死，還殘忍地將朱的頭顱掛在法租界巨福路（今烏魯木齊南路）口，蓄意製造恐怖氣氛。一九三八年三月偽維新政府登場，常玉清主持了黃道會在閘北大夏大學舉行的慶祝大會，他們結集了幫會、工會等七千名徒眾，會後由二十輛汽車開道，開入公共租界示威，途中被租界的警備車阻止。四月七日，常玉清又指使會員曾壽庚等三人，在靜安寺路（今南京西路）和大華路（今南匯路）口，暗殺了拒不出任偽教育部長的滬江大學校長劉湛恩。六月十二日，常指使會員楊崇儀向中國報社扔炸彈。七月，又將襲擊目標對準了杜月笙在上海的羽翼。

常玉清的漢奸恐怖行為，遭到中國政府和上海民眾的一致譴責，租界當局也對黃道會下達打擊令。八月十八日《大美晚報》等刊登工部局的通緝令，宣布如常玉清進入界內立即逮捕。此後，常玉清曾託其青幫師父曹幼珊向巡捕房督察長陸連奎行賄五萬元，陸不為所動。八月下旬，常玉清先下手為強，指使其結拜兄弟羅長清等將陸連奎暗殺。

平時，常玉清標榜清廉，不吸菸不喝酒，實則極為貪婪，依仗日本主子勢力，聚斂了大量金銀財寶。其中有漢初韓信用過的寶劍、酒器、楚國的金幣，二十餘方出自清代名家之手的田黃印章等。他對其姘婦吹噓，已搜刮到八百根金條，五大箱珍寶。

在日軍庇護下，常逃往南京，在那裡策畫成立中國安清同盟會，三百多名徒眾聚集在香煙繚繞的祭壇前，祭壇上供奉著青幫祖師爺的畫像，祭壇的上方掛著太陽旗和五色旗。安清會公開提出反共反蔣口號，為虎作倀。其師父曹幼珊糾集青幫大字輩的張德欣、樊謹成、李琴堂等則在上海發起中國道義協會，指使門徒刺探情報，擔任日方間諜，並領取日本特務機關的津貼。

一九四〇年汪偽國民政府成立後，常玉清改換門庭，出任偽政權邊疆委員會委員，將中國安清同盟會和中國道義協會合併為中國安清總會，擔任常務理事，對國家對人民犯下了不可饒恕的罪行。

抗戰勝利後，安清總會很快土崩瓦解，常玉清躲在南京一個被他霸佔的寡婦家裡，惶惶不可終日，不敢出門一步。起初深宅大院無人知曉，後來其徒子徒孫聽到風聞，找上門來向常玉清要錢花要飯吃。他一邊哭窮，一邊準備逃亡上海。因行蹤已暴露，於一九四五年九月五日在八條巷古宅被捕，旋被押解到上海。審判期間，常百般抵賴，企圖矇混過關，但事實俱在，一九四六年八月二十日，上海第一特區高等法院以裡通敵國，圖謀反抗本國罪判處常玉清死刑，褫奪公權終身。儘管常不服上訴，但最終於一九四七年二月二十五日被駁回。三月十二日常玉清被執行槍決，結束了可恥的一生。

至於常玉清搜刮到的財寶，據說日本將敗之時，常玉清將那批金銀財寶文物祕密地移往南京將軍山裡，分三處埋藏，並做了標記。常直到在上海被判死刑時，都拒絕向主審官供出藏寶祕密。傳說他被捕前曾將他手繪的藏寶地圖交給他的老婆，只是當軍統特工和員警上門抄家時，那張繪於絲綢布上的藏寶地圖丟失了，遂成了一段疑案。

日偽鷹犬吳四寶

敵偽時期，提起七十六號特工總部，上海市民可說是人人驚恐萬狀，爭相躲避，尤其是七十六號殺人魔王吳四寶，真個是讓人談「吳」色變。吳四寶這頭日偽鷹犬，劫持綁架，暗殺抄家，無惡不作。這個上海灘三流流氓，是怎樣成為殺人魔王的呢？

吳四寶，又名吳世寶、吳雲甫，原籍江蘇省通州（今南通），未接受過教育，終其一生只會寫「吳四寶」三個字。父親在上海公共租界的成都路開老虎灶賣開水，父親去世後，隨姊夫在上海跑馬廳牽馬。結束了馬棚生活後，在大賭場「榮生公司」當流氓打手。

吳四寶身材魁梧，孔武有力，但面部麻子甚多。他曾是世界書局老闆沈知方的司機。逢到車子有損壞的時候都由司機負責修理。他有一南通同鄉是開汽車修理行的，而且有車床設備，車床的用途大得很，什麼零件都可以車出來，吳四寶對車床興趣很濃厚，修車也很拿手。人稱「馬立司小四寶」，酷愛手槍，曾獲得在租界佩槍的執照。並加入青幫，老頭子季雲卿。那時青幫中人私藏各式手槍或盒子砲，大約有幾十件，凡是損壞了，都交給老頭子季雲卿想辦法修理。季雲卿就交給吳四寶去辦，吳便轉交給他的同鄉去修整，每次修好之後，交還吳四寶到郊外試槍，因此吳四寶槍法逐年進步，槍由他試過，萬無一失。

此後，吳四寶給著名流氓、麗都舞廳的老闆、「小八股黨」成員高鑫寶開汽車，為了想與這個流氓東家貼緊一點，還拜高做「先生」。這在流氓地界說起來，雖是半張頭帖子，但吳與高在主僕之外，也算是自己人了。季雲卿逢到要用槍的事，都由吳四寶下手。季雲卿進進出出，也怕冤家尋仇，他不用保鏢，就由司機吳四寶兼任保鏢，遇到有事，吳四寶開槍還擊是百發百中的，所以在圈子裡有神槍手之稱。

吳四寶積累些財富後，便成家立業，娶妻生子，但生性粗魯的吳不懂得疼愛妻子，後來妻子有了外遇，吳聞知後就立即殺死妻子的情夫，遭到通緝；吳遂帶著女兒到山東參加張宗昌的部隊，後來又加入國民革命軍白崇禧的部隊參加北伐。六年後，三十九歲的吳四寶帶女兒回上海，不久與佘愛珍結婚。吳佘結婚後，住在法租界巨籟達路（現巨鹿路）同福里，當時租界的探長曾為吳四寶未結的案件前來敲詐，佘愛珍運用其智慧和關係，運動當事人撤銷此案，從此，吳對佘愛珍言聽計從。

吳四寶之所以橫行，與其兇蠻之妻佘愛珍有很大關係。佘原是上海武昌路一廣幫茶葉莊主佘銘三的女小開，啟秀女中畢業，有幾分姿色，且能言善辯。她到底看中了胸無點墨的吳四寶什麼東西，也是一件咄咄怪事，但佘愛珍也是一個有野心的人，渴望有一天能在上海灘出人頭地。她會開槍，而且能左右開弓，雙手發射。

一九三九年，吳四寶這個三流流氓投靠日偽，搖身一變，成為上海灘最炙手可熱的魔王。七十六號開張前，李士群在滬西招募流氓入夥，佘愛珍與李士群之妻為手帕之交，因此吳四寶進入了七十六號特工總部。

起初，七十六號的組織還不夠龐大，李士群派出去從事暗殺的殺手，常常擊而不中逃了回來，唯有吳四寶打一個中一個，因此很快他就脫穎而出，坐上了行動組的第一把交椅。短短的半年之後，他就成為七十六號的主要人物，只要李士群開出名單來，他都可以按圖索驥，置對方於死地，後又擔任特工總部警衛總隊總隊長，下轄六個大隊。在七十六號中殺人最多、立功最大的就是吳四寶。後來，在他手下集結了張國震、顧寶林、郭忠和、趙嘉猷、夏殿元、王吉元等殺人不眨眼的殺手，吳四寶就很少親自出馬，但是七十六號魔窟的聲威，卻震驚了整個上海和江南。各類商人為求太平，紛紛上門拜識，吳四寶十分得意。

吳四寶對流氓同類，其手段亦不減其辣。吳原是個小流氓，過去在流氓團夥內自然也吃過人家的虧。自當了七十六號的警衛大隊長，手裡有的是傢伙，因此殺人成性。吳不僅要手下人服帖，即使是黑道上原來勢力強盛者，他也要壓過對方。與吳同住在同福里，殺豬出身的大流氓樊良伯，原是大世界經理唐嘉鵬的徒弟，算起來是黃金榮的徒孫，憑他的流氓關係，當然不會把吳四寶放在眼裡。不知什麼事起了摩擦，當時自然樊良伯佔了上風，後來還是經人拉開場的。在流氓中，這件事既經叫開，也算了了，樊與吳在同福里進進出出，大家還是客客氣氣。等吳進了七十六號後，樊良伯因病住進了戈登路（今江寧路）口的大公醫院，經過幾天的治療，病已去了大半，只須再休養數天，便可出院回家。這事為吳四寶知道，不知是派人去威脅醫生，還是用怎樣的手段，竟下毒把樊毒死，樊的家屬縱然知道了底細，也不敢哼一個字。當吳四寶成為權傾一時的新大亨，為斂財竟將竹槓敲到「高先生」頭上，他要高鑫寶按時繳納賭場收入。高鑫寶忍無可忍，大罵吳四寶忘恩負義，吳四寶聞知後，竟派人將高鑫寶一槍斃命。

特工總部在極司非而路（今萬航渡路）七十六號成立後，大興土木，把原來的洋式二道門，改為牌樓式，在橫額上還鐫上「天下為公」四個藍底白色大字，兩挺輕機槍安放在大門的兩側。在二道門內的東首，南北相對地蓋了兩長條二十多間平房，前面兩間是警衛總隊長吳四寶的辦公室。對面是審訊室，裡面設電刑、吊打室、地牢、黑獄、活埋坑、老虎凳、毀屍爐等。七十六號正中的高樓是主要建築物。走上石階，中間是穿堂與扶梯，東首是會客室，後面是交際室。交際室後面是貯藏室，貯藏室門外是電話接線間。會客室對面是餐廳，後邊接會議室。凡參加七十六號的人，大都在這裡舉行「宣誓」。會客室的樓上是丁默的寢室兼辦公室。丁的寢室對面是李士群的臥室。在丁、李兩室之間的前面是李士群的辦公室。在李的房門前有一條小走廊，旁邊有客房。這條走廊，直通高樓西首的石庫門房子，另有一條通道可通後面吳四寶的宿舍。通道旁有兩個房間專押女犯人。三層樓上兩個房間，是「犯人優待室」，樓梯口裝有鐵柵拉門，派有便衣特務持槍警戒，無特別證章或特別許可的人，不准上樓。

特工總部首先要對付中共和抗日勢力，殘殺抗日志士和無辜百姓。中共黨員茅麗瑛，原為海關職員，後以啟秀女中教員身分，主持「職業婦女俱樂部」，從事抗日救亡工作。民國二十八年七月，在工商界人士贊助下，茅麗瑛發起舉辦「物品慈善義賣會」，救濟戰區難民和支援新四軍，遭到特工總部的恐嚇威脅。並派出七十六號女特務陸秀英對茅麗瑛的政治面貌、居住地址、行動規律等進行調查。當得悉茅是中共黨員時，便在報紙上刊載新聞，說茅是繼史良之後的共產黨激進分子，公開威嚇。茅不畏強暴，堅持鬥爭。同年十二月十二日，特工總部派行動總隊長林之江帶領男女特務陳劍飛等八人，潛伏在南京路職業婦女俱樂部附近，當茅工作完畢，剛走出門時，特務陳劍飛即緊步跟上，趕在茅的前面，然後急轉身拔槍相擊，一彈擊中茅的腹部，茅當即倒地，被送到仁濟醫院，由於子彈頭有毒，三天後便逝世。茅麗瑛的英勇犧牲，使上海人民對汪偽特務深惡痛絕，有二千餘人參加她的葬禮。有輓聯寫道：「茅麗瑛，有後繼者為國努力，死當無憾；劊子手，你殺害了熱血同胞，生亦何榮?!」一九四〇年四月二十九日，中共黨員、法商水電公司工人領袖徐阿梅也慘遭七十六號特務暗殺。

中國化學工業社總經理方液仙是中國著名化學家之一。因經營三星牌蚊香和牙膏致富，致使七十六號警衛大隊長吳四寶所覬覦和李士群的垂涎。兩人合謀，誣陷方液仙與重慶有關係，有「反汪」言行，並伺機進行綁架。一九四〇年七月二十五日上午，吳四寶派出特務顧寶林等三人，埋伏在星加坡路（今餘姚路）十號方液仙寓所附近，尋機下手。十時五十分，方從家中出來，乘自備汽車外出，同車有保鏢陳浦生。車行不遠，顧寶林等人突從路畔躍出，拔出手槍，攔住汽車。保鏢陳浦生正欲拔槍護衛，被對方連放七槍，擊中頭部，當場斃命。方液仙被綁架至七十六號第二行動大隊部囚禁，遭吳四寶親自審問並嚴刑拷打，三天後，終因傷勢過重而死亡。吳四寶又以贖屍為要脅，向其家屬勒索十多萬元。

其次，特工總部不斷襲擊重慶政府在滬人員。軍統、中統人員被捕殺，時有耳聞。連杜月笙在上海的管家萬墨林，因時常接應重慶人員，也曾在南京路華安飯店（今華僑飯店）被綁架，坐過老虎凳。吳四寶還向萬墨林妻子敲詐錢財，先後達二十多萬元。

再次，特工總部打擊金融機構。農行慘案是吳四寶製造的最駭人聽聞的暴行。一九四一年一月，日偽成立「中央儲備銀行」，發行「中央儲備銀行儲備券」（簡稱「中儲券」），與重慶國民政府發行的法幣相對抗。在這場貨幣戰中，「中儲券」發行之初，上海的銀行、錢莊拒絕與「中央儲備銀行」往來，商店也拒收「中儲券」。七十六號特務便手持「中儲券」前往各大商店購貨，若遭拒收，即拔槍威脅，迫使商店收受。各銀行、錢莊也都收到恐嚇信，聲稱如不與「中央儲備銀行」往來，便要以「最嚴厲手段」對付。國民黨為維護法幣，阻止「中儲券」流通，派特工人員襲擊中央儲備銀行上海分行，剪除幾名推行「中儲券」最積極的發行員。日偽為了報復，於一九四一年三月二十二日深夜至二十三日凌晨，連續製造兩起駭人聽聞的血案。三月二十二日深夜，一批七十六號特務分子乘兩輛汽車，各帶盒子砲和手提機關槍，至霞飛路（今淮海中路）一四一一弄十號江蘇省農民銀行宿舍，先後衝上二樓和三樓，將正在酣睡的十一名職工喚醒，集中在二樓排隊站立，遭特務集體槍殺。三月二十三日凌晨，這批特務又駛至極司非而路（今萬航渡路）中國銀行宿舍「中行別業」，按照準備好的「黑名單」，先後兩次共抓走中國銀行職工一二八人，作為與國民黨特務談判雙方停止暗殺活動的人質，直至四月七日，才允許他們具結連保釋放。同年三月二十四日，他們先後來到亞爾培路（今陝西南路）逸園跑狗場和白克路（今鳳陽路）襲擊中央銀行上海駐地的兩個辦事處，並放置定時炸彈，共炸死十四人，傷一人。

最後是攻擊租界當局勢力。為了奪取租界，汪偽成立「租界突擊隊」，由李士群任總指揮，吳四寶充當大隊長。日偽一直覬覦著租界法院司法權，郁達夫之兄郁華為著名法學家，時任國民政府江蘇省高等法院第二分院刑庭庭長，作為愛國法官郁華利用租界法權，堅持司法尊嚴，以維護民族利益，保護愛國人士，嚴懲民族敗類。堅拒敵偽之利誘威脅，剛正不阿，日偽漢奸對他十分仇視，兩次寄給他附子彈的恐嚇信，他置之不理，並且對懲辦漢奸執法更嚴。一九三九年十一月二十三日，吳四寶指揮七十六號特務預先埋伏在他寓所附近，郁華遭暗殺犧牲。接著，吳四寶等又殘暴暗殺第一特區地方法院刑庭庭長錢鴻業（錢法官之子錢思亮，曾為臺灣大學校長、「中央研究院」院長，孫子錢復曾任臺灣「監察院長」）。

一九四一年七十六號曾與租界巡捕發生激烈槍戰，就是因佘愛珍而起。是年春的某日，佘愛珍坐著七十六號的轎車，帶著三個便衣，去永安公司買衣飾返回，車至極司非而路愚園路口時，公共租界的西捕見這輛車開得太快，立即命停車檢查。保鏢所持手槍沒有租界照會，應屬於違法，他們怕生出麻煩，所以先發制人，拔槍射擊，加速逃離。西捕措手不及被迫回擊，但已是被動，等到轎車離去，巡捕中槍倒地已有五人。吳四寶和佘愛珍將保鏢表揚了一番，並在門首架設兩挺機槍，以防巡捕房追究捉人。礙於日偽的囂張勢力，巡捕房只能作罷。此後連續發生多起七十六號特工暗殺公共租界巡捕的事件。

吳四寶除了製造血案、綁票敲詐之外，在販毒售毒、開設賭場等方面也無所不為，私自開設嗎啡廠、香粉店，出售海洛因等毒品，牟取暴利。還用血腥手段從交易所等攫取錢財。他花鉅資在棉紗上做空，結果暴漲，吳竟然派出大批黨徒，持槍衝進交易所，強迫按照吳四寶的價格交易，此後，在其淫威之下，吳幾乎可以任意控制上海的市場行情。吳四寶的強盜行徑，把上海的交易市場弄得更加烏煙瘴氣，混亂不堪。連頭號漢奸夫人陳璧君也不得不承認「七十六號是一處太有血腥味的地方」。

吳四寶斂財無數。一九四〇年，吳四寶用搜刮來的民脂民膏，買下了愚園路四七五弄二號的一幢西式洋房，內有一個不小的花園，後又霸佔了今間的一幢洋房。吳氏別墅不僅有全套紅木家具的豪華擺設，還設有舞廳、宴客廳、網球場等。吳四寶一家搬入新居時，邀漢奸日酋、狐朋狗黨慶祝，三天內開了流水桌三百席，還遍邀平劇、越劇、申曲名角連唱三日堂會，大有與當年杜月笙建祠堂規模一比高低的氣勢。

李士群與吳四寶最初均住在愚園路七四九弄，來往密切。此後李士群深得日本主子的信任，出任偽警政部長及江蘇省主席，而吳四寶擴充勢力，拚命斂財，小人得志，權勢膨脹，不僅對丁默邨、李士群之令不太放在心上，甚至還與日軍搶奪財源，已有尾大不掉之勢。因此，日本統治者動怒，李士群等也有了借刀殺人之意。一九四二年二月二日，吳四寶被上海日本憲兵隊以「破壞和運」名義逮捕，李士群親自送他到監獄，並說，由於丁默邨在汪精衛、陳公博面前控告你，所以可暫到「友邦」處躲避幾天，待他與「友邦」說情通融後，再保釋出來。監獄之中，吳四寶曾遭日兵刮耳光，對友人言：「今知讀書有用處矣。粗人畢竟無法與君等共論也。自今而後，你我不必再留上海，餘之錢已不愁一生揮霍，將來你我改姓易名，一同雲遊天下，了此餘生何如？」次日，李士群果然來接他保釋出來，吳四寶遂喪失警惕。次日去蘇州，第三天即二月四日，在蘇州暴斃。一般認為吳四寶是臨行前吃了日本憲兵隊的麵條中毒而死，也有人認為是被李士群毒死。

上海市民們聽說吳四寶暴死，無不拍手稱快，大家都說其殺人太多，因果報應也。

江北皇帝顧竹軒

一九四九年八月，上海市首屆各界人民代表會議召開。會議即將開幕時，從外面走進一位老者，左右有人攙扶。大部分代表並不識得此人，但也有幾位似曾相識，又有點不敢相認，心想這個人是不可能出現在這個會場上的，打聽下來果然是「江北大亨」顧竹軒。顧竹軒怎麼可以參加人大？流氓大亨怎麼可以進入人大會場？甚至有代表向人民政府寫信揭發和質疑。

這是怎麼回事呢？

顧竹軒，名如茂，家中排行第四，鄉人習慣稱他為「顧四」。光緒十二年農曆三月十四（一八八六年四月十一日）出生。先祖為阜寧西北鄉人，與國民黨高級將領顧祝同是同宗。清代咸豐、同治年間，顧家舉家乘破船流落至鹽城梁垛團（今建湖縣鍾莊鄉唐灣村），為人傭耕。顧竹軒的童年是在貧困中度過的，他粗壯有力，食量過人，十四五歲時就能掮犁耕田。

晚清時節的蘇北，饑荒頻繁，一九〇二年初，十六歲的顧竹軒跟著母親、兄長顧松茂等人駕小船逃荒到上海謀生。到上海之後，顧竹軒先落腳在閘北天寶里附近號稱「一百間」的地方，靠做馬路工，拉沒有照會的「野雞車」餬口。其時公共租界招收華籍巡捕，條件是身體強壯，文化程度不計。顧報考後即獲錄取，成了巡捕，但不久因私放了一名同鄉逃犯而被巡捕房開除。後來與其兄一起進了德國人開設的飛星車行拉黃包車，因勤奮努力而拉上了德國老闆的私人自備黃包車，深得老闆器重，代管該公司的出租業務。一九一四年第一次世界大戰爆發後，德國老闆回國，他盤下了車行，顧竹軒的發跡之路就是從這裡開始的。

早在一九〇四年，顧竹軒拜蘇北同鄉、青幫大字輩劉登階為師，為「通」字輩。顧的同鄉觀念極強，對蘇北人有求必應。他為人豁達爽朗，很講江湖義氣，經常幫助一起拉車的窮鄉親，無論有錢沒錢總是盡力幫助。他曾說：「只要瞧得起我顧四，脫褲子當當也來。」他開設的黃包車行只招聘蘇北人，所收門徒也全是江北來的，門徒中儘管有低級的文職官吏、小軍官、一般警察、各種商販等，但人數最多的，還是人力車行的行主及眾多的人力車夫，尤其在人力車夫等下層市民中，有很大的影響力，號稱手下擁有八千人力車夫。閘北、楊樹浦的蘇北難民多達數十萬人，顧竹軒這個「四爺」成為了他們的代言人。每當蘇北地區發生災害，他總要捐出大批錢財。上海淪陷後，顧竹軒不但抵制日貨，更不惜把「天蟾舞臺」關門，做了蘇北民眾的避難所。所以，在上海的近百萬蘇北人都認他，這裡面就包括國民黨的顧祝同。大量的蘇北人投身上海，沒別的理想，只是相信，只要有四爺在，生活就會有希望。

一九二四年秋，齊盧交戰正酣之際，閘北豪紳王彥斌組織成立滬北區保衛團，維持地方治安；因顧在閘北勢力大，遂請他出任團副，團部設在大統路，下分九個隊。從此顧竹軒成了堂堂正正的地方武裝官員，再加上青幫頭目、黃包車業首領和蘇北旅滬同鄉會領袖，社會地位與日俱增，號稱「江北大亨」。

除了出租人力車，顧竹軒還涉足不少行業。顧在大統路靠近新閘橋的地方開設了德勝茶樓，這裡成了閘北地區「吃講茶」的權威仲裁機構。他又招來流落上海的鹽阜淮劇藝人在茶樓上演草臺戲（茶桌拼湊為舞臺），吸引了大量蘇北人。此外，他還開設泰祥南貨店、大生輪船公司、同慶舞臺、三星舞臺、大江南飯店、天蟾玻璃廠等多個工商企業。

顧竹軒是黑社會介入娛樂業較早的一人。顧竹軒與人合夥在九江路開設天蟾舞臺，天蟾舞臺中「天蟾」來源頗具傳奇色彩。顧說他曾夢見一個三足的青蛙，口吐金錢。他找人解夢，解夢者告訴說這是天賜蟾蜍，乃吉祥之物。他信以為真，便將玻璃廠、戲臺用「天蟾」二字冠名。天蟾舞臺設立後，得到了虞洽卿的好友、幫會「白相人」、青幫「通」字輩季雲卿的幫助，生意很好。加之有黃金榮在背後撐腰，顧很快成了平劇院同業中的佼佼者，進而又當選為平劇院聯誼會的主席。到二〇年代的中期，大馬路（今南京東路）的永安公司（天蟾舞臺恰好位於永安公司的後面）為擴展南部，與工部局合作，勒令天蟾舞臺拆遷。顧竹軒雖然四處奔走交涉，依舊無效。最後，他得到杜月笙的幫助，用重金聘請了兩位外籍律師，將官司一直打到英聯邦最高法院，經裁定工部局敗訴，賠償天蟾舞臺的拆遷損失費十萬銀元。這件事對顧而言是名利雙收。十萬銀元的賠償費使顧不但沒有蝕本，反而大賺了一筆；另一方面，顧狀告工部局獲得成功，使很多視租界勢力為太上皇的人也對他刮目相看，不得不稱他真「牛皮」。而「顧四牛皮」這一綽號也就這樣被叫開了。

一九三〇年，新天蟾舞臺移至福州路七〇一號，座位增加到三千四百個，顧竹軒聘請京劇名角「麒麟童」周信芳主演，此後大批的京劇名角從北京南下，上海成為京劇最重要的演出市場。天蟾舞臺躋身著名的「四大舞臺」之一。近代的京劇史和流氓史，有趣地交織在了一起。顧竹軒與梅蘭芳的友誼，無論是在流氓界還是戲曲界，都被視為一段佳話。

天蟾舞臺是江北大亨顧竹軒的產業

與他後來成為莫逆之交的寧波大亨虞洽卿，即是這時與顧熟識的。由於虞本人在工商界的顯赫地位，使得顧竹軒在從事企業活動時獲益匪淺。如顧在蘇北里下河地區經營的大生輪船公司，其船多是虞洽卿的三北輪船公司淘汰的舊船，價格十分低廉。而在大生輪船公司與張孝若、杜月笙合營的大達輪船公司競爭處於劣勢之際，正是有了虞的幫助才得以支撐下去。顧還曾指示門徒阜寧人劉玉貴暗殺京劇名角常春恆，也是在虞的幫忙料理下才能夠化解此事。

顧竹軒幼年家境貧寒，無力讀書，因此目不識丁。但當有了一定社會地位之後，他則請人教自己識字，逐漸地可以看信、讀報紙了。之後在與上流社會的交往接觸中，他又漸漸養成了一種上層人士「典雅持重」的風度。隨著身分地位的日益提高，顧開始潔身自愛，花許多精力和財力去支持慈善事業。

每遇蘇北家鄉災荒，顧竹軒必傾力援助。一九一一年蘇北大旱，災民逃荒至上海，以行乞為生。顧見狀後，與同慶舞臺的合夥人左士臣等人出面，在鹽阜旅滬同鄉與自己的徒子徒孫中籌集善款，救濟逃荒而來的鄉親。此外，他又以鹽阜兩縣的救災問題向華洋義賑會告急。顧從事賑濟鄉親的善舉，向來都是躬親其事，盡力解決，不掛虛銜。如在閘北創辦江淮小學時，他不僅獻出了自己在大統路的宅地，還捐贈很大一筆錢作為創辦基金。有關顧對鄉親賑災濟難的事例頗多。

一九二九年冬，顧氏返鄉葬母。事先聞知家鄉遭遇大旱失收，特地籌措了一大筆銀元。喪事既畢，宣布放飯。凡登門求救的，孩童銀元一枚（價格可抵五十斤稻），青壯男女兩枚，老人五枚，鰥寡孤獨者七八枚不等，最多的達十枚。外地饑民聞訊而集，饑民船隻塞滿了唐灣河，直至帶回銀元放完為止。鄰村有孕婦登門乞濟被擠得把孩子生在褲子裡，顧派專人送去銀元、大米、衣被等物慰問。

一九三一年秋，運河決堤數十丈，內下河地區洪水橫流，一片汪洋，數月未退。災民流離失所，啼飢號寒。顧竹軒竭力奔走呼號於華洋義賑會和紅十字會之間。在他和鹽城的美籍傳教士白秀生的努力下，終於為鹽、阜、東（東臺）三縣求得了大批糧食、衣被和藥品。這次賑災中，顧竹軒還將位於閘北太陽廟路附近的天蟾玻璃廠賣掉，共集資了五六萬銀元。這件事在鹽阜鄉親父老中有口皆碑，當地鄉親們很親切地稱他為「顧四爹爹」。此外，在國難當頭之際他的慷慨仗義也獲得了很多人的好評。

一‧二八淞滬戰爭爆發，顧竹軒將天蟾舞臺停業，作為鹽阜同鄉棲身之所。時劇場內樓上樓下人滿為患，還要籌集供應難民每天的衣食所需。時有要求回蘇北老家避難的，顧氏向三北輪船公司董事長虞洽卿協商租得長江客輪將難民分批運送至泰縣口岸，再乘顧的大生輪船公司的內河客輪運往鹽阜各地，前後歷時兩個月，共約收容運送了上萬人。一九三七年八一三事變發生，難民紛紛湧入租界避難，時值顧氏保釋出獄不久，他慨然再將天蟾停業改作難民收容所，直到三個月後戰線西移，難民開始陸續離去。這些義舉為顧竹軒贏得極高的社會聲譽，一些人甚至稱他為「江北皇帝」。

顧竹軒曾拜黃金榮為師，但隨著顧竹軒勢力的崛起，兩人之間曾發生衝突，最有代表性的就是大世界的掌控權。

當時黃門徒弟中引發了一場爭當大世界總經理的明爭暗鬥。原來黃金榮的門徒中有兩大幫派：唐嘉鵬的寧波幫，陳榮生的蘇州幫。陳榮生綽號「水果榮生」，最受黃金榮的寵愛，就當上了大世界遊樂場的總經理。唐嘉鵬對此豈肯罷休，就多次策畫，將「水果榮生」在嫖娼時用刀刺死；在黃金榮處，則說陳是爭風吃醋致禍。於是，唐嘉鵬穩穩當當坐上了總經理的寶座。也正因為如此，唐替自己掘好了墳墓。

一九三三年秋季的一天，在大世界遊樂場門口，停著一輛簇新的黃包車。「大世界」經理唐嘉鵬身穿長衫，一隻腳剛剛跨上踏板，背後傳來三聲槍響，唐頓時倒地，躺在血泊之中。當眾人將唐急送到寶隆醫院時，唐已經氣絕身亡。

顧竹軒之所以要槍殺唐嘉鵬，主要還是為了搶奪京劇名角，因為顧竹軒和黃金榮都是戲院的大老闆。顧給天蟾舞臺的演員包銀都很低，藉著惡勢力進行盤剝。顧起初以重金挖走「丹桂第一臺」的當家演員常恆春，到天蟾唱連臺本戲《漢光武復國走南陽》，賣座極盛，「丹桂舞臺」因此而關門。但顧壓低常的包銀，常要求加薪，顧不答應，反而壓常上演。常恆春不服，藉口生病罷演，顧就叫門徒在汕頭路街頭一槍把常打死。顧此後再聘周信芳演出，最初出了高價，不久就減少包銀，使周信芳十分不滿。周信芳想離開，又怕顧竹軒下毒手。顧背後放出風聲，如周定要加薪，就置周於死地。此事被唐嘉鵬知覺，甚為高興，因為一直想挖周信芳到黃金大戲院演出。唐就私約周信芳，用了個「以毒攻毒」的計策，叫周拜黃金榮為「老頭子」，顧就不敢下手了。哪知顧竹軒知道此事後，大發雷霆，到處放風說：「只要麒麟童敢在黃金大戲院登臺，當晚就叫他放血。」嚇得周信芳只得遠走天津。顧竹軒失去周信芳，生意大受影響，於是和唐嘉鵬結下了不解之仇。同時，被唐嘉鵬打死的「水果榮生」有個死黨叫許福寶，一心想要報仇。許知顧竹軒和唐嘉鵬結怨甚深，就天天在顧的面前調唆，叫顧除掉唐嘉鵬。一天，許又提出殺唐之事，顧終於點頭。以殺人出名的「小鋼砲」王興高自告奮勇地說：「四爹爹點頭了，我去動手。」於是就有了唐嘉鵬斃命大世界這一幕。

事情發生後，黃金榮十分震怒，當即嚴令門徒、法租界巡捕房督察長金九林立即破案。金九林是另一個江北大亨，和顧竹軒又是兒女親家，但懾於老頭子黃金榮的勢力，不敢不辦，只得將王興高抓獲。王供認是顧竹軒指使。黃金榮知道詳情後暴跳如雷，非要殺死顧竹軒不可。杜月笙知道此事後力勸黃金榮說：「國民黨老蔣現正在上海和江蘇省搞模範法治。上海租界內已成立特區法院，可以引渡人犯。我們何不換個方式，到法院起訴，叫顧竹軒吃上幾年官司，『顧四』在上海灘臭了。儂『老太爺』則寬宏大量，大家都會講儂好。」黃金榮連聲叫好。訴狀進去，由趙廣福、張亭桂為原告，開庭審了近兩年，顧竹軒到底敵不過黃、杜的勢力，又因證據確鑿，最後一審判決，以教唆殺人罪判處顧有期徒刑十年。顧竹軒向國民黨江蘇高等法院上訴。拖了一年以後，維持原判。直到一九三七年抗戰爆發，杜月笙去了香港，黃金榮也事過境遷，不再耿耿於懷，這才由顧祝同出面將顧竹軒保釋出獄。這場官司讓顧竹軒聲名掃地，財產去了一半。經此波折，顧開始改弦更張，不再動輒殺人。尤其是陳毅率領新四軍到蘇北以後，對顧竹軒進行說教，使顧後來為革命工作做了不少好事。

顧竹軒之母信佛，在世時顧並不盡孝，母親死後，顧的孝念油然而生，認為母親之死因是因為念佛，於是就有滅佛之心，且準備皈依佛門而後破壞之。一九三二年一日，他一人乘車到蘇州，尋到報國寺找印光法師，在山門口正在徬徨，一和尚對他言：請進門皈依。他反問你如何知道。和尚答，印光法師已有交代，顧十分驚訝，我的心思法師如何知曉？遂真心拜倒在印光法師腳下。是謂印光大師度化青幫大亨顧竹軒。

顧竹軒支持身為共產黨員的侄兒從事革命活動，多次掩護和營救中國共產黨地下工作者，讓自己的幼子加入新四軍等事則多少也與青幫行事中向來的「狡兔三窟」風格有所關聯。

四一二反革命事變後不久，工運大隊長姜維新被租界巡捕房逮捕，巡捕房後將其遞解至龍華的淞滬警備司令部。姜的兄長姜維山當時在天蟾舞臺工作，姜維山請顧竹軒幫忙營救。顧首先假認姜維新系天蟾舞臺職工，疏通華籍警員將查辦時間延後，贏得了營救時間，後由天蟾舞臺做保將姜維新保釋出獄。據姜維新事後回憶，當時被抓的有二三十人，只有二三人最後獲救。

顧叔平畢業於聖約翰大學，是顧竹軒的嫡親侄兒。他早年投身革命，曾多次利用顧竹軒的關係在最危險的環境下出色地完成了任務。一九四三年春，時任中國共產黨鹽阜區委組織部長的喻屏（建國後曾任中華人民共和國最高人民檢察院副總檢察長）與妻子李楓（時任中共淮安縣委書記）奉命去延安參加整風。組織上要顧叔平掩護喻、李二人經上海去延安。從根據地到上海，一路上遇到幾次危險，都是顧叔平抬出顧竹軒的名頭後才化險為夷的。到上海之後，顧叔平也沒有隱瞞二人身分，向顧竹軒將實情和盤托出，請顧幫忙。

顧竹軒出於安全考慮讓二人寄居在地藏寺中，花了大約二十石米的錢打通關節，取得了去太原的通行證。為了謹慎起見，顧又吩咐乾兒子李少春寫了封致其父——京劇名角李桂春（藝名小達子，與顧竹軒私交甚篤）的信交喻、李二人隨身攜帶，以便出現困難時可以一用。顧叔平則在獲知喻屏夫婦已經安全抵達延安的消息後才動身回根據地。顧竹軒還協助將藥物和棉花等緊俏物資運往蘇北，新四軍的不少幹部到上海來治病都是顧竹軒親自安排，從來沒有出任何問題。

一九四五年三月，中共射陽縣委書記馬賓的妻子林立患上甲狀腺腫大症，必須開刀切除。組織要求顧叔平利用與顧竹軒的關係，與林立假扮夫妻，赴上海治療。顧竹軒通過關係讓林立住進了紅十字會醫院（現華山醫院）。出院後，林立又在顧宅休養了十多天。他們臨走時，顧竹軒將自己的幼子顧乃錦交給顧叔平，讓他參加新四軍，投身革命。顧乃錦後加入中國共產黨，解放後任上海黃浦區文化局副局長，解放戰爭時期，組織派顧叔平到上海工作，還是利用天蟾舞臺的經理室作為地下黨開會的地方，這樣大大地方便了他們從事革命活動。解放前後，顧竹軒又利用自己的特殊身分幫助地下黨和解放軍做好接收工作，有效地維持了社會治安。

終顧竹軒之一生，有愛國傾向，日偽時期，他表示不落水，不合作。二十世紀三〇年代初，中共中央的總部就在「天蟾舞臺」的隔壁，周恩來、鄧小平等就是在天蟾舞臺的經理室舉行中共中央政治局會議的。推測顧竹軒應是知道的，不僅如此，他抗戰時將十五歲的兒子顧乃錦送到新四軍當兵。在抗戰期間，顧竹軒確實幹過不少好事。如給新四軍運輸槍支彈藥，購買藥品等等。

無論顧竹軒出於何種目的，客觀上都對革命事業做出了貢獻。一九四九年，顧竹軒留在了上海，同年八月，上海市召開第一次各界人民代表會議，顧作為特邀代表參加了會議。這些都是對他為革命所做貢獻的肯定及褒獎。

據說，同樣留在上海的黃金榮，曾經去找顧竹軒敘舊。論輩分，黃金榮要高一些。見面時沉默了半晌，還是顧竹軒先開口：「黃先生，今天你特地叫我來，一定是有什麼大事吧？」黃金榮突然淚流滿面，說：「也沒別的，四爺啊，今天叫你來，主要是想和你說聲對不起，過去，我曾經做過不少對不起你的事情，還要請你原諒啊。」顧竹軒鼻子一酸，不知道說什麼好。走時，「四爺」拍了拍老黃阿哥的肩膀，從口袋裡摸了些錢，塞在了他的手裡。半年後，黃金榮忽然發寒熱而死，死時身邊沒有現金。據說聞訊而來的顧竹軒，毅然給黃金榮買了口棺材，安排好了後事。

一九五六年七月六日，顧竹軒因患水膨脹病在上海去世，享年七十一歲。

3

奢靡生活

「皮包水」與「水包皮」

清代揚州場面上人的生活方式，可以用六個字來概括：水包皮，皮包水。所謂的「皮包水」就是早晨起來孵茶館店，與朋友一起喝茶吃點心，交流資訊。所謂的「水包皮」就是傍晚或晚上孵混堂（洗澡）。清末民初，隨著揚州人士大量遷居上海，這種「上等人」的生活方式也傳播到了上海，尤其是不少揚州移民淪為販夫苦力、幫會中人、流氓人物，因而使得這種「早上皮包水，晚上水包皮」的生活方式，在上海灘，尤其是幫會流氓中最為盛行。

混堂（又叫渾堂），是上海等地對公共浴室之俗稱。近代上海的公共浴室，許多人混雜合用一池，自早到晚池水不更換，混濁浮膩之狀可想而知，故名混堂。另據古籍記載，明代吳地浴室，前池後釜，中間有磚牆隔開，池底有管道與釜相通，釜下燃火燒熱水與池中冷水不斷交流混合，逐漸增溫，成為浴湯，名曰混堂。但老上海的浴室，卻沒有一家用「混堂」來命名，大都取吉祥名字，如暢園、星園、大觀園、日新池、清華池。

沐浴，上海人稱「汏浴」、「淴浴」。在近代上海舊城內外，無論狹窄小街、低矮市廛都能找到混堂，天津路浴德池、石門二路卡德池、普安路日新池、北京西路新閘路口大觀園、浙江路逍遙池等這些知名老混堂最出名，在那居住條件極差的歲月裡，混堂曾給人們帶來許多沐浴的快樂。

晚清的滬上混堂浴池寬約五六尺、長八九尺、深三尺，以鍋燒湯，水熱後用木桶倒水入池，可容十餘人同浴。關於浴室，清人葛元煦的《滬遊雜記》描寫道：

有租界盆湯，密房曲室，幽雅宜人，堂內兼有剃髮、剔腳等人，官盆每浴七十文，客盆三十五文，此處五濁世界，不可藉以湔洗也。早期上海公共浴室大略如此。

舊時蘇州河邊曾有盆湯弄，頗有盛名。《申江雜詠百首》有吟盆湯弄詩曰：攢列蜂房氣不寒，澡身爭就此盤桓，世間容易蒙汙垢，賴有香湯似浴蘭。

「早上皮包水」、「晚上水包皮」成為上海人的愜意生活。黃金榮解放後沒有離開上海，留戀這種生活也是一大原因。

黃金榮當了包打聽後，一般每天上午七八點起床，先到法大馬路鄭家木橋轉角的聚寶樓茶館，坐在他的專用座位上，跑堂便會沏上一壺碧螺春或者龍井，然後黃邊吃點心，邊召見手下的眼線和各色人等，交線索、通情報、講斤頭的紛至沓來，由他當場處理。通常如偵查案犯、策畫搶劫、分贓劈霸，也在此決定。然後中午回到寓所用餐。到下午三、四點鐘再度出門，由手下人前呼後擁，到八仙橋日新池洗澡。進得澡堂後，先入大湯池泡上三十分鐘，直泡得皮膚紅脹，心跳加速，然後入高級單人小間，接受擦背、敲腿、扦腳與捶背、按摩等全套服務。同時，接待三教九流人物。談話內容因人而異，從寒暄接待，談正經生意，到殺人越貨、綁架販毒。

這日新池浴室，曾是黃金榮最早的產業之一。坐落在寶昌路和敏體尼蔭路（今淮海中路西藏中路口）轉角，為法租界的中心地帶。日新樓為兩層建築，樓下為澡堂，樓上是茶館。後來，有了些商業眼光的黃金榮見如此好的地段只開個澡堂茶館，太可惜了，便拆掉日新樓，新建黃金大戲院。黃金榮下午的「水包皮」便改到民國路浙江路（今人民路浙江南路）轉角處的逍遙池。

逍遙池樓高三層，設施更現代化，場面也更有氣派。尤其是休息間，裝飾華麗。逍遙池的老闆是黃金榮的門徒，師父上門來是天大的面子，自然分文不收。

黃金榮每天去逍遙池時，下人必帶二三十元銀幣，分贈地頭上的遊丐，每人從一角到一元不等。每當黃金榮的汽車停在逍遙池門口，乞丐們便派出代表去領受賞賜，甚至有外地來的混混，也會在此恭候受惠謝恩。長期下來，黃金榮便贏得了江湖下層的好感。

逍遙池是黃金榮等黑道人物的固定浴場所

黃金榮洗完澡，進入休息間，躺在菸榻上，便由管家程錫文等負責裝鴉片菸膏，過癮後打個盹。手下門徒都知道師父的這一習慣。等黃金榮醒來，便魚貫而入，向黃匯報三教九流種種情報，請示定奪。二十世紀二〇年代時，張嘯林、杜月笙、金廷蓀等也常常相聚於此，商量各種要事。

自黃金榮「早上皮包水」「下午水包皮」的生活方式固定後，從杜月笙、張嘯林以下，上海灘上一般的黑道人物均競相模仿。一時，每日早晨，十幾家有名的茶館店裡，聚集著從各方匯攏的白相人；而下午的高級浴池中，也到處是五大三粗、橫眉豎目的地痞流氓。

另外，抽鴉片幾乎是黃金榮終生的愛好。從晚清到民國，中華大地毒菸滾滾，抽大菸是國人的普遍嗜好。據筆者的研究，在二〇年代末三〇年代初，全國有一千八百萬人吸食各種毒品，佔總人口的百分之十六．八。幫會流氓人物可以說是吸毒隊伍的主力之

逍遙池是黃金榮等黑道人物的固定沕浴場所

一。黃金榮自幼就已在父親的吞煙吐霧之中習以為常了，成年後便成了菸館、燕子窩的常客，尤其是成為巡捕後，要抽幾口大菸，那是現成的，於是由白抽、白拿而染上了阿芙蓉癖。

黃金榮儘管每天離不開鴉片，但也有三點準則。一是只抽大菸，不吸海洛因，不打嗎啡，這樣不會因中毒太深而喪命。二是鴉片只選兩種上等鴉片，即印度鴉片或者是雲南鴉片。這兩種鴉片所含生物鹼較多，香氣濃郁而毒質較少。三是鴉片菸膏中要摻和燕窩、珍珠粉和人參，這樣可以減少毒性的侵襲。黎元洪到上海訪問時，其如夫人黎本危曾特意贈送黃金榮一套精美的鴉片菸具，全部用純銀鑲鑽而成，黃金榮極為喜歡，視為至寶。

聚寶樓上「吃講茶」

黑社會的內爭在不斷地消耗雙方的實力。於是一種行之有效的調停方式——「吃講茶」就應運而生了。

「吃講茶」也叫「斬人頭」，早在十九世紀六〇到七〇年代，「吃講茶」之風在上海黑道之中就已十分盛行，以後延續數十年，形式多樣。一般形式是發生爭執的雙方事先約定在某樓備下香茗或豐盛宴席，請雙方公認的、具有實力並頗享信譽的人物居中調停，但也有不請中間人的。如果雙方唇槍舌劍後達成妥協，雙方言歸於好後，則當場請調停人將紅、綠兩種茶混在碗中，雙方各持一碗一飲而盡，然後喝酒碰杯，以示了結。「吃講茶」所花費一般是對半開或由理虧的一方拿出。如談判不成，則「吃講茶」失敗，調停者退出，雙方以刀光劍影論是非，甚至有的在茶樓便舉刀操斧，翻桌碎碗，拚個你死我活。戰敗的讓出地盤或財產，並賠償茶樓損壞的物品；有的則約定時間、地點、人數決一雌雄。結局當然是江湖老套：勝者為王，敗者為寇。雙方無論死傷多少，絕不告官，如告官則會立即被整個黑社會視為不「吃硬」的敗類。

晚清時，儘管各茶館均懸牌大書「奉憲嚴禁講茶」，但如真有流氓集團前來「吃講茶」，則只能默認，並提供方便。久而久之，有不少茶肆就成為約定俗成的「吃講茶」地點，如四馬路（今福州路）會樂里弄口的綺虹樓、豫園的春風得意樓、後來被黃金榮霸佔的東新橋聚寶茶樓。這些茶樓內有雅座、幽室，還可抽吸大煙，又多坐落在商業繁華、交通要道之處，易聚易散。有些在黑社會中所謂德高望重的人物，也就以代人處理「吃講茶」為職業，並以此斂錢。「吃講茶」往往談和者多，決裂者少，調解成功後，要給調解人擺宴送禮，所費甚多。一九一四年，有京劇名伶趙某與流氓馬某在張園（今南京西路泰興路處）「吃講茶」，雙方事後結算，竟費三千元。一九一六年浦西流氓與浦東鹽梟在爛泥渡談判，也花費一千多元。

最出名的吃講茶而導致殺人的就是馬永貞事件。數十年來，該事件因為戲曲影視界的推波助瀾而家喻戶曉。二十世紀三〇年代，上海舞臺上演連臺本戲《山東馬永貞》，七〇年代香港播放電視連續劇《馬永貞》，均轟動一時，大受歡迎。在這些作品中，馬永貞成為剛烈武勇，憤打不平的民間英雄，後為流氓白癩痢設計暗殺，其妹馬素貞再為兄報仇。其實，這些戲劇化了的情節，與史實大相逕庭。

馬永貞原是山東籍馬販子兼拳師，平日裡收徒納眾，習拳練武，到上海後，「自謂絕世臂力，無人足以敵」，誇下「拳打南北兩京，腳踢黃河兩岸」的海口。最初時在戲園表演武藝，但賞識者不多。後因徒弟眾多，開銷頗鉅，本人又常出入戲館、酒樓、妓院，生活闊綽，漸漸經濟拮据。於是出仗勢欺人之下策，「專在馬販子身上出陋規，以達不勞而獲」，如不能遂願，便運用功力以相馬為名，手在馬身上一拍，馬即受內傷而不能出賣了。一八七九年春，有河北宣化人顧忠溪，帶三十匹馬到滬販賣，宿於英美租

「吃講茶」的得意樓

界南京路的餅店裡。馬永貞聞訊後故伎重演，即許價二十兩將一良駒拉走，但並未付一文錢，同時又要借用顧忠溪隨身的一名美貌男孩「使用」，顧忠溪當然不允，並將男孩轉移。一日，馬、顧在茶館見面，顧向馬要賬，馬竟稱顧不懂上海灘的規矩，揚言：「誰不知道我馬永貞名字，凡是馬販子到上海，必須孝敬我二百大洋，這幾兩銀子，你還敢要！」於是雙方結仇。四月十三日下午，雙方約定在一洞天茶館樓上（其址今為南京路大三元酒家）「吃講茶」。當馬永貞帶了十人上樓時，顧忠溪一夥則已先到，雙方幾句不合即行動武。顧忠溪早有準備，一開打，其手下的馬連先向馬永貞飛灑出一包石灰粉，頓令馬永貞雙目失明。遭此暗算後，馬永貞仍急取防身鐵尺猛刺，但未刺中對方，自己頭部卻被尖刀刺傷，並被砍斷了雙腳，倒地後臀部又被砍了兩刀。目睹此變故，馬永貞的同夥均嚇得逃散。顧忠溪見其陰謀得逞，即大言曰：「有我抵命，無累諸君。」馬永貞聞聲奮力取板凳擲擊，竟中顧忠溪頭顱，然後又挺身再向前撲，欲與顧相拚，顧嚇得手足無措，慌不擇路而躍窗跳樓，昏倒在地。兩人均被人救入體仁醫院。當夜馬永貞連呼「姓馬的不是好漢子」而氣絕。此後，顧忠溪的同夥對馬永貞的父親「做手腳」，用錢買通；馬永貞的父親竟為兇手開脫，稱馬連是其「義子」，要求開釋。後來，此案以顧忠溪及馬連各判處絞刑和有期徒刑了結。

二十世紀初，外灘到南碼頭一段，江面貨船相接，岸上碼頭、貨棧商店林立，吃碼頭飯的流氓團體也不少，他們出沒無常，有的夜間化整為零，用繩爬上船去，偷盜鴉片和其他貨物，有的則白天公然搶劫。這些團體之間，經常發生毆鬥。法租界的「包打聽」黃金榮便將這幾個流氓頭目召來商議，各自罷戰，聯合起來，向船商按貨值提取千分之一的「保護費」，給手下的小流氓分拆，已納「保護費」的商家安全，則由他們負責。這次「吃講茶」的成功，使小東門一帶從此井然有序，遂成為黃金榮的一大「政績」。

一九一九年，公共租界禁菸，土行均搬至法界。黃金榮集團據此便要「大八股黨」讓出對這些土行的保護權，並邀沈杏山到綺虹樓「吃講茶」。當時，沈杏山不同意黃金榮的要求，黃金榮竟摑了沈杏山兩記耳光。「大八股黨」懾於黃金榮當時的聲威和實力，只好乖乖讓出對土行的保護權，而沈杏山本人則委曲求全地在三鑫公司掛上一股，仰取餘利。這次「吃講茶」奠定了黃金榮集團的財政基礎，是黃、張、杜三位一體發展史上的重要一環。

二十世紀二〇年代中期，杜月笙、顧嘉棠等在法租界開辦的賭場十分走紅，而以鄭子良為首的紅幫俠誼社也很想插一手，俠誼社憑手下人個個武功了得，便出面與杜月笙「講斤頭」（即「吃講茶」），要求他們每月付出津貼五千元，遭到杜月笙等的拒絕。鄭子良便派人到東新橋的寶裕里、福煦路一八一號賭窟扔擲香菸罐頭炸彈，襲擊賭徒和賭場人員，杜月笙等針鋒相對，也派出擅武鬥的流氓輪流守護賭場，捉住對方的成員，便用船運到吳淞口外「種荷花」（綁上石頭拋海），雙方相爭數次，死傷頗多，最後俠誼社終因勢弱而退出。這是「吃講茶」不成而以武力解決的典型。

「吃講茶」有時也是黑社會與被威脅與受損失者之間調解的方式。由於社會控制機制的腐化，受害人有時寧願找黑社會的首領調解，並拿出部分財產酬謝調解人。這種情況多表現在商店遭地頭惡霸敲詐、富商大賈遭竊等方面。隨著這類案例的增多，黑社會的威信也逐漸上升，以致地方政府當局有了麻煩事，也要請黑道人物主持「公道」。

晚清的租界經過半個世紀的建設，已相當繁華，鬧市馬路上，京廣雜貨店、清洋布莊、中西飯館等鱗次櫛比。茶館尤其繁盛。出名的有大馬路即南京路上的一洞天茶館（其址今為南京東路大三元酒家）、福州路上的青蓮閣（其址在今福州路口）等。

聚寶樓在東新橋法大馬路上（今為浙江南路金陵東路十字路口），這法大馬路又稱公館馬路，闢建於一八六〇年，因法國領事館設於該路而得名，又叫領事館路，這裡是法租界的政治和商業中心。聚寶樓離公董局（其址在今外灘金陵東路，建築已毀。一九〇九年法租界向西擴展，公董局遷至霞飛路，今為淮海中路）很近。

這聚寶茶樓的底樓，兩邊都是店面房子，當中有架大樓梯，登樓便是茶室。樓上有五間茶室，窗戶三面臨街，座位也十分舒適。聚寶樓的老闆也姓黃，非常善於經營，因而顧客盈門，生意興隆，成為法租界首屈一指的大茶樓。但黃老闆也有一塊心病，就是經常有地痞流氓來敲竹槓。黃老闆聽說黃金榮的勢力正日益坐大，便攬人說情，請求其庇護。再說黃金榮正看著聚寶樓的欣欣向榮而眼紅，對送上門來的好事自然不肯放過。於是出面干預，揚言稱聚寶樓有我一半的股份，啥人敢來搗亂？流氓小角色立即擺平。事後，黃老闆自然要送上那一半的股份。黃金榮笑道：你我都姓黃，五百年前是一家，為保你聚寶樓永久平安，我們巡捕早晨的聚會，乾脆就到你茶樓上來吧。這樣，聚寶樓便成為法租界巡捕的聚會之所。

黃金榮每日九點起床，盥洗完畢後出門，他不穿制服，不佩手槍，也不去巡捕房辦公，而是去聚寶樓喝茶。聚寶樓設三十二副白木茶座，每個華探都有固定的座位，好像是辦公桌。黃喜歡最裡面的一張桌子。他往固定的座位上一坐，便有蝦頭蟹腳前來匯報、問候和打聽消息。這些人上海人稱作「三光碼子」，他們原來身無分文，因做了華探的助手，從此手頭寬裕，衣食無憂。在華人探目中，與黃金榮最投機的是沈德福和方福林。當時，試用的探目月薪只有七兩銀子，三等華探也只有八兩銀子，但因為有了各個店鋪、嘍囉的「貢獻」，黃金榮的生活還是過得非常有滋有味的。

晚年的黃金榮回顧這段經歷也承認：

在租界時候，巡捕房是外國人專制管理的，租界裡的百姓，因為我是巡捕房裡包打聽，所以百姓認為包打聽又有法子可以與外國人接近，講得上話，所以賣菸土的、開賭臺的人都來與我商量，託我去運動法國頭腦能求太平，等事體成功後，他們送些錢謝我，還有一輩子做生意的人，因為怕被人欺侮，也託人介紹拜我做先生，希望能依靠我的情面不被人家欺侮，但是裡面難免有行為不好的人，或是外面的人時常藉我的名氣，在外面講斤頭，做不好的事情。我在舊法大馬路聚寶樓做茶會間（這是包打聽平日碰頭地方）用了不少夥計，在外面打聽盜賊線索與行動，每天在茶會間報告我好去破案。

這段話，黃金榮顯然是避重就輕了，當時的黃金榮可是風光八面、威風凜凜、人人要巴結的大人物。

民國時期，上海的錫劇分常州、無錫兩幫。一九二四年，常幫負責人周甫藝想挖錫幫的「滿天紅」過昭榮合作，此事給錫幫知道後，雙方在爭執中，錫幫的劉召廷打了周甫藝一個耳光，於是矛盾激化，險些鬧成群毆。於是救火會王阿昌與白相人華鈺義（無錫人）、張阿琴（常州人）出面，在老城隍廟春風得意樓叫來雙方「吃講茶」，最後終於講和，常錫合班進入先施公司和奧飛姆（後稱滬西影劇院），一場風波就此平息。

除了以上「吃講茶」的方式，黑社會中解決糾紛的方式，還有比實力、比殘忍諸方法，敗者不必刀槍相見即自行退出。這些方法有：紅幫的「油鍋裡撈秤砣」，兩股勢力的頭領誰能從滾沸的油鍋中撈出秤砣，即為勝者；還有用手將燒紅的煤球從煤爐中拿出，或將燒紅的煤球放在各自的大腿上，不能忍受者即失敗。此外，還有用菜刀自殘，兩個集團各出一人，先在各自的小指上砍下一節，平分秋色後，再砍下一節，直到其中一人認輸，或因流血過多昏倒為止。《上海黑幕彙編》曾載一事：

浦東有紅幫兩頭目丁某與孫某，為碼頭而相爭。一日約定在某處「吃講茶」，丁某率眾趕到，仗著人多，向孫某「借一雙棗子」（紅幫稱眼睛為「棗子」），孫某言：「兄弟從命」，但懇請能否暫留一隻，丁某答應，孫某立即舉刀，自取右眼珠擲於桌上。從此丁某佔據碼頭，目空一切，認為一隻眼孫某已非對手。孫某明裡處處退讓，暗中積蓄力量，半年之後，設計將丁某抓住，在其肩膀與兩腿上猛戳至洞如蜂窩。丁某忍痛大叫：若放我回去，必來報仇。此後丁某休養生息，伺機報仇。最後此事為碼頭霸主范高頭所知，出面為雙方「吃講茶」，訂立盟約，各佔浦東碼頭一半，才算了結。

黃金榮與露蘭春

一九二〇年秋季的一天，老共舞臺照例滿座，臺上正在上演京劇《鎮潭州》，由坤角扮演的岳飛，英姿颯爽，正在收服曹成部將楊再興。也許是演員患了感冒，一句唱詞竟唱走了板。這時，只見坐在包廂內的一年輕軍官陰陽怪氣地喝起倒彩來。

「誰敢在這裡撒野？」臺下五大三粗的老者一聲吼叫，四處的立即圍上，不由分說疾步上前，啪啪就打了這位公子兩個耳光。老者突然感覺對方有些來頭，再仔細一瞧，連忙喝令停止。只見少年已臉色又白又紅，老者連忙吩咐放人。那少年只有兩個保鏢跟隨，見老者人多勢眾，未敢還手，揚長而去。

這少年就是控制上海的軍閥掌門人盧永祥的公子盧筱嘉，這坤角是露蘭春，這老者不用說就是黃金榮了。

露蘭春一八九八年生於漢口，自幼喪父，後由養父張師（江蘇揚州人）收養，師從名伶李吉瑞、李桂春學京劇，取藝名露蘭春，儘管小小少女卻已才藝出眾，且亭亭玉立，明豔照人。後來隨張師到上海跑碼頭，張師在法租界捕房當翻譯，便拜黃金榮為老頭子，張師經常帶露蘭春到黃公館拜見黃家公公，剛來時尚是一少女，人見人愛，都親切地叫她「小毛團」。後來，露蘭春便在黃金榮的共舞臺演出，時年僅十四五歲，跟著筱金鈴和粉菊花，主演《獨木橋》、《連環套》、《落馬湖》等，深得上海觀眾的賞識，成為出色的文武老生。到了十八歲之後，露蘭春更是出落得扮相俊美，音色嘹亮，身手矯健，文武戲均大受歡迎。天天在共舞臺壓陣的黃金榮，儘管已五十多歲，但對露蘭春有了一種異乎尋常的感覺。他讓露蘭春掛頭牌上演《宏碧緣》，並常常親自為其把場張羅。此外，又有十四歲的孟小冬飾演駱宏勳，再加上小寶義等配合，使共舞臺營業大盛，幾乎場場客滿，歷久不衰。露蘭春在上海的名聲，竟壓倒了當時的紅伶師傅筱金鈴和粉菊花。

這時黃金榮由藝及人，依仗著自己的權勢和金錢，已將露蘭春視同禁臠，霸佔為妾。在黃金榮的包裝之下，露蘭春之藝名如日中天。一九二一年，在百代公司灌製了《罵毛延壽》、《蓮英驚夢》和《狀元譜》共兩張鑽針唱片，且暢銷一時。

露蘭春唱紅上海灘後，便引來不少粉蝶，第一位便是盧永祥的公子盧筱嘉。時上海、浙江為盧永祥所控制，盧擔任浙江督軍，而淞滬護軍使何豐林是其部將，其勢力炙手可熱。盧永祥的公子盧筱嘉時年二十二歲，號稱「四大公子」之一，另三人為孫中山之公子孫科、張作霖之公子張學良和段祺瑞之公子段宏業。盧筱嘉時常出入聲色場所，在上海過著一擲千金、為所欲為的生活。

盧筱嘉聞報上均是追捧新角露蘭春的報導，不禁心動，便輕車簡從，直奔共舞臺。於是便在一九二〇年①秋日，走進了共舞臺，便出現了開頭的一幕。

關於事件的下文，說法不一，《大流氓杜月笙》等書記載：「隔不多時，（盧筱嘉）即率領便衣軍人出其不意包圍了共舞臺，將黃架走，至龍華護軍使署，狠狠吊打了一頓，關了幾天。」這最為人津津樂道。也有演繹成盧永祥聞訊大怒，令何豐林率軍衝入法租界，包圍共舞臺，將黃金榮抓到龍華，並欲置黃於死地。後來何豐林之母信佛，聽得黃金榮也時常出入廟宇，又是法租界的巡捕房要員，有外國人做靠山，因此命令兒子釋放。還有稱黃金榮無奈之中，只能請杜月笙到海格路（今華山路）範園，請青幫大字輩張錦湖出面，才得以擺平。另有民間故事稱是虞洽卿營救了黃金榮。

筆者以為這些說法的本身已經戲劇化了。首先，盧永祥、何豐林並非不識黃金榮，他們與黃金榮等早已是販毒方面的同盟軍。一九一七年，黃金榮就已被淞滬護軍使盧永祥聘為該署上校督察、並被授予二等銀質獎章了，此事刊於上海《時報》一九一七年七月四日。其次，當時的租界是「國中之國」，軍閥部隊或者武裝人員是不能進入的，黃金榮如真與軍閥鬧僵，只要不出租界，照樣可以太平無事，軍閥部隊要想入租界抓人，實在是不可能的。第三，黃金榮作為帝國主義豢養的走狗，軍閥不看佛面看僧面，也要重視三分。至於青幫首領張錦湖，當時還未進上海入住範圍呢。

因此從現有的材料分析，事件的下文大約是這樣的。老謀深算的盧永祥對兒子的無理取鬧十分不滿，要嚴厲處罰兒子，甚至要殺兒子以嚴肅軍紀，這使得何豐林以下的軍官們十分恐慌，而且使那些為黃說情的社會聞人等，轉而向盧永祥為盧公子緩頰。解鈴還須繫鈴人，在張嘯林的說合下，為求雙方的和解，黃金榮只能去龍華面見盧負荊請罪，並請求赦免盧公子。盧自然要買黃金榮的面子，從此露蘭春拜何豐林之母為乾媽，黃金榮則與何豐林結成了義兄弟，黃金榮集團與軍閥之間的關係更加密切了。

當然，由於社會上風言四起，這一事件被人稱為黃金榮的「跌霸」，對黃的「事業」的確是有影響的。

---

①關於黃金榮因露蘭春與盧筱嘉起爭執而導致「跌霸」的確切年份，有各種說法。筆者查閱《申報》，一九二一年一月二十六日刊有林桂生離婚後起訴黃金榮騷擾案的報導，據此可知黃、林離婚應在一九二一年之前，則一九二二、一九二三年說不確。

再說林桂生原來對色藝雙佳的露蘭春也十分喜歡，還時常到共舞臺為露捧場。當黃金榮與露蘭春之事鬧將開來，並請杜月笙向林桂生說情，林自然十分不快；接著，黃金榮又當面向林提出要收露蘭春做二房。林桂生昔日也曾是胳臂上跑得馬的白相人嫂嫂，據說她曾對杜月笙言：

老闆想討露蘭春，我絕對不會贊成，這倒不是我吃醋，容不得老闆身邊另外有人。月笙，你想想，露蘭春是張師的女兒，張師是老闆的學生子，伊叫老闆「黃家公公」，從小看伊長大，現在，老闆要拿孫輩的小囡討來做姨太太，未免太不成體統了吧。

林桂生表示：

你黃金榮再討十房八房小老婆，我也不會計較，就是不准討露蘭春，否則的話，只要露蘭春進門，我林桂生肯定出門。

黃林互不讓步，張嘯林、杜月笙等從中調解未果，據說林桂生曾上訴法租界的法庭，但最後，林仍與黃金榮簽約離婚：黃金榮的產業益康莊估價為十二萬元，此前均由林桂生經營，離婚後未婚的寡媳由黃金榮撫養，另一女歸林桂生養育，黃貼五萬銀洋；因無現金，黃願將益康莊抵押現金五萬元，歸林氏所有。林並把黃金榮的部分財物，如鑽石、名貴大衣等共價值三萬元席捲而去。另外，三鑫公司裡林桂生照樣拿紅利。

離婚後，林桂生住到公共租界西摩路（今陝西北路）一幢小洋房，這幢房子是林桂生事先讓杜月笙給準備的，此後，杜月笙還曾經常光顧，問寒問暖，使林桂生感動不已。而黃金榮的態度，所有的傳記都沒有提及，筆者查閱當時報紙，意外地找到了一些報導。黃金榮離婚後，似有不甘，曾派嘍囉到益康莊等處搗亂、騷擾。林桂生即於次年即一九二一年初向法租界會審公堂起訴聲稱「時常有人在門外窺探」。一月二十五日此案終審時，黃金榮到堂自訴說：本人為巡捕，且「尚欲其回心轉意，豈有將其恐嚇，做此知法犯法之事？」最後法庭認定離婚文書有效，林桂生控告黃金榮恐嚇，「究係何人不能指實」，但要求黃金榮「毋許滋事」。從此，黃金榮心灰意冷，不再騷擾林桂生。林一直在公共租界的西摩路過隱居生活，直到一九八一年耄耋之年去世。

與林桂生離婚案了結後，黃金榮請與露蘭春父親有交情的詹潤泉做介紹人，就在一九二一年的春天，二十三歲的露蘭春嫁給了五十三歲的黃金榮，結婚後兩人沒有生兒育女，露的母親給她領了兩個兒子，大的叫黃源燾，小名連弟，山東人，原是大舞臺一個李姓武生的兒子。小的叫麥政學，又名元勳，小名根弟，廣東人，父母因販毒而被捕，並死在了獄中。

結婚後，露蘭春自然離開了舞臺，只是偶爾在家中唱給黃金榮及其親信聽。衣食無憂但無所事事，生活方式的變化，使得她鬱鬱寡歡。為此，黃金榮曾讓露蘭春收個徒弟以傳藝解悶，於是，孟小冬進入黃公館，成了露蘭春的愛徒。後來孟小冬離開黃公館北上，拜余叔岩為師，刻苦學藝，終於成為鬚生泰斗。再說與「黃家伯伯」結婚後的露蘭春，終日悶悶不樂，僅過三年，即堅決要求離婚。於是，露蘭春黃金榮在法國律師魏安素事務所協議離婚，除了黃金榮給足財產補償外，條件有二：一是露蘭春今後不准離開上海；二是露蘭春不許再度登臺演唱。以後，露先是嫁給了唱老生的同行安舒元，後嫁給了德孚洋行買辦、顏料商人薛恆（字炎生，為上海四大顏料大王之一的薛寶潤之二公子），寓所在麗都花園。薛恆時三十歲不到，風流俊俏，據說早在露蘭春為黃金榮夫人時，薛、露已生戀情。以鼎盛時期黃金榮勢力之大，徒眾之多，一名富家公子居然敢虎口拔牙，橫刀奪愛，掀起那麼大的風波，時人曾有推測，薛恆背後一定有人撐腰，此人就是杜月笙，這也埋下黃杜日後分離的種子。

再說，懾於黃金榮的權勢，露蘭春一直遵守協議，過了多年後，一次樹德堂電臺舉行開幕式，應好友相邀，露蘭春同意在空中一展歌喉，不料，早晨，露蘭春正要與丈夫薛恆出發，有電話告知，電臺周圍已遍布黃金榮的手下人，嚇得露蘭春夫婦連忙作罷，從此，深居簡出，洗盡鉛華。黃金榮對此仍不罷休，四一二事變中，黃金榮公報私仇，給薛恆戴上共產黨員的紅帽子，而指使楊虎手下的國民黨特務將其逮捕，打得死去活來，後經人說情才釋放回家。受此打擊，露蘭春一病不起，竟與薛恆相繼病亡。黃、露婚變還連累到介紹人詹潤泉，詹原來在共舞臺工作，從此不敢再在上海生活，而逃避蘇州，結果生活無著，一九三六年，在貧病交加中死去，年僅三十八歲。

法租界雙榮搶美

二十世紀二〇年代中期，黃金榮剛剛遭受露蘭春事件的打擊，不久又與魏廷榮爭奪呂美玉而失敗，真是禍不單行。

魏廷榮生於上海，為天主教徒。畢業於中法學堂（今光明中學），由法公董局公費派往法國留學深造。歸國後在上海從事工商業和地產生意，歷任中法銀公司經理、法租界商團司令、公董局臨時執行委員會首任華人職員等職。先娶巨賈朱葆三長女為妻。在徐家匯一帶擁有大量地產，且與法租界當局關係密切。很多書上均說當年魏廷榮與黃金榮爭奪呂美玉時是法租界公董局華董，實際上魏擔任此職在一九二八年至一九三四年間，後來魏廷榮還曾擔任法租界華人商團司令。魏廷榮夫人是擔任過上海總商會會長、買辦巨商朱葆三的千金，朱在租界乃至整個上海都頗有勢力。

黃金榮與魏廷榮之爭的起因是京劇坤角呂美玉，時間是一九二四年底。

呂美玉何許人也？此話還得從華成菸草公司說起。一九二四年，一家毫不起眼的菸草公司——華成菸草公司在上海華成路（今會稽路）成立，總經理陳楚湘出身菸草世家，其父陳文鑑為興業菸廠的創辦人。最初的華成以「小金鼠」為主打產品，沒有多大起色。但一九二五年五卅運動後，愛國熱浪高漲，國人提倡國貨，華成於十月推出一款高級香菸，立即風靡大江南北。這就是「美麗牌」香菸。實際上，美麗牌香菸不僅在於它的味好，關鍵在於捲菸商標上那個真人美女肖像。「畫中女子面若桃花，明眸皓齒，俏美嫵媚，頗有海上佳麗獨有的迷人風韻」。看到這樣一個打扮豔麗的美女，菸民們更是對香菸愛不釋手了。這個美女到底是誰呢？一些好奇者出於興趣，一時之間，爭吵不休。最後還是一些頗有小道消息的人道出了內情。美麗牌香菸商標上的那個少女，是京劇紅伶呂美玉，商標上的圖片是她在演出京劇時裝戲《失足恨》中的半身劇照。

呂美玉一九〇六年出身於京劇世家，父親呂月樵是著名京劇老生，長期在上海演出，唱做念打均上乘，尤以演連臺本戲而名噪滬上。辛亥革命時，曾追隨潘月樵參加上海反清起義。他娶姑蘇名丑何家聲之女為妻，後在上海娶繼室時鳳儀，共育三子二女，均聞名於藝術界。長子慧君習花旦，次子慧春工生行，幼子玉堃為電影演員，長女美玉、次女美秋均是旦角。

呂美玉字繕如（一作瞻如），本人長得很像她的母親時鳳儀，生性聰明，從小便受眾人喜愛。當一九二三年呂月樵病故時，已是家徒四壁，外面還欠下許多債務。為了還債，身為家中老大的呂美玉也頗為懂事，多次要求母親時鳳儀教她唱戲。面對著債臺高築的窘境，時鳳儀不得已放下丈夫「不要再讓孩子們唱戲了」的囑託，開始教女兒唱戲。呂美玉非常機靈，記憶力頗強，經母親教過幾遍便學會了。於是十七歲入共舞臺唱戲，為名坤張文豔當配角。呂美玉聰慧美豔，光彩照人，便在舞臺上一展戲姿。《申報》一九二四年七月二十四日報導《呂美玉之鳳池庵》：呂美玉飾鳳池庵劇中妙蓮尼，扮相清秀，恰合幼尼身分。

當年，有位京劇旦角王芸芳，為滿足觀眾好奇心，自編自導自演了一部反映現實生活的時裝新戲《失足恨》。他在戲中扮演女學生和少婦，在上海的戲迷中造成轟動。呂美玉出於興趣，也在舞臺上演出這部《失足恨》。因為她演技活潑，再加上絕色的美貌又遠勝於男性演員王芸芳，在觀眾中造成巨大轟動，從此名噪上海，成為上海灘紅極一時的明星。

呂美玉以超強的演技一炮走紅後，民國娛樂界也開始迷上這位戲壇新秀。當時上海的各家大小報紙上紛紛刊印她的照片。一些雜誌也緊跟其風，刊登了呂美玉的時裝照。據說，那是一張漂亮的時裝照，由南京路心心照相館拍攝。呂美玉取高位坐式，頭略歪，

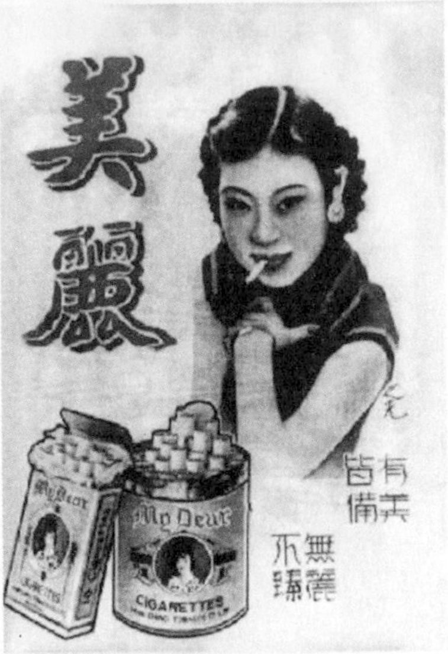

左：華成菸草公司的小金鼠香菸營銷沒什麼起色
右：以呂美玉為原型的美麗牌廣告風靡一時

著圓領大襟寬袖時裝。姿態相當迷人。這份雜誌竟一時也頗為暢銷。

此時，華成菸草公司為打開香菸銷路，正積極籌畫推出一款新的香菸品牌，要求具有東方特色，有親和柔美特點。當時公司總經理和廣告部負責人經過商量之後，認為只有美麗的女性才能符合這個要求，於是決定把香菸定名為「美麗牌」。

公司把設計香菸商標的任務交給了廣告部的謝之光。他曾師從張聿光、劉海粟等名師，頗能勝任此項工作。於是，謝之光便開始在流行的雜誌中尋找藍本。他後來也說，「實際上我當時接受了任務後，翻看到一本雜誌有一張女子的照片很時髦，其服裝打扮也很海派，就剪了下來做樣子。」謝之光看到了呂美玉的時裝照，眼睛發光。便以呂美玉在《失足恨》中的劇照為藍本，精心繪製了一幅美麗牌香菸的商標圖案。這幅極富女性味的菸標設計，引來無數菸民的目光，在上海的大小報刊日日登載；各種公車輛、電車、公共汽車更是把它作為流動廣告。美麗牌名噪一時。

據說呂美玉上菸標，黃金榮也出過力。原來呂美玉長期在共舞臺演出，對於這棵美女搖錢樹，黃老闆自然十分歡喜。這時，共舞臺前臺老闆金廷蓀想出主意：把呂美玉主演《失足恨》的劇照，印在團扇上，隨票奉送。黃金榮也常常捧了禮品上呂家的門。呂美玉母親是見過世面的，幾次往來，就已經曉得黃老闆的用心了，只得苦苦應付，以各種藉口抵擋。

美麗牌香菸一舉成名，在當時江南產生了不小的轟動。看著華成菸草公司在沒有徵得呂美玉和她母親同意的情況下，將她在《失足恨》的劇照作為商標，招來一些人的嫉恨，他們暗中羅織罪名敲詐華成菸草公司，還有一些人藉「美麗牌」香菸商標大做文章，並唆使呂美玉以未經本人同意而使用《失足恨》劇照為由委託律師狀告華成公司侵犯其形象，由此引發了一場「侵犯肖像使用權」的糾紛。一九二七年，呂美玉的母親時鳳儀聘請律師向法院起訴，要求華成菸草公司停止侵權行為並賠償損失。呂美玉也曾召見報社記者，發表個人維權聲明，責成華成菸草公司做出相應回答。

華成菸草公司拿呂美玉劇照用作圖案在前，不能不承認這確實是侵犯了肖像權。而此時，「美麗牌」香菸已在全國暢銷，倘若改換商標必定會使廠方遭到巨大損失。結果在數次對簿公堂之後，華成協理沈星德商請有關方面調停，與呂美玉達成了庭外調解，協定規定：華成每售出一箱美麗牌香菸（五萬支裝），提取五角錢作為賠償呂美玉的「名譽損失」，以後逐年付給，這一風波才算結束。

在名譽案調解結束平息之時，不料又上演了一出「雙榮爭玉」的鬧劇。色藝雙全的呂美玉，上臺後不久即成共舞臺的搖錢樹。與露蘭春婚變了的老闆黃金榮，早已對美貌的呂美玉日益著迷，這時又插進來個法租界的富商魏廷榮，他也愛上了呂美玉。

魏廷榮與黃金榮之爭，實際上是法租界內華人兩大勢力即紳董派與流氓派之間的較量。論實力，黃金榮也不弱，尤其是他的無處不在的黑社會網絡，不過邪不壓正，黃金榮的流氓幫會樹敵太多，引起公憤，例如法租界的工商界和天主教的上層人物都支持魏廷榮。不僅如此，留法歸國的徐文才和公董局華董、南市水電公司董事朱孔嘉之弟朱孔祥通過法國僑民譚斯脫（Destes）出面，創辦法文《真理日報》，專門抨擊黃金榮等在法租界公開經營的菸賭事業。

在這場爭鬥之中，呂美玉的家族自然選擇既正派、年輕又有地位的魏廷榮，俊美的呂美玉當然也希望與西裝革履、風流英俊的魏廷榮結合，對年過半百、肥頭大耳的「麻皮金榮」自然沒有任何興趣。黃金榮無奈之下，只能退出，同意魏呂聯姻。於是，呂美玉成了魏廷榮的二夫人。

那時，「美麗牌」香菸年銷量已近萬箱。在當時每擔米（一五六斤）售價大洋四元的狀況下，呂美玉一下子成了巨富，從此告別舞臺。一九三三年四月，魏廷榮呂美玉主動向華成菸草公司提出自願解除協議、放棄酬金的要求。華成菸草公司一次性出資二萬元作為了斷，從此呂美玉肖像糾紛案也告了結。魏廷榮與呂美玉所生之子魏蓮蓀，長成後拜山水畫名家吳子深為師，也學有所長。

魏廷榮抱得美人歸後，也料到黃金榮不會善罷甘休，乾脆一不做二不休，來個先下手為強，聯絡法租界的華董和頭面人物，向黃金榮發難。他們在《真理日報》特別指出黃金榮是靠著法租界的背景、通過行賄打通法租界各部門而起家的。特別揭露黃金榮曾在平濟利路（今濟南路）法藏寺前的廣場上，為巡捕房刑事科長夏才立六十壽辰而大擺宴席，逼萬餘商民獻壽禮等。報紙還運到巴黎廣為散發。於是，轟動一時，遂引起法國外交部的重視。在多方控訴之下，法國政府召回了上海總領事葛格霖，詢問租界與惡勢力的關係等。這時，魏廷榮又多次向法國政府控告黃金榮「廣收徒弟，招搖撞騙，開設菸賭，危害居民」等。

聲名狼藉的黃金榮這一回是賠了夫人又折兵，最後於一九二五年辭去了巡捕房督察長的職務。共舞臺的這兩次奪美風波，成了黃金榮從勢力頂峰迅速下滑的起點，並且一蹶不能再復其昔時一呼百諾的風光。四一二政變之後，黃金榮等依仗國民黨日益得勢，他第一個想收拾的，便是從他手掌中奪走呂美玉的魏廷榮。要將此事做得天衣無縫，少不了杜月笙的精妙主意，而杜月笙眼看魏廷榮勢力日益膨脹，欲與之換帖拜把兄弟，不料竟遭到魏的拒絕，因此也希望殺殺魏的威風。結果黃、杜買通對魏廷榮不滿的連襟、時任財政部稅警獨立第六營營長的趙尉先，由趙出面招募綁匪。一九二九年七月二十四日，魏廷榮帶著三個兒女乘車剛從中法銀公司駛出，就被幾個綁匪攔下劫走。途中綁匪釋放了三個小孩，然後將魏廷榮用麻醉藥醉倒，藏於南匯六灶。最後魏廷榮吃盡苦頭，還花了三萬元才了結此事。從此，魏廷榮勢力一蹶不振。

而魏廷榮娶呂美玉為妾後，購得沙遜洋行買辦、皖人程謹軒在肇家濱畔的住宅遂吾廬，連同濱中小塊陸地，擴建為花園，作為藏嬌處（今肇嘉濱路七四〇—七五〇號是其舊址）。魏廷榮於解放後留在了上海，一九五〇年一月，他與謝稚柳、張沂、徐邦達、潘伯鷹、劉定之、顧廷龍等名家一起，被文物管理委員會聘為特約顧問。他還曾捐贈名畫家蒲作英的作品。魏廷榮去世之後，呂美玉還健在，《藝林散葉續編》有則材料：魏廷榮之名章，乃丁二仲所刻，均象牙質。魏廷榮逝世，其妻呂美玉，請高式熊磨去。

再表一表華成公司。一般來說，遇到官司當事人總心有沮喪，但陳楚湘老闆卻心情很好，因為在他看來，官司是給美麗牌香菸做的免費廣告。一九三一年十月五日，上海《申報》整個頭版都是「美麗」菸廣告，將繪有鐵路幹線的東北三省地圖作為主圖案，上部印有「請國人注意東北形勢」字樣，右側繪有一個巨大的嘆號；嘆號兩側有「外侮日亟」四個美術字，點明了日本侵略日益加劇的現實。廣告的中右部印有「國人愛國，請用國貨」字樣，下部才為「有美皆備，無麗不臻」的廣告語。讀者觀後無不湧出一股愛國的泱泱激情，銷量直線上升。到抗戰前，華成公司成為規模最大的民族捲菸企業，陳楚湘也就成了當之無愧的「菸草大王」。上海解放後，華成菸廠轉為公私合營，陳楚湘仍任經理。一九五九年，華成菸廠商標設備併入上海捲菸廠，華成菸草公司宣告結束。

陳楚湘的老宅位於愚園路三九五弄湧泉坊二十四號，這是一幢酷似馬勒別墅的花園洋房，底層客廳東為紫檀廳，西為紅木廳。迴旋形扶梯有大理石踏步、鑄銅花色欄杆。其中一樓半及二樓半的樓梯房牆上開有彩色玻璃大窗，其圖案有西班牙海盜船、西洋美女等。這些圖案就是當時上海灘上暢銷香菸的商標。花園仿的是蘇州古典園林，符合當時中西合璧的審美風潮。可惜當年的小橋還在，流水卻已經乾涸。如今那裡住著九戶普通的上海人家。

再說美麗牌商標一直沿用到二十世紀六〇年代中期。「文革」來了，上海捲菸廠才將美麗牌上的美女像去掉，用延安的寶塔山風光取代。

聲色犬馬盡浮華

黑社會人物原來大都一文不名，沒有受到過良好的教育，文化品位不高，過著動盪的生活；然而一旦形成勢力，攫取了大量財富後，便奉行起享樂主義，追求感官的快樂歡愉，絕大部分黑道人物還把這種歡樂的追求，當作人生的最高目標。因此，使用一切手段滿足這方面的欲求，寄情菸館，浪跡煙花，揮金如土，聲色犬馬，過著奢靡生活，形成了具有自己鮮明特色的衣食住行文化。

上海黑道人物很多出任過巡捕，他們須穿單排釦的上衣，稱「號衣」，胸前的左右，各有一個寫著本人編號的圓圈，腰束兩吋半的闊皮帶，頭戴紅纓帽，黑綁腿，快靴。有不少流氓巡捕雖為警察，尚脫不了一股流氓氣，他們常常衣鈕不扣，手執警棍到處亂抖，而當便衣偵探即「包打聽」的，衣著更是五花八門。

黑社會人物最典型的衣著打扮是上穿綢緞短衫，一襟中分，單排密釦，捲袖，敞開胸前，袒胸露臂，上衣袋掛一金錶，金錶鏈在胸前繞一個弧形半圓圈，鏈越粗，就表示身價越高。手指上則必帶一只晶光閃亮的金剛鑽戒指。有些地頭惡霸，還喜歡手托一隻芙蓉、百靈、黃鶯鳥籠，或手執一柄比一般摺扇大一倍的黑面朱漆摺扇，左搖右擺，招搖過市。

到清末民初，黑社會人物則多著香雲紗對襟上衣，下穿黑綢燈籠褲，褲腳常用帶子紮緊，足穿布鞋，上衣鈕釦通常不扣，天氣一熱，便赤膊或披一件短衫，橫眉怒目，挺胸露肚，且大拇指時常翹起。也有稍作改變，但萬變不離其宗。如青幫「大」字輩兼哥老會青龍山山主趙阿寶，人稱「范高頭」，生平不穿長衫，即使外出應酬也是短衫一襲，所著短衫倒是特製的，有很闊的滾條，鈕釦特別多，再多加一件披風，頭戴大紅結的瓜皮帽，腳穿雙樑快靴。市民們一看此類打扮，便知遇到流氓白相人了。張嘯林喜歡穿一身湖綠綢緞長衫，表面上裝得斯文些。大部分黑道人物喜歡香雲紗做的對襟中式服裝，夏天手執一柄摺扇。

自一九二七年後，黑社會頭目由職業流氓一躍而為「地方領袖」、「黨國要人」，並開始躋身於工商金融界，因此部分成員洗心革面，改變形象，這可以杜月笙為代表。

杜月笙右手腕上有一刺青，是一支藍色的小鐵錨，手上常戴一只鑽戒，鑽石足有四克拉半。「四一二」以後，杜月笙說：「衣食足，應當禮儀興了，不能再讓人家一看到就討厭害怕。」遂下功夫，刻意模仿正派人的模樣。自此以後，杜月笙在公開場合，從不穿短衫，而是長袍一襲，加上馬褂，上海的夏天赤日炎炎，酷暑難忍，但領口上的釦子從不解開。他不僅身體力行，而且還規定一幫出道弟兄和蟹腳嘍囉，只要有人袒胸露臂，或僅穿汗衫馬甲，就不准進入杜門。杜月笙手指上的那只曾標誌其大亨地位的大鑽戒，也被他鎖進了保險箱。在他的宣導下，從前以兇神惡煞般外貌為榮的黑道人物們紛紛刻意追求公開場合中的樸素整潔，彬彬有禮。有人說，黃浦灘上一下子脫掉了千萬只鑽戒。但是，這種衣飾的改造對乞丐與扒手毫無影響，乞丐團夥始終衣衫破舊，而扒手們則衣冠楚楚，或根據所扮角色，改變服飾。

飲食習慣，因黑道人物的財產、地位與出生地不同而異，而且飲食上品位的高低也極為懸殊。由於沒有固定的收入，一般的黑社會成員在生活上以大起大落為特點。如癟三之流平常只能以殘羹剩飯果腹，敲詐到錢後便上飯店飽餐一頓。小偷扒手也是囊中飽滿時就包房間，吃大菜，揮金如土；運氣不佳時，只能粗茶淡飯。黑社會頭領的生活要好得多，一般即使無玉液美酒，也有魚肉葷腥。他們大都從苦難中走出，沒有「食不厭精」的嗜好，其生活的享受在於菸、賭、娼，對飲食，只求鮮活之貨，能夠大魚大肉，開懷暢飲，圖個酒足飯飽。有一生動的例子可以說明這一點。抗戰期間，杜月笙在香港，隱居九龍的原國民革命軍第五軍軍長李福林以前在滬時，曾得到杜月笙的照應，此時圖報，選擇了良辰吉日，特邀杜氏父子來宅院遊玩，並請了名廚燒了三道名菜：蛇羹、烏龜、果子狸。這三道菜為港澳名菜，當時合港幣千元。杜月笙面對如此珍饌，竟無處下筷，他從未品嘗過這類「怪肴」，結果，好不容易熬過了盛宴，餓著肚皮回家，趕快吃蛋炒飯。然而，儘管黑道人物頭領不懂飲食文化，但個個家中都備有名廚，以便招待貴客，像杜公館內，常備的廚師有蘇錫幫二人，揚州幫二人，本幫三人，北京幫二人。據說，杜月笙為首的本幫的黑道人物對「德興館」情有獨鍾。一方面是德興館地處十六鋪，那裡正是幫會的地盤，另外，德興館做的本幫菜肴，獨樹一幟。如有味家常名菜「草頭圈子」，「草頭」是種江南的野菜，「圈子」則是豬大腸的上海俗稱。嫩草頭用旺火大油炒熟後有豆苗的風味，德興館將豬大腸用麵粉和鹽揉捏洗淨，然後以醬油蒜蓉紅燜後，再以生煸草頭圍邊，吃起來腸軟菜嫩，毫無腥氣。還有「糟鉢頭」，以豬內臟為原料，加水慢火清燉後，再加酒糟調味，便成為一鍋醇美的清湯。杜月笙每次到德興館，都要嘗嘗這裡的本幫菜。一九四九年去香港後，杜月笙十分懷念德興館的本幫菜，要其管家黃國棟找位上海廚師速去香港。於是黃與德興館商量，推薦湯永福師徒兩人。當時，由於美國封鎖，上海的船不能直接去港，必須先到天津，繞道去港。為此，黃國棟特地持杜月笙的信去找潘漢年副市長，由上海市政府出具證明，湯永福師徒兩人順利抵港，解了杜月笙的思鄉之情。黑社會人物不少是長年酗酒，視杯中物為性命，而嗜酒的這些人主要是從事保鏢或搶劫勾當的。

由於各類黑社會集團成員收入懸殊，身分各異，因此居住條件也大相逕庭。但有一個有趣的現象，他們喜歡聚集而居，尤其是在法租界裡。

在早期，黑社會成員由於社會地位低下，生活貧困或生活無著，主要居住於上海城區的「下只角」（如閘北、楊樹浦、滬西等棚戶區、城市邊緣地帶）。而乞丐們白天躑躅於街頭，以乞討、索要為生，晚間則蜷縮於各舊倉庫、廢棄的車、桶邊，甚至沿街而臥。

二十世紀初期，不少黑道人物活動於南市、法租界和公共租界交界處，他們住在民國路（今人民路），前門靠華界，後面為法界，或在法、公共租界交接的愛多亞路（今延安東路），以便進出方便，活動自如。從事小賭場營業的黑道人物，一般全家擠在棚房內，稍好的有單間里弄房屋或過街樓。即使是像黃金榮這樣的聞人大亨，最初也居住在一枝春街，以後隨著他的步步發跡，先在同孚里置屋，與他親密的幫手同住一弄。約一九一二年遷到八仙橋鈞培里，為石庫門獨家住宅，後又買下左鄰的一家樓房，兩幢打通，擴大地盤，又買下右房讓自己的胞妹一家居住。鈞培里弄口有鐵欄柵門，兩邊各置一條

黃家花園落成紀念章

桂林公園的前身就是黃家花園

紅綠長板凳，凳上常坐十來個彪形大漢，清一色黑香雲衫褂褲，活像一群戲臺上的武生。以鈞培里的黃公館為中心，黃金榮的手下均住在附近，望衡對宇，以便召之即來。如杜月笙、顧榮生居金福里，袁珊寶、金廷蓀、馬祥生、范恆德、戴才二、薄錦榮等及小八股黨的頭腦都住在附近的寶昌里、福昌里、貞吉里、生吉里、元聲里、紫陽里等弄內。所以法租界的八仙橋地區，真可謂上海黑道之巢穴了。

二〇年代後，他們因壟斷了鴉片提運權，積聚了大量的財富，手下的孝敬錢也日漸增多，於是他們便覓地造屋，壘園蓋廈。一九三一年，黃金榮在父母墳地所在的漕河涇建花園，數千徒子徒孫紛紛解囊，僅杜月笙與金廷蓀各捐四千元。一直籌到三百五十三萬銀元，才開始動工，到一九三五年建成。黃家花園（今桂林公園）正門三間房屋，兩扇紅色的厚大門，左右兩邊一色雪白粉牆，門前為白石臺階，階前用虎皮石砌成一片平地。園內有四教廳和洋房別墅，栽種了幾千株金銀四季桂花。此後，黃金榮每年夏天都要到花園來避暑，逗弄那專飼在園內善鳴好鬥的一大群畫眉鳥。

此時，杜月笙、張嘯林也用黃金榮所贈的一塊地皮，建成了華格臬路二一六號、二一七號（今寧海西路，解放後為寧海西路小學，建延安路高架道路時拆除）兩幢別墅，各有三層建築，內設大客廳、會客室、密談室、大菸室、廂房等，富麗堂皇，精美雅致，又各有花園，園內花木蔥鬱。杜公館底層的「大菜間」，是杜月笙會客之處，陳設很考究，冬天有水汀，夏天放冷氣。後來金廷蓀受杜月笙的委託，經營航空彩票，發了一筆巨財，便為杜月笙在杜美路（今東湖路）亨利路（今新樂路）口建造了一所公館（今屬東湖賓館）。

此外，杜月笙在重慶、杭州、蘇州、青島、大連、北平均有房產，西湖邊的別墅，為西式樓房（現為中國印學博物館），杜幾乎每年夏天都去住住。為避暑享受，張嘯林還在莫乾山買下了一座小山，山下又建了一所療養所，四周栽種碧綠的竹枝，名之為「林海別墅」。顧嘉棠發財後至赫德路（今常德路）建造規模巨大的花園洋房「佳廬」，後又在大西路（今延安西路）造起了顧家花園。原來是黑社會三四流角色的吳四寶，在日偽時期當了漢奸後，成為顯赫一時的闊佬，一九四〇年，吳四寶用搜刮來的民脂民膏，買下了愚園路四七五弄二號的一幢西式洋房，內有一個不小的花園，後又霸佔了一幢洋房。吳氏別墅不僅有全套紅木家具的豪華擺設，還設有舞廳、宴客廳、網球場等。吳四寶一家搬入新居時，邀漢奸日酋、狐朋狗黨慶祝，三天內開了流水席三百桌，還遍邀平劇、越劇、申曲名角連唱三日堂會，大有與當年杜月笙建祠堂規模一比高低的氣勢。

三〇年代的大亨聞人代步均有豪華的小轎車，不僅轎車是一流的，牌號也要特殊，警察與市民一看就知道，是哪個大亨到了。如杜公館有九輛汽車，配備九名司機和九名

上：東湖路杜月笙公館的茶室裡，刻著精美的桃園三結義

下：西湖邊杜月笙別墅現在是中國印學博物館

助手。杜月笙的坐車是一輛黑色雪佛蘭車，車號是「7777」，後來門徒章榮初花一萬美元為杜月笙在美國訂製一輛當時只有皇帝、總統、富豪坐的名牌保險車卡迪拉克（Calde-lac）。後來，杜月笙所用的新車牌是「11711」。

黑道人物的待客之道，多非常勢利。黃金榮的管家回憶：

黃金榮敬菸的香菸是分等級的：普通客人奉以大前門，中等客人奉敬白錫包，上等客人則為茄力克，再高級一些的，就以上好大土供給。

娛樂方面，不少黑道人物如杜月笙、黃金榮、張嘯林不喜好電影，卻對京劇有非常濃厚的興趣，黃金榮等開過不少演戲場，還娶名演員為妻。杜月笙會哼的戲，據說非常多，曾認真學過老生和武生，至少會六齣大戲《四郎探母》、《天霸拜山》、《落馬湖》、《大蠱蠟廟》、《刀劈三關》、《完璧歸趙》。說起他的老師，全是名家，如金少山、馬連良、金仲仁、姚玉蘭、孟小冬等，尤其是有兩位名角夫人的指點，做功有點水準。如果不是一口無法改正的浦東腔，他也許可以成為名票友。當然，一旦他要登臺，保準花籃從劇場門口，一直排到戲臺邊。至於跳舞，多逢場作戲。大亨們跳舞排場很大，前後呼應進入舞場，如麗都花園（其址今為上海市政協），老闆立即將最有人氣的舞女請出，圍著大亨，爭相榮幸地跳上一曲。杜月笙外出跳舞，總有張嘯林和王曉籟陪同，他穿著老布底鞋，舞步非常特別，也就是慢，慢之再慢，遇到這種情況，樂隊也會密切配合，一曲終了，舞廳內掌聲雷動，杜月笙立即封賞。

在黑社會中，最普遍的嗜好，自然是菸、賭、嫖。由於他們大都從事鴉片提運，或為土行、燕子窩保鏢，故「近水樓臺先得月」，多沉湎於鴉片，並戲稱為「黑飯」，當時流行一句話，「寧可一日不吃白飯，不可一日不吃黑飯」。袁克文菸癮極重，常常在菸室中會客，客人入室，他仍在菸榻上一面抽煙，一面點頭，從不起身。如果客人亦是癮君子，那就上榻邊吸邊聊。一九三一年，杜月笙在杜祠落成典禮時招待客人，所耗的鴉片膏數，一天竟高達五千兩，令人咋舌。黑社會的一般成員多抽劣質鴉片菸，到了後來，個個鳩形鵠面，面黃肌瘦。而聞人大亨抽的鴉片特別考究。一般的鴉片癮者，抽菸時將菸全部抽盡，然後以一杯濃茶佐之，茶煙俱下，深入胃部，毒癮的感覺更為明顯。而杜月笙卻不同，他一個鴉片菸泡只抽二三口便扔掉，抽菸時絕不飲茶，因此淺嚐輒止，中毒不深，他自浪跡十六鋪染上此習至生命終結的數十年間，一直與「阿芙蓉」為伍，竟無菸容。其長孫杜順安回憶說：

祖父雖然抽大菸，但是他是可抽可不抽，不是非抽不可，因為他沒抽上癮。倒是我第五個祖母孟小冬，抽鴉片抽得厲害，她上了癮，她到臺灣之後，鴉片照抽不誤，私底下抽，國民黨當局睜一隻眼閉一隻眼。

大亨們所食的菸土須上品，所用的菸具也非常考究。黃金榮所吸之土必須陳年老貨，而且和以沉香、珍珠粉，他常用的名貴菸槍上鑲珍珠寶石和黃金白銀，輪流換用；范高頭的菸具，則無論菸籤、菸匣、菸燈，均為黃金製成。即使是燒菸泡，也有講究，杜月笙就專門將原為其妻沈月英之母裝菸的老手郁詠馥調來，當他的專職裝菸燒泡師。

杜月笙的菸榻旁掛著十桿各式各樣的菸槍，郁詠馥一早要打好菸泡，把十桿槍裝好，杜進來便可吞雲吐霧。中匯銀行開辦後，杜月笙社會活動多了，鴉片也抽得少了。醫生龐京周向杜宣傳蛋黃素戒菸，杜從此也用起了代用品。但抗戰勝利重返上海後，杜的菸癮又大起來，從而導致哮喘病常發。

對黑社會成員來說，叫局吃花酒、嫖妓宿娼為平常之事。法租界有個大流氓「活無常阿明」，為張嘯林門徒，他既是巡捕，又為妓院老闆，開幺二堂子（滬語「次級妓院」）達十家，幾乎每個黃花姑娘的「開苞」之事均由他來做，一生糟蹋婦女無數。

袁世凱兒子、青幫大字輩袁克文早年來上海遊玩，黃金榮、杜月笙大擺筵席，出入有多名安南巡捕護送，黃金榮管家程錫文回憶：

黃、杜兩人先伴袁公子踏遍上海的名勝古跡，接著又引他到書寓和會樂里長三堂子（高級妓院，又名書寓），並親自選上幾名紅妓女送到袁克文所住的公寓，與袁朝夕相伴，說唱玩樂，使袁克文跌入黃、杜安排的迷魂陣。

杜月笙也曾醉心嫖妓，早年在十六鋪時跨不進長三書寓，也逛不起幺二堂子，只能在那些低等的煙花間裡流連，後來發跡，前後娶了五房妻妾，但仍常去會樂里長三堂子吃花酒，去一次總要揮霍五百至一千元，有時甚至在花國領袖面前一擲千金。抗戰勝利後，上海灘上曾經有過一次我國有史以來的第一次選美活動，即選「上海小姐」。當時杜月笙有位至親密友范紹曾，對杜月笙說他要捧所鍾愛的王韻梅上寶座，於是，杜月笙予以捧場，就與范紹曾聯合出面，邀請串幫鉅子、滬上豪門，一連幾夜，開懷暢賭，而他們則收抽頭之資，買選票為王韻梅增數，最後范紹曾出了四千萬元、杜月笙出了二千萬元，把王韻梅捧上了「上海小姐」的寶座。晚年的杜月笙有嚴重的氣喘病，有時連上樓梯也已困難，可興致來時，仍要徒弟們用藤椅抬著他去會樂里。即使是一些乞丐，尤其是丐幫幫主，白天蓬頭垢面而求乞，晚上卻西裝筆挺，周旋於舞女、妓女之間。

黑社會成員非嫖即賭，而賭的方法亦因各人的習慣愛好而異。黃金榮愛好挖花牌和碰銅旗，有四個門徒終日跟隨為伴，據說，一九四九年四月黃金榮回絕杜月笙不去香港的理由之一，就是到了香港，恐怕找不到碰銅旗的搭子了。杜月笙的一生，也可以說是在賭海裡的一生。他自稱：兒時試賭，少年濫賭，青年溺賭，中年以後豪賭。早年就因醉心於賭麻將、挖花、押雙單、打花會，挪用了店中的公款而被逐出了水果行。三十歲時他尚落魄，弟兄們各湊一元錢送他，約定晚上聚餐，祝其而立之年，但幾塊錢在懷，他又按捺不住，一個下午就將此錢輸個精光。曾有一段時間，杜月笙在家中連賭兩個多月，睏極了就睡，睡醒了又賭，家中妻妾竟然七八十天找不到與他說話的機會。

杜月笙之子杜維善有段回憶：

父親年紀輕的時候喜歡賭錢，賭到什麼地步？他和第一個太太結婚的那個晚上還出去賭，那時他需要錢給兄弟。本來是寄希望能賭博贏一點，沒想到輸個精光，結果把前樓太太結婚的衣服全都拿去當掉了。還有一次他在澡堂裡賭，賭得連衣服全當光，最後還是黃金榮的太太拿著衣服把他救出來的，年輕時這種荒唐事還是很多的。

前面講的袁克文跌入黃、杜設計的迷魂陣，就是賭局。程錫文回憶：

開始時，袁克文和黃金榮、杜月笙、金廷蓀等四人一起叉麻將，總是袁贏錢，黃、杜等輸錢，因此袁克文的賭癮越來越大，一場賭注由成千元到上萬元。不到十天工夫，把他帶來的幾萬銀鈔輸得精光，只得拍拍屁股回北京。臨行前，黃金榮、杜月笙還親自相送，並且拿出五千元給袁做途中用費。

清末民初的上海盛行做壽，黑社會的上層人物也藉此大肆張揚。黃金榮每年農曆十一月初一均要做壽，一九四七年黃金榮八十大壽，因國民黨軍事失利，不敢太鋪張，僅在玉佛寺擺素齋，來拜壽的有蔣緯國，市長吳國楨率領的各局局長，國民黨行政院長孔祥熙，以及李濟深等。後來的是蔣介石，蔣介石至黃家花園，向黃金榮行跪磕禮。

一九四七年八月三十日（丁亥年七月十五）杜月笙六十壽辰，這時的杜月笙勢力已弱，但排場仍不小，事先由王曉籟、黃金榮、洪蘭友等二百多人在顧嘉棠寓所暖壽，八月三十日，在泰興路麗都花園舉行祝壽儀式，大廳上掛滿了自蔣介石以下文武官員以及各界所送的匾額、壽聯、壽屏，僅花籃一項就成百上千，還有八百多件金鼎銀盾玉器古玩。當日來祝賀的有上海市長吳國楨及南京要員宋子文、王寵惠、莫德惠等五千六百多人，汽車來了一千五百多輛。然後自九月三日到十三日，由孟小冬、梅蘭芳、馬連良、周信芳等數十位南北名伶舉行義演，尤其是孟小冬的登臺，使上海灘一時轟動，被稱為「絕唱」。至於杜月笙的杜祠落成典禮，更是上海灘空前絕後的盛舉，那時正值杜氏勢力最鼎盛時期，其規模聲勢大大超出了盛宣懷的出殯、哈同的葬禮，僅耗資就達二百萬元以上。

「樂善好施」的三大亨

地位低下的流氓幫會首領發跡後，通過一些公益活動，以求改善形象，博得「樂善好施」的名聲，各類慈善活動成為了聞人大亨必要的成人禮。

儘管黑道人物多目不識丁，但對教育事業卻都極其看重，在這方面的資助樂此不疲。杜月笙曾在法租界善鍾路（今常熟路）捐資創辦正始中學，親自擔任董事長，由陳群任校長。並在浦東設立「浦東杜氏藏書樓」，附設學塾，耗資十萬銀元。黃金榮也在八仙橋創辦了金榮小學。二〇年代，黃金榮等又創辦了「上海乞丐收容所」。一九三一年中央國術館擬籌募國術專門學校，設立募集機構，由杜月笙擔任募捐基金隊總隊長，張嘯林為總參謀長，而黃金榮擔任名譽委員長。一九三二年十一月，閔行廣慈苦兒院校舍落成，黃金榮領銜發起舉行典禮，連流氓漢奸吳四寶發跡後，也在杭州創辦了一所中學，以博取「熱心教育」的美名，抬高自己的身分。五四運動後，上海興起辦校之風。時黃金榮的長子黃鈞培名義上是中法學生會的負責人，在黃金榮的支持下，黃鈞培於一九一九年以中法學生會的名義創辦中法義務學校，地點麋鹿路（今為方濱西路）。後黃鈞培病故，則由黃金榮繼續支持。校長為金煜。後學校遷至藍維靄路（今為肇周路），並更名為競雄義學。一九二四年分為兩部，改稱金榮公學與金榮義學。到一九三〇年春，又改名金榮學校，遷到了康悌路（今建國東路）。一九三一年秋，再度改稱金榮小學校。由黃金榮任董事會董事長，董事有杜月笙、金廷蓀等。一九三二年夏，學校遷到瀏河路，後又遷至維爾蒙路（今普安路）二三〇號。三十年中畢業學生達二十九屆，總計一千人，其中不少學生後來畢業於國內外的大學，成為有用的人才。一九四五年抗戰勝利後，重組董事會，成員有丁永昌、朱義培、金立人、黃振世、黃源濤、黃起予、駱振忠等十五人，黃金榮仍為董事長。黃金榮整頓人事，聘請了一批學有所長的教師執教，並增加免費學生名額，得到時人的讚揚。

修橋鋪路，補廟建寺，大亨們也頗熱心。筆者二十年前遊佛教名山九華山，曾觀賞到三大亨捐贈的鐵質大香爐。杜月笙曾捐資七千元重建故鄉高橋沙港觀音堂，並建造高橋鄉境內的二十三座石橋。

黃金榮對菩薩、神靈等有著真誠的敬畏感。社會人士都知曉他非常願意結交僧道，五臺山、九華山和普陀山的當家和尚等常到鈞培里來化緣募捐，龍華寺的僧人則更是黃公館的常客了。他曾召集門徒好友建立關帝會，人數達千餘人，並合資在永嘉路金神父路（今瑞金二路口）淡井廟內設關帝殿，燒香膜拜。這些善事中影響最大的是重修城隍廟。

元至元二十九年（1292）上海縣設立時，上海還沒有城隍廟，此後地方官員與士紳合作，在縣之西面建立松江府城隍在上海縣的「行宮」，時稱「府城隍行祠」。據說，宮內有水井味淡，故人們稱淡井廟，其址在今永嘉路十二號內。直到今日，本地老人們仍習慣稱永嘉路瑞金路一帶為「淡井廟」。上海邑城隍廟建於明永樂年間，上海知縣張守約所建，祀上海城隍神秦裕伯。以後屢有增建，殿宇重簷，主要有大殿、財神殿、星宿殿、雷祖殿、鄂王廟等，規模可觀，神佛眾多，城隍老爺肅穆莊嚴的慈容和十殿閻王、十八層地獄鬼卒威風凜凜、殺氣洶洶的模樣，形成鮮明的對照。廟門兩側有對聯道：

做個好人，心正身安魂夢穩；
行些善事，天知地鑑鬼神欽。

且城隍廟又傍依豫園，成為上海人出遊購物的中心場所。每逢農曆二月二十一城隍神誕辰、三月二十八城隍夫人誕辰以及正月初三、正月十五、七月十五、十月初一等，城隍廟都要舉行各種廟會，招徠成千上萬的遊客和香客。最熱鬧的要數三巡會，即城隍神每年要出巡三次，故名三巡會，分別是清明節、農曆七月十五中元節和十月初一。城隍出巡時，神像面掛彩漆，身穿蟒袍，項掛金鎖，坐著十六人抬的大轎，前後還有春申侯、高昌司、海崇侯、財帛司等隨員相陪，儀仗鮮明，排場隆重。

黃金榮與城隍廟有著獨特的關係。童年時得病，其父黃炳泉便帶他到城隍廟的玉清宮燒香磕頭，求神仙保佑。他的母親鄒氏還在三巡會上，穿上大紅的衣服和裙子，裝扮成罪人，沿街遊行，為生病的兒子贖罪。看三巡會也是童年時代黃金榮的最美好的回憶之一。前面有二十四匹高頭大馬分列兩旁，馬上的大漢頭戴銀盔，腳蹬皮靴，肩揹大刀，在前開路。接著是衙門捕快，身著皂衣，頭戴皂盔，手握鐵鏈，肩揹刑仗，酷似厲鬼差役，市民們則手執鮮花，列隊隨行，後面還有臺閣、鼓船、高蹺、樂隊、群舞等，真是五彩繽紛，十分好看。後來黃金榮學生意也在城隍廟附近，因此，他對城隍廟有著一種深厚的敬意。但不幸的是，一九二三年到一九二四年間，城隍廟曾三次遭祝融之災，幾乎全部焚毀。

城隍廟被焚，使得延續百年的佛誕廟會中止，給人們帶來了無限的遺憾。黃金榮便有意做善事，重建城隍廟。一九二四年他與商界巨賈葉惠鈞和城隍之後秦硯畦等人出面，聯絡張嘯林、杜月笙等，組織「邑廟董事會」，發起了重建城隍廟的活動。他號召捐助，組織義演，呼籲大家籌集資金，自己也帶頭捐資五萬銀元，並親自擔任會長，杜月笙和張嘯林各捐一萬銀元。有人說黃金榮在重建城隍廟中，貪汙了不少錢財，筆者以為，這個錢，他是不敢貪汙的。於是，城隍廟遂於一九二六年重建。

一九二七年十二月十八日，城隍廟新殿落成，舉行盛大金山神主開光典禮，清晨七時，邑廟董事會會長秦錫畦和董事黃金榮、張嘯林、杜月笙等到廟中拈香，然後到下午四時進行祭祀。是日，進香男女絡繹不絕，直到晚上，仍是「香煙繚繞，紅燭高燒」。此後從此恢復了城隍廟昔日的熱鬧景象。重建城隍廟，對上海市民來說無疑是件好事。此後黃金榮讓門徒程錫文管理，積累了不少財產。

當時大亨們最普遍的善舉是救濟災民。二〇年代以後，天災人禍特別多，年年不斷，那時上海有許多慈善家，但有錢而又捐款的多不願過於露富，唯恐遭到綁票或敲詐。所以，大亨們的捐贈便名利雙收，每當上海各界發起捐贈，大亨們總是名列榜首。一九二二年浙東水災，杜月笙發起京劇九班名伶合演，籌款救災。齊盧之戰，戰火破壞城鄉，三大亨首倡江浙善後義賑會，為江浙災區農民募款，事務所就設在八仙橋鈞福里杜月笙的家中。一九二六年他們又創辦了「上海乞丐收容所」。五年後，漢口受淹，水災地區達十六省，杜月笙等又建議成立水災救災委員會。一九三五年至一九三七年的三年之中，杜月笙所捐的各種義款達法幣一百五十萬元之鉅，因此，在三〇年代，「嗚謝大善士杜月笙」的廣告不時地在報紙上出現。杜月笙因此而擔任了中國紅十字會副會長，代會長王正廷執行職務。在這方面，黃金榮也是不甘落後的，一九三一年，蘇北水災，黃金榮將自己六十四壽辰的壽禮五萬元全部捐贈。八一三事變後，租界淪為孤島，到處都是難民，黃金榮即將大世界遊樂場停業，騰出空地，收容了數千難民，雖然難民的生活費用多為募捐所得，但大世界為了庇護難民，竟也有兩年沒有開業。就如七十六號凶神吳四寶，也對慈善事業十分熱心，除夏施藥水冬施棉外，還施捨棺材給義莊。

聞人大亨還常借義演募捐，藉以擴大他們「善舉」的影響。一九二二年，浙江杭縣、嵊縣、金華三縣發生水災時，黃金榮等便組織京劇名伶進行「九班合串」，籌款救災，在報紙上刊登巨幅戲目廣告，以署有「發起人黃金榮等謹啟」相號召。一九三〇年，青幫「通」字輩頭目季雲卿偕門徒吳少芒在無錫，恰逢饑荒，師徒兩人便號召地方人士舉行京劇義演，三天內得款全部賑災，一時聲名鵲起。杜月笙六十壽辰時，邀孟小冬、梅蘭芳、譚富英、馬連良、周信芳、葉盛蘭等義演五天，所得款為法幣一百億元，全部用以救濟難民，更由於這次義演中孟小冬領銜主演的壓軸戲《搜孤救孤》被人譽為「廣陵絕響」，使得這一百億元法幣乘著這絕唱，把杜月笙的「慈善」名聲推向全國。

黑道首領們時常聯合從事慈善。一九二四年，江浙戰爭時，黃金榮、張嘯林和杜月笙等發起成立「江浙善後義賑會」，事務所設在八仙橋鈞福里杜月笙家中。在報紙的首版刊登巨幅廣告，再次以「九班合演」相號召。一九二五年，黃、張、杜等又組織「聯義善會」。一九二八年六月，黃金榮、杜月笙、張嘯林、王曉籟、蔣百器為廣東水災而在共舞臺舉行義演。共募得大洋五千三百五十元。一九三八年因農村災禍連連，滬上難民劇增，黃金榮與虞洽卿、袁履登等特發起慈善演劇，聘請名角程硯秋、王少樓、姜妙香等在黃金大戲院義唱三天，所得票房收入悉數移交難民救濟協會。

過年賑濟是大亨們不會疏漏的年終大事。專事販鴉片的三鑫公司，會派人到八仙橋一帶商業區施粥施飯，在公司門口向貧民乞兒散發棉衣。自一九一八年後，杜月笙每年大年夜，則在中法學堂向全市乞丐發錢，每人四角大洋。每當法租界的包探、巡捕或其他親信死亡，杜月笙即負責給其家屬以撫恤，稱「善折」，每折十至五十銀元不等。每年的年關臨近，黃公館上下便要忙著準備一年一度的接濟。單是棉衣棉褲就要做二千套。還要準備二三千元的銀角子。到臘月十五這天，黃金榮穿著絲綿老羊皮袍，由鈞培里出發，四個大漢在後面緊緊相隨，再後面就是挑棉衣和抬銀角子的隊伍。施賑地點在八仙橋，只見八仙橋的空地上已是人山人海，有不少是衣衫襤褸、抖顫瑟縮的叫花子。黃金榮一到，便有手下人拿來一張靠椅，待黃金榮坐定，受賑隊伍便開始往前擁去，他們一個個親熱地叫聲黃老闆，道聲恭喜發財，便可以得到一套棉衣和四角洋錢。拿到棉衣的歡天喜地，還沒有排到的，正焦急地往前擠著。領到錢、衣者還必須走入宏國寺；原來過去有些癟三貪心不足，領到錢物後又排到隊伍的後面，再領一回，因此，馬祥生便負責將領到冬賑的人送入寺內，直到賑濟結束，才准離開回家。

在三大亨中，黃金榮雖然是較為吝嗇的，但為顧及面子，每當國內有水火洪旱之災時，黃金榮等總要登高而呼，帶頭捐款。一九三一年蘇北發生水災，時江淮旅滬同鄉會會長是徒弟顧竹軒，黃金榮自然要出力，於是捐出大洋五千元，不過，三大亨中杜月笙捐棉衣五千套和大洋一萬元，張嘯林捐棉衣三千套和大洋六千元，算來還是黃金榮捐得最少。一九三〇年十二月六日，黃金榮特製一百套棉衣褲，送至漕河涇江蘇第二監獄，接濟那些沒有家屬探監的囚犯，為此監獄方面特致專函以表謝意。黃金榮在與獄警交談中，獲悉漕河涇第二監獄關押囚犯達一千六百多人，所施一百套棉衣褲粥少僧多，缺額尚多，於是再度解囊，又施送了一批囚衣。第二年的十二月，黃金榮再度施給該監獄的囚犯棉衣二百套。

對新店開張、高樓落成、醫院改建等，大亨們有時也會湊個熱鬧。如一九三〇年十一月徐重道國藥總號開幕，黃金榮親題「補偏救弊」。是年冬天，黃金榮在黃家花園落成之際，又為漕涇醫院籌款。十二月九日，他在《申報》上刊登啟事，稱馬連良和梅蘭芳於十日連袂在天蟾舞臺演戲，是「瑜亮並生，相得益彰，良機好戲，幸勿交臂失之」。此外，只要他高興，隨時都會捐金以博得樂善好施的名聲。當然，黃金榮本質仍是個愛財如命的人，認為做好事不張揚，如衣錦夜行。所以，他照例要讓人在報刊上刊登鳴謝啟事，以便讓整個上海甚至全國都知曉，黃金榮是個大善人。

客觀而言，大亨們的善舉，擔當了傳統社會中士紳關懷社會、濟貧助弱的傳統，多少緩解了社會矛盾，贏得了底層民眾的讚揚。當然他們手中的錢有點不清不爽。

迷信與禁忌

由於黑社會是由一群文化程度極其低下的人組合而成的，因此，中國民間傳統中比較愚昧的文化風俗在他們身上表現得特別明顯，幾乎所有的黑幫成員都懷有濃厚的迷信意識；更由於他們本身生活動盪，禍福無常，所以，他們只能將期望寄託於神靈，乞求神靈不僅保佑他們今生今世有財有勢，而且保佑他們的子孫萬代，永受庇蔭；自己到了陰間不墮入地獄。

黑社會各集團均有其特定的迷信儀式，根據他們的行業，供奉不同的神靈或祖先。如偷竊集團供奉始祖時遷，每次出發前和得手回來後必須燃燒大香，以求祖師的庇佑，此外還有特殊的行事規則。社會學家嚴景耀曾記敘了這樣的一件事情：

有一個小偷對我說：在我未做小偷以前，我一點不懂這些規矩。有一晚我和一個朋友一同去偷。我看見他到一處房子的大門，跪下來恭恭敬敬地磕了三個頭，磕過頭後，他倚在門上在那裡靜聽。我看不懂這是怎麼一回事，笑了起來。他說我破壞了他的運氣，可能使他的行動遭受失敗。以後我知道這種儀式可以預卜偷竊能否成功。如果小偷聽見屋裡有聲音像貓跑或別的聲音，說明他被歡迎，偷竊能成功；如果什麼都聽不見，他就不能去偷。

扒竊集團還有這種傳統，當他們準備行動時，如走路踏到別人腳上，或者別人走路時與他相撞，或者吃飯時他的筷子碰到別人的筷子，這些都是不祥之兆，應立即停止活動。有些專以詐騙辦事的算命瞎子團夥，集體供奉命相祖宗鬼谷先師，焚香拜叩，十分虔誠。

惡事做得越多，心理就越不平衡，也越相信迷信。開設賭場的老闆們，害怕那些因賭致死、陰魂不散的賭鬼來作祟，因此每天清晨四五時，都要舉行祭祀：用雞、魚、肉三牲，供在賭臺之上，點燃香燭，燃化紙錠錫箔和紙錢，給因賭致死的賭鬼們享用。並在賭臺的四隻臺腳下各堆放兩三斤鹽，他們相信，這樣就可以把賭鬼醃死在賭臺之下了。有時賭場也會失風，遭到警察干預，於是賭棍們便以為有賭鬼作祟，或以為行動不當招惹了財神動氣，即會舉行祭壇典禮。他們供著財神偶像，讓賭場人員排隊向財神拈香叩頭，然後請道士拜懺，並殺雞四十九隻，由道士們把雞血灑遍賭場。如果還不見效，就要女招待赤身裸體，裸逐賭場之內，以「驅逐鬼魅」。由於賭博的偶然性極大，昨可腰纏萬貫，今又會不名一文，所以他們總感到冥冥之中有一種神力控制，故賭徒們求神拜佛，也極普遍與虔誠。在打花會的賭徒中，生活方式有一些奇怪的表現形式：第一種是釋夢，如夢見死人或夢見活人，則以該人的生肖為標準，如屬龍則打「太平」、「江祠」兩門，因為該兩門皆為龍。第二種，書寫三十六門為紙條，黏貼於鐵鍋四周，待鍋中水沸後將一條黃鱔丟入，看黃鱔的頭抬向何門，便押何門。第三種，在瓦缽上置一田螺，瓦缽四周黏上三十六門紙條，焚香磕頭後，看田螺爬向何門。第四種，半夜到荒郊孤墳去祈夢。清末，賭徒中刮起一股邪風，說新死之人靈魂未散盡，能預知未來，於是男女賭徒便在漆黑之夜到墳地去請新鬼借夢指津。後來更有甚者，傳言婦女晚間去墳地悄悄抱回骷髏骨睡覺詳夢，極其靈驗；於是那些平日裡足不出戶的大家閨秀、少奶奶以及小媳婦們，竟深更半夜絡繹不絕地往來於孤墳殘墓之間，結果有不少單身婦女遭惡徒姦汙。

碼頭上的黑道分子也利用封建迷信來統治徒眾。公和祥碼頭的總稽查于守煥，在浦東一帶設立「普福堂」、「德善堂」、「普元堂」等，廣收門徒。大達碼頭的把頭每年陰曆十二月二十四這一天，便要招集所有徒眾到浦東圓通庵聚會，名曰「團圓酒」，並由把頭為首求籤，問「團體」來年如何，並以「家有一主，廟有一神」的鬼話，來迷惑徒眾，以維繫其統治。

黑道分子終日聲色犬馬，以搶劫、兇殺為職事，他們唯恐不得好死，或死後沉淪於閻羅地獄，或禍及子孫，總要想方設法通過各種形式來補救，常見的是三巡會上扮死囚。舊俗清明之日，為賑濟幼孤，城隍神須坐大轎出會，出會隊伍前有鳴鑼開道「劊子手」押解「死囚」犯人，還有穿著斑斕服裝扮演的戲劇角色，各色儀仗排成五六里長。因為農曆七月十五和十月初一也要同樣舉行一番，故稱「三巡會」。每當此時，各路流氓惡煞爭相花錢謀個「死囚」角色。出巡之日，「死囚」身穿囚衣，體戴枷鎖，披頭散髮，頭插斬條，在「劊子手」的吆喝聲和看客的咒罵聲中緩行，到了鬧市地段，還須表演「殺頭」，那時，「死囚」當街跪著，在眾人肆無忌憚的叫罵聲中，「劊子手」的大刀一刀「斬」下，只見「死囚」便慘叫一聲，順勢滾翻在地。他們認為當過了千人指，萬人罵，被「斬首」的「死囚」後，便什麼罪也能一了百了。第二天，這些減輕了心理負擔的匪徒們，繼續又去幹那殺人放火、傷天害理的勾當。

同樣，黑社會首領們對神靈之說也深信不疑。黃金榮幼時體弱，鄰里預言「這孩子長不大」，於是被父母寄門和尚廟，所以小名即為「和尚」。他一生信奉佛教，吃三官諸天素，每年生日均在廟內拜一天懺。黃金榮建宅第時，原址選在林家宅三鑫公司旁，因此處原為墳地，敗棺破柩，荒草沒胸，時有狐蛇出沒。黃金榮察看後，說是狐仙會問罪，於是另覓他地，風水先生認為龍門路轉角處，四通八達，前景開闊，是塊寶地，於是他建起了鈞培里黃公館。開辦共舞臺時，黃金榮還特設狐仙祠，供奉狐大仙。一九二〇年露蘭春私奔，林桂生離婚出走，黃宅從此一蹶不振，黃金榮煞有介事地稱事先有狐仙竄跑。黃金榮後來經營大世界，也一直建有濟公壇，並時常去誦課唸經。上海各劇場的後臺，也均有「神佛」、「天仙位」、「祖師爺」、「老郎菩薩」、「常勝真君」等牌位，五花八門，應有盡有。每年城隍廟執香會，黃金榮均親任會長，不但要率弟子前去祭供叩拜，還要門徒們打扮成判官、小鬼、陰宅皂隸出巡。在黃家花園裡，也自設一關帝廟，廟後土山上有觀音堂，農曆正月十三、五月十三和九月十三，黃金榮均要舉行關帝會。杜月笙則一生不但迷信仙鬼，在建華格臬路（今寧海西路）住宅時，在大廳後面專闢狐仙祠，雇一寧波老傭專事灑掃，自己則在每月的陰曆初二、十六，必供以酒菜上香磕頭；杜的一生儘管大事頗有決斷力，但對看相算命也非常著迷，每至關鍵時刻，輒求巫問卜，參詳命理，借命相家的語言來對人對己做出解釋，以求得自己心理上安定與慰藉。抗戰勝利後，杜月笙回到上海，但從未到過華格臬路杜公館，當時已改名叫寧波西路，門牌二一六號。其原因就是隔壁張公館是張嘯林被殺的凶宅，杜心中一直有陰影。於是，他叫老娘舅朱揚聲來管理，自己沒有勇氣再住在老宅裡了。

吳四寶是由黑道附逆成為日偽殺手的，可以說嗜殺成性，但時常將搜刮來的錢財以「吳雲甫」的真名捐給杭州幾家著名的寺院，以減輕其心理負擔，將殺人搞來的血腥錢獻給佛祖，一時頗傳為笑柄。

同樣，迷信常與保守有緣，不少黑社會人物不相信科學，不相信西醫，卻對風水、星相深信不疑。一九二八年杜月笙患病，法國醫生診斷為急性盲腸炎，提出必須儘快開刀，杜月笙一生信奉中醫，認為開刀打針破壞肌膚要大傷元氣，所以一聽就高叫：我寧死也不肯開刀。結果還是靠了中藥躲過了這一關。三〇年代時，杜月笙曾請風水先生覓地，想厚葬父母。原來他幼失父母後，由於窮得叮噹響，兩棺材均未土葬，只能置於田塍之上，年久日長，棺材之地竟長出了一棵黃楊樹，婀娜多姿。風水先生考察了墳地之後稱，你父母的浮厝之地是難得的寶地，只能浮葬，不可入地，否則子孫要遭大難。杜月笙起先還將信將疑，待先後請了幾位術士，均如是說，也就信之不疑。直到晚年杜月笙在香港，凡小病大恙，均要請旅港的名相士診詳，什麼「紫虛上人」、「趙神仙」、「一成仙」、袁樹珊、李栩庵等，全是他的座上客。又如一九三九年，吳四寶之妻女大亨佘愛珍驅車到公共租界，身邊的保鏢與巡捕發生槍戰，保鏢被傷，汽車上彈痕累累，而佘愛珍卻大難不死，這使殺人魔王吳四寶以為是他前世「積德」，神佛保佑，於是從此經常在家中燒香拜佛，還給普善山莊捐了七百口棺材和一大筆錢。再如拆白黨首領張繼貴得了胃癌後，去普陀山拜佛，捐二萬五千兩銀子，可是住持卻淡淡地對他說：這筆錢不清爽。言下之意，佛是不會保佑他的。張繼貴滿心恐懼，回到上海後失去了生的信念，整天面如死灰，不久即死去。

幫會與娛樂業

幫會是遊民結社，戲劇是藝術門類，兩者似乎是風馬牛不相及。然而在近代中國，幫會與戲劇界關係密切，這不僅僅是黑道首領們在酒足飯飽之餘，要「票票戲」。如杜月笙一生喜歡京劇和評彈，經常叫評彈雙檔到杜公館唱堂會。晚年到香港後，當時在港還無評彈演出，杜實在熬不過去，便於一九五〇年寫信給原來的管家黃國棟，要黃物色演員赴港。黃國棟找到評彈老前輩嚴漢祥，當時嚴年已古稀，不願去港，他介紹其子嚴小祥去。於是黃再找潘漢年副市長，幫助嚴小祥去港。過了半年，杜月笙對嚴小祥的單檔評彈聽厭了，又發信給黃國棟，邀請顧韻笙夫婦去港。

當然，戲劇界是黑道控制的一個重要行當，並為他們帶來巨大的社會價值和經濟收益。自黃金榮早年涉足共舞臺始，上海的黑道首領們學習黃老闆，紛紛進軍娛樂業，如杜月笙、張嘯林、顧竹軒、張善琨等，均是與戲劇界關係密切的大亨。

黑道控制戲劇界，第一種手段就是佔有戲院。

戲院是演出場所，是戲劇藝術的載體，也是一般市民日常娛樂的主要地點。上海的黑道首領幾乎人人對戲院情有獨鍾。以黃金榮為例，早年購入共舞臺，經辦大舞臺，後又擴建成黃金大戲院。一九三一年黃金榮聯合其他債主，逼死黃楚九，於是成了「榮記」大世界的主人，其嘍囉唐嘉鵬、范恆德、張善琨、金廷蓀等均是大世界的「中層幹部」。

共舞臺是黃金榮最早經營的戲館。老共舞臺原坐落在鄭家木橋南堍（畔也），最早稱共和哈京戲院。當時的劇場，舞臺是方形的。觀眾廳內，前部設有方桌，桌後及兩旁有座椅；後部則置條凳，讓觀眾立著看演出。黃金榮鼓勵京劇男女演員同臺演出，一時名角雲集。如荀慧生（藝名白牡丹）、尚小雲、楊小樓等都曾在共舞臺演出。一九一七年，黃楚九建大世界時，在南側建造乾坤大劇場，後被焚毀，重建後易名齊天舞臺，並從大世界中脫出獨立。但旋因經營不善而關閉。後黃金榮將其盤進，易名榮記共舞臺。一九一九年程硯秋來上海演戲，時名豔秋，僅僅打炮三天，便看得上海人心花怒放，街頭巷尾，無數的戲迷競相模仿，都似患了感冒，用鼻腔大唱程腔，從此，程派唱紅全國，程硯秋大紅大紫起來。黃金榮還延聘坤角名旦張文豔、羅小寶、林樹林等名角，上演《閻瑞生與王蓮英》，曾轟動一時。

一九二四年，黃金榮為擴充共舞臺的場地，使用流氓手段，以兩擔米的價格充作搬

黃楚九死後，大世界更名為榮記大世界

家費，限令共舞臺旁邊的居民、金陵中路五金雜貨店店主葉慶祥在十五天內遷走。葉反對野蠻動遷，據理力爭，黃金榮竟親自出面，破口大罵葉不識抬舉，敬酒不吃吃罰酒。在黃金榮的策畫下，葉被巡捕房抓走。葉妻雖到處奔走營救，但法租界方面懾於黃金榮的權勢和淫威，無人願意出頭襄助。最後，葉妻無路可走，只得備重禮到鈞培里黃公館，請求黃金榮開恩，並答應儘快搬出。這樣，葉慶祥才得以恢復自由，黃金榮如願以償。

一九二八年春，黃金榮將共舞臺租給京劇名角夏月潤，為期四個月。看來夏月潤的經營並不景氣，因此，到了秋天，夏又將共舞臺交還給了黃金榮。此後，黃將共舞臺交給了門徒芮慶榮掌管。一九二九年初，黃金榮延聘梅蘭芳、王鳳卿、李萬春、譚富英等演出。期間黃金榮出資，為上海平民醫院進行慈善募捐演出，每間包廂的售價儘管高達破天荒的一百大洋，但仍幾乎客滿。

在一九三二年一．二八事變後，黃金榮將共舞臺租給了門徒張善琨，但名稱仍為榮記共舞臺。直到黃金榮死後的一九五四年，榮記共舞臺才易名共舞臺（今址延安東路四三三號）。

安樂宮是黃金榮聯合杜月笙於一九二八年開設，最初名稱是法國招牌「柏拉斯」，地址在愛多亞路（今延安東路五十七號樓上）。這個遊樂場除設有舞池、酒吧外，還附設旅館。一九三〇年增設華都舞廳。抗戰勝利後，這裡成為美國水手酗酒作樂之地。一九四六年九月二十三日，美國水手饒德立克在安樂宮門口毆打人力車夫臧大咬子致死，釀成「臧大咬子事件」。解放後，由人民政府接管並廢除，舞廳改造成了書場，後又改為「精武體育館」。一九七六年歸上海魔術團使用，後因開鑿延安東路黃浦江隧道而拆除。

大舞臺初名文明大舞臺，一九〇九年十二月三十日開業，由童子卿創辦。位於三馬路（今漢口路），以演出京劇為主。一九一九年由黃金榮承辦，易名榮記大舞臺。為上海著名京劇演出場所之一。一九三四年江南武松蓋叫天在此演出《獅子樓》時，不慎折斷右腿，仍挺立舞臺，一時傳為美談。是年黃金榮出鉅資重建，大門由三馬路移至靠近南京路的二馬路（九江路六六三號），新造的大舞臺宏偉華麗，當時報刊稱其為中國戲院的模範。因此，在九月十日重新開張時，黃金榮特請梅蘭芳、馬連良率葉盛蘭、程繼先、金少山等上演揭幕戲。並在當日《申報》上大做廣告，「大舞臺」三個字做得比鴨蛋還大，標榜「敦請中國劇壇二巨頭為中國唯一偉大劇場揭幕」，戲目有《販馬記》、《借東風》、《一捧雪》等，票價從大洋三元到五角不等，還特設祥生公司租車處，以方便觀眾。一時，上海市民均呼「珠聯璧合的好戲，千載難逢的機會」，而湧入大舞臺捧場。

一九三五年，黃金榮將大舞臺租賃給沈長庚，於是，大舞臺的大門改開在了九江路，更名康記大舞臺。後來因經營不善，不到一年改由謝葆生、范恆德等長期租用經營，易名鑫記大舞臺。一九五一年後更名人民大舞臺。

黃金大戲院是一九二九年黃金榮創辦的，次年一月三十日開業。戲院佔地一畝九分，據說這塊地原是黃金榮的姘婦阿桂姐的。初設日新池浴室，後黃金榮將從三鑫公司獲得的暴利投資興建。黃金大戲院樓為三層，建築面積為三七四三平方米，設有一〇九五個座位，又地處公館馬路（今金陵中路）、西藏路交界處，半個世紀之中，成為上海著名的演劇場所。最初這裡既放電影，也演京劇，後來成了專門上演京劇的場所。著名演員高慶奎、章遏雲、馬連良和張君秋等均來此演出，馬連良與張君秋為頭牌，上演了《紅鬃烈馬》、《蘇武牧羊》、《三娘教子》等，轟動一時。中國私人開設歷史最長、規模最大的京劇藝術學校——富連成社曾專程到黃金大戲院演出，名角有閻世善、高盛虹、李盛佐、艾世菊、茹富蘭、葉盛長等，上演劇碼有《呂布與貂蟬》、《坐樓殺惜》、《群英會》、《借趙雲》、《黃鶴樓》等，他們還與在滬的趙桐珊（藝名芙蓉草）和劉斌昆等合演《金石盟》，與蓋叫天合演《武松》、《三叉口》等，受到上海戲迷的熱情歡迎。最初富連成社與戲院簽約演出僅僅兩個月，因廣受上海觀眾的歡迎，於是，又續演了一個月，仍上座不衰。尤其是南北兩派的空前大合作，不僅轟動江南，而且還促進了京劇的交流發展。富連成社餘音未消，梅蘭芳也率領他的承華社進入黃金大戲院。第一天的打炮戲是《奇雙會》，梅蘭芳飾演李桂枝，俞振飛演趙寵，姜妙香演李保童，蕭長華演胡老爺，再次讓上海戲迷過足了癮。

一．二八事變後，黃金榮將這個戲院交給了門徒金廷蓀經營，金廷蓀為了招徠觀眾，專門登報招聘美貌小姐做招待，穿著統一的服裝，並對戲院進行了全面裝修。重新開幕的那天，杜月笙親自發表賀詞，一批著名演員登臺獻藝，曾轟動了上海灘。一九三三年九月，上海人民為紀念「九一八事變」兩週年，上海戲劇協社聯合電影界人士在此演出抗日救亡話劇《怒吼吧！中國》，引起轟動，旋遭法租界當局禁演。

黃金大戲院是上海主要的京劇演出場所之一。一九三五年三月至次年年底，周信芳在此上演《明末遺恨》。次年六月，周信芳與裘盛戎、高盛麟、李玉茹等合演《徽欽二帝》，抨擊政府對日本蠶食中國的妥協投降思潮，鼓舞東北等淪陷區的民眾堅持愛國，也曾轟動一時。

一九三六年，張君秋首次來滬演出，也在此粉墨登場。是年，早年在上海共舞臺出名的孟小冬再返上海，在黃金榮的黃金大戲院演出，這次她振作精神，上演了《空城計》、《捉放曹》、《珠簾寨》、《盜宗卷》、《南陽關》和《烏盆計》等戲目，成為美談。

一九三八年，馬連良率團在黃金大戲院演出《春秋筆》。馬連良飾演張恩，轟動一時。一九三九年十一月，以培養京昆劇演員為主的上海戲劇學校在馬浪路（今馬當路）創立。學員由校方統一取藝名，此即「正」字輩演員的來歷。學習一年後，學員在教師的帶領下，假黃金大戲院實習演出，博得讚譽。到一九九〇年，「正」字輩故地重遊，在黃金大戲院的後身大眾劇場舉行五十週年紀念慶典演出，在中國京劇史上留下了一段佳話。

抗日戰爭期間，黃金榮的黃金大戲院也為抗日活動和義演等提供了場地。七七事變後，周恩來曾到黃金大戲院後臺與救國會、文化界人士會晤，商議抗戰救國大事。一九三九年二月十三日，為救濟難民，上海各界在黃金大戲院舉行越劇大會串義演，參加演出的有袁雪芬、尹桂芳等。七月二十日開始，八路軍駐滬辦事處組織業餘話劇團在這裡舉行慈善義演，為新四軍募捐。上海劇藝社先後演出《上海屋簷下》、《大明英烈傳》、《葛嫩娘》和《家》等，被譽為孤島上的戲劇尖兵。一九四〇年一月二十二日，黃金大戲院再次舉辦救濟難民的慈善義演，周信芳等演出了傳統京劇。

一九四七年為紀念五四運動，郭沫若等文藝界人士近千人舉行集會，會後由新中國劇社演出了活報劇《萬元大鈔》，諷刺國民黨統治的腐敗。同年八月，在上海婦女聯合會許廣平及文化界名人於于伶、田漢等支持下，袁雪芬、尹桂芳等「越劇十姊妹」上演《山河戀》，在越劇發展史上寫下了重要的一頁。此後，黃金大戲院由黃金榮之子黃源燾經營，世事動盪，勉強維持，後改放映電影。一九五一年三月政府以租借方式接管，易名華東大眾劇場，一九五四年再改稱大眾劇場，一九九四年七月被拆除（其地今為蘭生大廈）。

一九三〇年，黃金榮又在康梯路（今建國東路十一號）開設榮金大戲院，上演電影和演出戲劇。後來也租賃給門生經營，因地段關係，不如黃金大戲院、大舞臺等紅火，但也是上海重要的演出場所。一九五七年改名建國電影院。

當時上海的影戲院多集中於西北一帶，而東南方面，商業雖繁榮，但影戲院卻十分匱乏。一九二九年黃金榮與杜月笙、季雲卿等出面組織鴻祥股份有限公司，集資十萬元，在小東門北舟山路口民國路（今人民路）上創建東南大戲院，並專門放映歐美影片。這個影戲院由工程師潘情義模仿歐美最新戲院的樣式設計。是年底，東南大戲院宣告建成，從此，南市和法租界東部的市民有了一個較好的娛樂場所。該影院在近年上海的城市改造中被拆除。

一九四〇年，日本興亞院華中聯絡部曾有一個調查報告，題為《上海劇壇與幫會之關係》，內列上海六大劇場的經營關係：

劇　場	經營者	與幫會的關係
黃金大戲院	金廷蓀	通字輩，王德霖的徒弟，黃金榮的密友
更新舞臺	董兆斌	悟字輩，陸連奎的徒弟
榮記共舞臺	張善琨	通字輩，王文奎的門徒
鑫記大舞臺	范恆德	悟字輩，師名不詳，又為紅幫楊慶山的徒弟
天蟾舞臺	顧竹軒	通字輩，劉登階的門徒
卡而登大戲院	周翼華	無幫籍

這六大劇場中，黃金大戲院、榮記共舞臺是黃金榮的產業，經營者中金廷蓀是黃金榮的密友，張善琨、范恆德本身便是黃金榮的徒弟，董兆斌也是黃公館的常客，對黃金榮以師禮相待。而周翼華雖非幫會中人，但卻與幫會有非常密切的關係，他也是黃公館

的座上賓。此外，流氓幫會頭目染指娛樂業的還有金門大戲院的老闆馬祥生、仙樂斯舞廳老闆謝葆生、麗都花園和麗都戲院老闆高鑫寶、東南大戲院的老闆袁珊寶、皇后大戲院的老闆黃國棟、恩派亞大戲院老闆顏伯穎、新光大戲院經理夏連良、恆雅書場老闆昔日杜公館的保鏢臺州白相人陳秦鶴、維揚大舞臺老闆陳桂才等。

總之，黑道霸佔了舞臺，劇場就從此不太平了。

第二種手段是對藝人的控制。黑幫大亨即是老闆，又擁有強力打手隊伍，殺人不眨眼，戲劇藝人在黑道大亨看來全是砧板上的魚肉，完全可任意擺弄，甚至置於死地。

在《上海幫會與劇壇之關係》報告中，就羅列了二十世紀三〇年代加入上海青幫的伶人名單：

大字輩：李春利（為興武六幫派）趙如泉

通字輩：李桂春（江淮泗幫派，師傅曹幼珊）金碧豔（興武六幫派，師傅袁克文）

劉斌昆（師傅瀋陽的馮禹臣）李洪春（興武六幫派，師傅李春利）

劉振廷（師傅楊馨一）劉文奎（嘉白幫派）路凌雲（師傅李春利）

鄭玉華（師傅王德志）

悟字輩：侯少波（江淮泗幫派，師傅季雲卿）

孫慶芬（江淮泗幫派，師傅季雲卿）

高百歲（師傅常玉清）張國斌（師傅常玉清）張質彬（師傅常玉清）

王富英（師傅常玉清）

黃振世和顧竹軒的門徒曾回憶，一九二五年，京劇名伶常春恆因包銀太少與顧竹軒不和，顧竹軒這個天蟬舞臺老闆大發雷霆，指使門徒將常春恆擊斃在丹桂第一臺門前。慶升戲院把頭銅匠阿小因反對揚劇藝人成立「聯合會」未果，就派人在聯合會成立演出六班大會串的最後一天，將正在演出《陳琳爬屍》的演員王月華開槍打死。王雅琴是文濱劇團的臺柱子，一九四一年，芮慶榮之徒夏連良成立上海滬劇社，向筱文濱硬借王雅琴，筱稍有微詞，夏的門徒立即拔出手槍，將子彈上膛，嚇得筱文濱面如土色，趕忙答應。滬劇名伶王筱新曾拜芮慶榮為老頭子，一次因沒有及時趕到鈞培里黃公館唱堂會，黃的管家一怒之下發下了「做脫伊（打死他）」的命令，嚇得芮親自帶著王筱新長跪在黃金榮的菸榻前請罪，黃抽足鴉片菸後，心情舒暢了，說了聲「起來」，才倖免一死。此類事例，在民國時期的戲曲界俯拾皆是，不足為奇。

大亨娶走紅女演員為妻妾之事，在民國時代非常普遍，霸佔女演員為情婦、為玩物，也並不少見。從黃金榮、杜月笙等黑道大亨，到黑道各個層次的惡霸，均喜好染指女藝人。黃金榮與露蘭春、呂美玉的故事本書有專篇敘述。「強盜扮書生」的杜月笙也不甘示弱，在他的五次婚姻中，後三次全是戲劇界的明星：三妻孫佩豪原是蘇灘演員筱桂蓀的外甥女，四妻姚玉蘭曾是京劇界的一代紅伶，最後的妻子孟小冬更是名震南北的余派老生。至於像張春帆逼死越劇演員筱丹桂、吳淞小昆強佔滬劇旦角楊月霞之類的罪惡行徑，幾乎在上海每個劇種中均可開列一大批名單。

黑道首領又善於收買藝人中的敗類，充當蝦腳走狗。吳金奎是大世界京劇班主，剛入大世界時，也遭老闆黃金榮的欺壓，他後來拜丁永昌為師，成為京劇界的黑道「五虎將」之一，日偽統治時期夥同七十六號特務，槍逼周信芳為邵式軍（時任汪偽蘇浙皖稅務總局局長）祝壽；蹂躪女演員，欺壓同行；解放後還為非作歹，一九五一年九月被公安局逮捕法辦。再說評彈領班錢錦章，手下有徐麗仙、蔣雲仙等五位「仙」字輩女演員，民國時期均冠稱「錢」姓。這個錢錦章也是幫會中人，長期控制「五仙女」，在行內行外，均罪惡滔天，解放後被人民政府鎮壓。

邵文濱是滬劇文派創始人筱文濱的業師，也是滬劇名角邵濱孫的師祖，從後兩位的藝名，就可知曉是從邵文濱這個祖師爺的姓名中派生出來的。邵文濱原來是個馬夫，人稱「馬夫阿六」，清末拜曹俊山為師，改行唱戲，組成邵家班，蜚聲劇壇，為滬劇的發展做出過貢獻。但後來拜青幫通字輩陳世昌為老頭子，成了杜月笙的同門兄弟。一九二六年後他脫離舞臺，專事控制「打花會」、運菸土等罪惡勾當，聚斂大量財富。後因黑幫內訌，一九三三年七月二十八日被同夥擊斃。

黃金榮雖家財百萬，但對大舞臺的演員經常做手腳。如藉故克扣演員的「戲份」（工資）；有時賣了「滿堂」，對演員卻說只賣了八成座。有一段時間，金少山在榮記大舞臺演出，底包為每月六百元；可是黃金榮總是要千方百計榨取更多的利潤，如星期天，不僅要求金少山演日場，還要安排獨挑二本《連環套》。見黃金榮如此不爽快，金少山便心中不悅，他本來就是狂放不羈之人，豈肯平白遭受欺辱，便時常用「誤場」、「裝病」等方法來耍弄黃金榮。一次，金少山照例又是演星期日日場的《連環套》。金少山藝術精湛，正走紅上海，上海觀眾十分喜歡看他的戲，戲票被一搶而空，當時俗稱「關鐵門」。可是，就在那個星期天的午飯後，開場鑼鼓已經響起，但管事的卻到處找不到金少山的人影，黃金榮也急得團團轉，連忙派人四出尋找。找了好一陣，才知道金少山到跑馬廳去看跑馬了。眼看金出場的時間已到，管事的只好改上其他演員。觀眾都是衝著金少山來的，他們叫嚷著金少山不登臺，我們退票。這時，管事趕到跑馬廳的看臺上去催，但金少山仍穩坐在看臺上。管事左一個「金老闆」，右一個「金老闆」，金少山就是不理，最後，催急了他叫開了銅錘花臉的大嗓門：「今個兒我不演了！退票！」他說到做到，就是不回大舞臺，管事回來報告，逼得黃金榮只好忍痛退票。眼看到手的金錢飛了，據說愛錢如命的黃金榮氣得掏出手槍往桌上一拍，破口大罵道：「娘的，不要他了，不要他了。」後來，有人出來打圓場。黃金榮當然知道金少山是棵搖錢樹，要是辭退了他，也真有點捨不得。於是放下身段進行溝通，決定下個星期日仍派金少山的《連環套》。想不到這次，金少山早早來到後臺，仔細認真地勾臉扮戲。竇爾墩出場後，第一句點絳唇「膂力魁元」，他有意蓋著嗩吶唱，那嘹亮的嗓音真是聲震屋瓦，觀眾瘋狂地喝彩叫好。在花樓上監場的黃金榮也不禁叫絕，回頭對著管事說：「娘的，還得要他！」於是，黃金榮不但沒有辭退金少山，反而還加了他二百元包銀。

第三種手段是對演出的控制。

黑道首領控制了戲院和藝人，就能輕而易舉地控制演出。為吸引觀眾，贏得票房，黑道人物常常要求上演新奇怪異的劇碼。只要稍稍流覽民國時期的戲劇廣告，就會怵目驚心地看到各色廣告：《赤禍蔓延》、《海底肉彈》、《紅毛僵屍》、《風流寡婦》、《十八摸》等，其內容均反動荒誕、姦毒淫殺、恐怖兇殘。在演出形式方面，更大肆渲染「草裙舞」、「四脫舞」、「僵屍拜月」、「十殿閻王」等，以刺激觀眾，增加票房收入。有種說法叫專門演「三頭」（枕頭、拳頭、噱頭）劇碼。為了達到「逼真」目的，還弄出真牛、真蛇、真和尚，甚至真妓女登臺亮相。

當然，由於黃金榮等喜愛京劇，參與娛樂界後，招攬名角，廣告捧場，推銷不遺餘力，因此，客觀上也曾推動戲劇藝術的發展。灘簧花鼓類小戲歷來被官府視為淫戲，下令禁止，一旦被抓，懲罰極重。由於黑幫首領范高頭等酷愛本地灘簧，將戲班引進租界，從而促進了滬劇的誕生和發展。一九三一年，杜月笙在浦東舉行盛大杜祠落成典禮，遍邀京劇名角聚會上海，為中國京劇史上空前絕後的大聚演。九一八事變後，杜月笙、張嘯林等與梅蘭芳劇團一起到杭州義演，以救濟東北災民。杜、張與梅蘭芳、金少山合作演出，傳為美談。一九四六年杜月笙六十壽慶，又請李少春、周信芳、譚富英和馬連良等四個「四郎」與梅蘭芳同臺演出《四郎探母》，為空前盛舉。三大亨等經常充當「大善士」，舉行義演，進行賑災、賑荒，既豐富了民眾的文娛生活，又使得廣大災民得到實惠。大亨密友回憶他們的荒腔走板，十分精彩：

抗戰前某年天災，杜月笙和張嘯林、王曉籟等人登臺客串，杜扮黃天霸，張扮竇爾墩。杜一出場，就引起一陣哄堂大笑。他自己唱得非常蹩腳。張嘯林剛一開口，假牙一下滑出來，他慌忙拾起，臺下一陣狂笑，張連唱詞都忘記了。金少山在馬門邊一看不妙，便急中生智，忙捧一把茶壺給張送水，把唱詞唸給張聽，這時臺下有人發牢騷說，梅蘭芳的票才賣五元，「萊陽梨」賣十元還這麼開玩笑。張的爪牙們一聽，抓起說這話的人就痛毆，臺上倒沒有打開，臺下卻真的動起武來，打成一片。

也有老戲迷覺得值得：

花五十元錢看杜月笙唱戲，其實不貴。他唱的戲在內行看來，固然不大像樣，但他行頭漂亮，在臺上那一副做工與唱腔，看了管叫你笑痛肚皮，真不止值五十元錢哩。

要實事求是評價杜月笙與京劇，儘管他國語不會講，但他著迷京劇，推動京劇事業的發展，也是事實。

杜月笙的「三碗『面』」

杜月笙有句人生名言：人生要吃好三碗「面」——體面、場面、情面。如要仔細考證，這「三碗『面』」有多個版本。一種是前後秩序不同，有稱情面、場面、體面，也有稱場面、體面、情面。另一種版本是內容不同，有說是人面、場面、情面，也有說是臺面、場面、情面。細究起來，無論是臺面還是人面，涵義基本相仿。杜月笙的人生三碗「面」，在民國時期非常出名，這也說明他在意體面，重視場面，講究情面；最高興別人稱他「小孟嘗」、宋公明。

體面，就是做事恰如其分，不可失了身分。據說杜月笙講過：

頭等人，有本事，沒脾氣；二等人，有本事，有脾氣；末等人，沒本事，大脾氣。

杜月笙自幼失學，胸無點墨，前半生長期的黑道生活，又使他染上了一身流氓習氣，也就是站無站相，坐無坐相。但一九二七年四一二成名以後，他逐漸懂得，在這花花世界的上海灘，光靠拳頭是不行的。因此，他每日請先生讀報，度還時常練字，雖然終未練出像樣的書法，但自己的名字「杜鏞」兩字，終於可以到處漫簽了。他還用重金聘請說書先生，長期聆聽《三國》、《水滸》、《岳傳》、《七俠五義》等大書，從中得到歷史知識和社會經驗，學習古人的氣度與權術。他先後請邱方伯、王幼掌等五人為祕書，代寫書信，並為他在各種場合的發言擬稿。為方便與法租界打交道，又專門聘請熟悉法國風俗人情的李應生為法文祕書。他喜歡別人叫他「杜先生」而不是「杜老闆」，因為「先生」聽起來儒雅。

在流氓世界裡，杜月笙又最早從衣著上進行洗心革面式的更新。為了要與上流人物打交道，杜必須改變往日歪戴帽子、高捲袖口的習慣，以及拖著鞋子走路的姿態，而改成文質彬彬的模樣。他把五克拉的鑽戒鎖進保險箱，終年穿長衫，上海溽熱的夏季，第一個釦子也是扣著的，也確實平添了幾分儒風。在這方面他是下了一番苦功夫去模仿的，以後他在任何公共場所露面，甚至酷暑時在家見客，都是穿起長衫；去見有地位的人，還得罩上馬褂。不僅他自己這樣做，還要求他的徒子徒孫們也如此打扮。杜常說：「衣食足，應當禮義興了，不能再讓人家一看到就討厭害怕。」從著名記者徐鑄成到法界巡捕房督察長薛畊莘，從與杜氏兒子同班的著名電影人沈寂到杜的好友楊管北的公子楊霖，他們眼中的杜月笙，從來沒有飛揚跋扈的樣子。

在華格臬路（今寧海西路）杜公館的大門上有副對聯：友天下士，讀古人書。杜祠大廳所懸之匾是「三緘堂」，緘即閉，堂名取意於謝觀《王言如絲賦》名句：「知駟足之難及，保三緘之可守」，以自戒說話慎重，謹防「禍從口出」。劉向《說苑．敬慎》：「孔子之周，觀於太廟，右階之前，有金人焉。三緘其口，而銘其背曰：『古之慎言人也，戒之哉，戒之哉！無多言，多言多敗。』」經過長期的培養，杜月笙的確變得氣度不凡。杜月笙有一位好朋友，時任國民黨江蘇省黨部主任委員江寶瑄，曾經說過這樣一段話：

> 像杜月笙這樣一個人，其一生的前半段固然不可為法，也不能為法；但以他的出身，竟能有這麼大的變化，實足令人驚訝。後期的杜月笙不但文質彬彬，氣質高貴，而且可以說他具有政治家風度，有手腕，能權術，尤其熱心公益，任勞任怨的精神，更非常人所能及。

當然，這段話有溢美之嫌，但是，杜月笙的經歷的確值得人們深思和研究，他的各方面修養的成熟，可以昭示民國時期上海黑社會昌盛的部分原因。

在日本企圖滅亡中國的時刻，杜月笙經過多年的歷練，已胸懷家國意識，為民族抗戰盡了不少力。在抗日救亡高潮中，杜氏回應蔣介石「航空救國」的號召，以一己之力奉獻兩架飛機，「月華號」給了上海飛行社，「月輝號」給了從法國學航空歸來的孫桐崗，開國民獻機的先河。一九三七年八月十二日，八一三事變將要爆發，國民政府決定在黃浦江董家渡附近江面沉船設立阻塞線，以阻止日軍兵艦偷襲我軍後方，但政府手中沒有船隻，杜月笙知曉後，不問價佃，立即與虞洽卿等，連夜調集輪船自沉，終於在開戰時形成阻塞線。實際在此之前，他已根據政府的布置，悄悄將大達輪船公司的數艘輪船開到長江江陰段自沉，阻塞航道，遲滯日軍的進攻。

上海人民投入英勇悲壯的八一三淞滬抗戰，杜月笙參與發起上海各界抗敵後援會，任主席團成員，並兼任籌募委員會主任。他參與勞軍活動，籌集大量毛巾、香菸、罐頭食品，送到抗敵後援會。他出資一萬大洋購買了進口的裝甲保險車送給國軍將領、鎮守浦東的張發奎將軍。杜月笙與戴笠合作，建立蘇浙別動隊，擔任國民黨軍事委員會蘇浙行動委員會常務委員，出錢、出人、出力。應八路軍駐滬代表潘漢年的要求，杜月笙將從荷蘭進口的一千副防毒面具，贈送給八路軍使用。當年十月底，謝晉元率孤軍在四行倉庫血戰缺少食物時，他要手下人將上海各角落蒐集的二萬只大餅，連夜送入倉庫。

出身社會下層的杜月笙，對工人抱有同情心，調停工潮是杜月笙的拿手好戲，他在工界的兩個徒弟朱學範、陸京士也是杜的左膀右臂。三〇年代初，法租界水電廠的職工突然罷工，一時整個法租界無水無電，僵持十多天，此後垃圾工人也回應罷工，法租界當局毫無應付辦法。在束手無策之時，法公董局派人請杜月笙出來調解，杜卻婉拒：「我資格不夠，你們還是去請比我聲望高的人來辦吧！」其實他早已料到，越早插手，事情越難辦，要拖到法國人支持不住的時候，他才能輕易地解決這件糾紛。

恰巧這時，有艘法國大郵船抵達法租界外灘，全體搬運工人也袖手旁觀地罷工。這艘大郵船上載來一位外交大員，在不得已的情形下，只能利用救生艇上岸。這位外交大員上岸之後，見到街燈全無，汽車過處，一陣陣垃圾臭味迎風吹來，在車中法公董局總董黯然無語，這位外交大員大發雷霆，次晨拜會吳鐵城市長，挽請出面調解。吳市長按慣例請杜月笙調停，於是就派了陳景儀拿市長的名片去見杜，說明這件事由中國人來料理，可以給法租界當局一個教訓。

陳景儀與杜有交情，杜也認為調停時機已成熟，於是打電話給法租界當局，約集法商水電公司經理先行商討。杜月笙提出：「所有工人薪金一律要加一倍。」水電廠經理只肯出百分之七十五，並堅持罷工期間薪金不發，否則，日後他們隨時罷工，會無法遏止的。杜氏說：「好，就這樣辦吧。」

接著杜氏召集罷工領袖，有水電、垃圾、碼頭等業工人領袖，由他具柬在「三和樓」大擺筵席。他先叫陳景儀和工人開會，任由工人提出條件，有些只要求加薪百分之三十，有些要加百分之四十，有些要加百分之五十，罷工期間工資照給。陳景儀就用電話通知杜氏，事情已可迎刃而解，請他親自出馬。杜氏收到電話後，立刻趕到，含笑到場向代表們打了一個招呼，全場掌聲雷動。杜氏一開口，全場又寂靜無聲。第一句話：「你們要求的工錮太少，我已替你們講好加百分之七十五，你們滿意嗎？」全場高呼「滿意」。第二句話：「但是，罷工期間的工錮不給，你們服從嗎？」大家高聲說：「算了，算了。」只有一個人站起來，振振有詞地說：「這一點不能同意。」杜月笙說：「我已經答應資方了，不能變更，那麼罷工期間工資，由我來貼。」

工人們聽了，又是一陣掌聲。豈知那位工人立刻回道：「我要公司拿出來才接受，杜先生個人拿出來，我還是不能接受。」杜氏極迅速接著就說：「大家的損失由我貼，你的一份我負責叫公司會計處照付給你。」說罷之後，就倒了一杯酒，舉起杯子向大家說：「我祝賀你們勝利，也是中國人勝利，希望大家明日一清早就上工。」大家鼓掌如雷，高呼「照辦」。杜月笙乾了一杯酒就走，一場連續幾個月的大工潮就此結束。當然，結局是杜月笙分文不貼，公司必須補足所有的支出。其門徒朱學範主辦的大公通訊社照例要大張旗鼓鳴謝杜大善人，《申報》等報紙也時常刊登出啟事，稱讚：「杜鏞先生是中國工人運動的保姆。」場面，就是排場，成名後的杜月笙，非常講究人生的場面。

平日裡，華格臬路杜公館裡，總是高朋滿座，大家像眾星捧月般圍繞著杜月笙。連他建立的隊伍——恆社的社徽也是十九顆星圍繞著一彎斜月，這十九顆星代表著朱學範、陸京士等十九名理事，而斜月就是杜月笙。

中國有俗語，富貴不還鄉，如衣錦夜行。一九三一年舉行的杜家祠堂落成典禮，是杜月笙一生擺的最大的場面。那年的六月九日，杜祠在浦東高橋落成，六個大隊的儀仗隊從華格臬路出發，第一大隊由幾十面兩丈見方的特大國民黨黨旗和杜字旗做前導，每面旗由四人抬舉，前後左右用一百多輛自行車護衛。接著是由法租界和公共租界巡捕房派來的英、法、印、越巡捕組成的騎隊。後面跟著一大群「金榮小學」的學生和幾年來各處送給他的十幾把「萬民傘」，以及掛著蔣介石送的「孝思不匱」金匾的匾亭等，還有一支百人樂隊。其餘五個大隊是由警察局的保安員警大隊，陸、海軍的軍樂隊，陸軍第五師和吳淞要塞司令部步兵各一營。還有救火會、保衛團、童子軍、緝私營、偵緝隊、工會等組成的隊伍，以及各團體的旗傘。每隊都分別配有政客嘉賓送的大匾。有前大總統徐世昌的「敦仁尚德」，臨時執政段祺瑞的「望出晉昌」，前十三省聯軍總司令吳佩孚的「武庫世家」，海、陸、空軍副司令張學良的「好義家風」，四川省主席劉文輝的「百世馨香」，監察院院長于右任的「源遠流長」，司法院院長王寵惠的「千國棟家」，實業部部長孔祥熙的「春門從德」，上海市市長張群的「萊國家風」，班禪額爾德尼的「慎終追遠」，軍政部部長何應欽的「世德揚芬」，員警總監吳鐵城的「光前裕後」，等等。還有外國人送的祝詞和禮品，蔣介石送的一篇祝詞彩亭殿後。

杜氏的祖宗牌位是用特別紮成的「神轎」抬著，前面用八面特大銅鑼開道，幾十個盛滿鮮花的花籃和幾十個燒著檀香的大香爐，由穿著彩衣的少女捧著隨轎前行。他帶著兒子跟在轎子後面。當時最不易選到的是一個扶轎槓的人。不知他根據什麼人的建議，扶轎槓的要用清朝有過功名的地方官才行。杜要找一個當時什麼總長、將軍的人倒容易，找一個這樣的人反而費事。後來總算找到了當過上海縣知事的李祖夔來充當。轎後是上海京戲班子裡用的宮鑾和戈矛劍戟等數百件古代武器。這一不倫不類的隊伍和六個儀仗大隊，從他家到法租界金利源碼頭走了三個多小時。黃浦江畔特備一百四十艘汽輪擺渡船，女賓另備專輪。渡船後面再拖著拖駁和舢舨，每船桅頂高高飄揚著紅底白字的杜字旗，在滔滔江面上猶如一條長龍，直駛高橋。

後來擔任法租界巡捕房督察長的薛畊莘曾回憶：

當天，我派一百多個包打聽，我手下有三百多個包打聽，是政治部、刑事部直屬給我的，比如你今天唱戲、捧場，我叫我十幾個包打聽，一百個捧場。不影響社會治安，外面一個也不曉得的。我派了一百多個人，叫沿路的巡警不要阻攔。杜月笙滿開心的。

杜月笙特別在乎租界出面，租界當局特地為了這個盛典停駛電車兩個小時。法租界和公共租界巡捕房派來英、法、印、越巡捕組成的騎警隊。參加道賀的來賓有法國總領事甘格霖、公共租界警務部長毛鼎，還有日本總領事和日本駐軍司令坂西將軍及許多外國客人。杜因杜祠落成向多家公益慈善機構的捐款，據《申報》的不完全統計，有二十次共二萬八千八百元。

盛大的祠堂落成典禮，在杜月笙的潛意識中，一是要光宗耀祖，為自己、為杜家爭一口氣，另外，也多少帶有中國人民族主義的色彩。直到多少年後，浦東的老人們還在津津有味地談論著典禮的場面、氣派與細節。

除了杜祠落成典禮外，最能體現杜氏之場面的，是他的兼職。鼎盛時期的杜月笙身兼七十多個銀行、企業、公司的董事長、理事長，可謂風光。

情面，就是私人之間的情分和面子。中國是禮儀之邦，中國人好面子，不給面子，這句話，有時要壓死人。所以杜月笙講：「錢財用得完，交情吃不光，所以別人存錢，我存交情。」

杜月笙會做人，與他從小成為孤兒的身世有關，底層出身使他在競爭激烈的社會中使盡渾身解數，看盡世態炎涼，因此懂得處理好人際關係的重要性。他常說：「前半夜想想自己，後半夜想想別人。」曾經擔任國民黨上海市黨部大員的姜豪，九十五歲那年接受《海上沉浮》攝製組採訪時，比較三大亨的為人處世後講：

做人最漂亮的還是杜月笙，你去找他，先叫一聲，月笙哥，你說上句，不要說了，他知道下半句了。他杜月笙像孟嘗君一樣，孟嘗君食客三千，大大小小的來投靠他，他馬上就收留。杜月笙就是這樣夠朋友。拉住你，是拚命的。

據見過並與杜氏有過交往的名醫陳存仁回憶：

杜氏出身寒微，對窮苦人的生活很了解，所以他後來處理一切大小事宜，都是偏袒窮人方面，勞苦階級的人對他的印象特別好。他常說：「不識字可以做人，不懂事理不能做人。」他對任何事情的處置，另有一套。凡是辦一件事，先決定上策如何，中策如何，下策如何，三點決定後，還要考慮這件事的後果如何。所謂後果，即有無反應或副作用，好會好到如何地步，壞會壞到如何程度。所以他發一言而能了事。但是不輕易發言，言必有中。他往往先聽別人講話，自己默不出聲，等到別人講完，他已定下了決策，無非是說「好格，閒話一句」，或者是說「格件事，不能這樣做」。他的判斷力極強，說過之後，從來不會變更的。

杜月笙一生頗仗義疏財，他的錢財觀，就是散財建立自己的聲譽和網絡，而不是做個守財奴。全盛時代的杜月笙，至少有七十多個董事長和理事長的職務，也就是七十多個企業，有他的乾股，要給他開工資的。一年下來，他至少可以賺到幾百萬銀元。但一年過後，幾百萬銀元用得精打光。其結拜兄弟范紹增概括其為人處世：

杜月笙能混出名來，還有他一套拉攏人的手法。他想要結交的人，總是先找與這人有關係的親友表示對這人的仰慕和恭維，使人樂於和他見面。他結交人的手法也跟一般人不同，見面時表現很親熱謙虛，一經見面之後，他認為這個人對他有利，必然千方百計在其他場合，或在與這人有關的人面前，故意吹捧這人一番，使這些話傳到對方耳中，叫對方從心眼裡感到高興，對他發生好感。別人有事要找他幫忙，只要以後能從這人身上找回本錢，他總是很痛快地答應下來，暫時賠點錢，他也肯幹。他常常向我談什麼要從遠處著眼，不要只看眼前等，所以等到他要去利用別人時，也往往能夠順手。杜搞來的錢很多，花得也痛快，總是左手進，右手出，不像黃金榮只進不出，這樣替他捧場的人也就越來越多了。

杜月笙在爭奪利益時，可以不把青幫祖師爺張錦湖放在眼裡，但同時又在過年時孝敬每一位青幫老大，三鑫公司每月都給張樹聲、高士奎、曹幼珊、劉登階、梁紹堂、步章五、程孝周、樊瑾丞、阮慕白、李琴堂等青幫大字輩頭領各三百大洋，達十年之久。對於自己的青幫師父陳世昌，杜月笙頗為關心，不僅常問寒問暖，還定期給錢。春節拜年，杜月笙再忙，陳世昌和黃金榮家，他是一定要去的。直到陳世昌去世，杜一直執弟子之禮。幫會中人回憶兩人關係：

抗戰勝利後，陳世昌到過十八層（即峻嶺公寓，今為錦江飯店中樓）幾次。他的一個兒子曾在中匯銀行當過襄理，後盤下一爿小錢莊，全部蝕光。陳世昌只得帶了兒子，夜裡趕到杜處，訴說經過情況，指著兒子道：這個小鬼，在中匯做做本來滿好，忽然心血來潮，做起斷命錢莊來，蝕得一搭精光。接著向杜告貸二萬五千元。杜毫不介意地說：明天一定如數送上。哪裡知道，陳的兒子荒唐不堪，五天後又把這筆錢如數搞光。於是再到杜處借二萬元。從此斷了這條路，陳不再上門，活活地被他兒子氣死。

手下人闖了禍，杜月笙往往能認錯慰問，賠償消災。抗戰勝利後，物價飛漲，糧食緊張。而上海糧業公會董事長、原杜月笙的管家萬墨林等乘機囤積牟利，市民們極為憤恨。藝人筱快樂編唱快板諷刺不法奸商為「米蛀蟲」。不料萬墨林手下的流氓忍耐不住，闖入筱快樂家中，砸爛家具，打傷其妻。市民們反應強烈，譴責流氓。萬墨林公開否認打砸事件與己有關。這時，杜月笙派人到筱快樂家慰問，自己出錢賠償其損失。一時輿論反轉，市民們也紛紛讚揚杜「樂善好施」。

同是浦東出生的近代名人黃炎培與杜月笙關係頗佳。但黃炎培經濟並不寬裕，杜月笙每月給黃五百大洋；杜月笙曾追隨黃炎培參與憲政運動，直到一九四九年兩人仍來往頻繁。民國上海灘有位名律師秦聯奎，一次他到杜月笙開設的一家賭場參賭，沒想到一會兒就輸了四千大洋，十分懊喪。杜月笙得知此事後，立即拿出四千大洋託人送給秦，這使秦十分感激，從此為杜效力，成為杜的「義務法律顧問」。杜月笙用類似方法，籠絡了各行各業一大批知識分子，其中有許多名人，如楊度、章士釗、章太炎、上海灘的「才子律師」江一平、國民黨上海地方法院院長鄭毓秀、「江東才子」楊雲史等。章太炎有難求於杜月笙，杜不僅謙和拜訪，臨走還在茶几上留下一張二千元的錢莊票。章太炎對杜月笙既感激又敬佩，認為杜氏講義氣，重禮節，有古豪俠之風，所以國學大師與杜月笙建起了「平生風義兼師友」的交情。

本來，上海商業儲蓄銀行董事長陳光甫是看不起杜月笙這樣的黑道人物，但當他有難時，杜月笙照樣出手相救。一九三一年七月，長江中下游發生特大水災，上海銀行的對手放出風來，說上海銀行因為這次水災，虧了幾千萬，驚慌失措的市民，連續三天排長隊擠兌，上海銀行眼看支撐不下去了。董事長陳光甫只得請杜月笙出來幫忙。杜月笙「閒話一句」，親自出馬，讓助手提著兩箱子銀元到上海銀行門口去存錢，助手高叫「杜先生存一百萬銀元」。杜又命令菸土商也存入一百萬銀元。擠兌的人群見杜月笙存錢，長龍立刻煙消雲散。杜月笙登高一呼，使上海銀行渡過了難關。原來看不起幫會頭目的銀行家陳光甫，也不得不對杜月笙刮目相看。杜月笙後來在工商金融業的業務，陳光甫投桃報李幫了不少忙。中匯銀行大樓落成後，陳光甫給中匯送來「堆花」五十萬元，不要分文利息地供杜月笙白用一年。

所謂日久見人心，有些銀行家像陳光甫那樣，與杜月笙做了朋友，甚至託付人生的隱祕。三〇年代浙江興業銀行總經理徐新六出身世家，留學歐美又風度翩翩，且生活嚴肅，時人稱其「聖人」。後對杜為人十分欣賞，將杜視為唯一知己。不料有一次，徐新六對杜說出天大祕密，稱在外有「二奶」，並育有兩兒一女，並寫好遺囑交杜保管。一九三八年秋，徐新六等由香港飛赴武漢，遭到日軍戰鬥機攻擊，機毀人亡。等到徐家分配遺產時，杜月笙親自到場，展示遺囑說出祕密，一時震驚社會。所以當時有不少名人請杜月笙斷家務事。

杜月笙的朋友龐京周回憶：

杜月笙自命善於廣交朋友，不管掌權紅人、失意政客、知名文人、落魄軍官，他一律招待，有的還特意資助而不提什麼要求。例如一九三一年李濟深、陳銘樞路過上海，杜曾在今延安路盧灣區產科醫院院址搭臺唱戲，盛會歡迎。

抗戰勝利後，四川發大水，四川參議會議長來見上海市長吳國楨，吳推得乾乾淨淨。議長等轉求杜月笙，杜馬上答應，並稱：「我們在四川吃了幾年，四川有災，不幫忙還算什麼人！」幾天之內便募得鉅資，但他卻藉此機會去捧孔祥熙。他先向孔說明四川募捐吳國楨不幫忙的經過，表示他願意代辦，只要請孔出面請客即可。孔祥熙自然聽他安排，請吳國楨、四川議長等來家中吃飯。席間，孔照著杜月笙的話說一遍，加上幾句四川是第二故鄉，有難一定盡力，並拜託杜來辦理。杜站起來表示：「既然院長這麼關心這件事，月笙一定遵命盡力，也希望各位協助。」吳國楨表示一定一定。知道內幕的人看到杜的這套手法，使得孔眉開眼笑，莫不在背後舉起大拇指說：「月笙不愧大好佬。」

某年長江大水災，災區遼闊，無家可歸者百十萬人，當年上海灘的最大慈善機構是仁濟善堂，主席是朱慶瀾（子橋）將軍，發出救濟呼籲，初時捐款的人不過一千二千。杜月笙認為這是杯水車薪，無濟於事，於是就自己開出名單，設宴六席，出席的都是上海灘的富商，在席間杜月笙提出要大家踴躍大量捐款，以示宣導，各人紛紛捐款，當堂募集到七萬五千元，杜氏立即宣布自己再捐出二萬五千元，湊足十萬元送出。這一次的事，報紙鄭重登出，大家都讚嘆不止，此後仁濟堂的捐款數字，就飛速增加了。杜月笙不僅擔任中國紅十字會副會長，還出任時疫醫院、普善山莊、閔行苦兒院、國民政府水災救濟委員會、閘北慈善團、東北救濟協會、衛國將士遺族撫育會等數十個慈善機構的董事、主席。

甚至殺人，杜月笙也有自己的風格與潔癖。一九二七年四一二前夜，蔣介石邀請上海黑幫充當清黨反共急先鋒。陳群、楊虎與黃金榮、杜月笙商定，「擒賊先擒王」，先殺上海市總工會委員長汪壽華。當汪壽華依約踏入華格臬路杜公館時，立即遭到事先埋伏的顧嘉棠、馬祥生等人的伏擊，被打倒在地，當兇手正要舉刀殺人時，杜月笙急忙叫道：勿要做在屋裡廂，做在屋裡廂，以後朋友勿敢上門了。隨後，汪被捆上車，活埋於龍華郊外。當然，杜月笙照顧了蔣介石的情面，就不顧共產黨的情面了。

杜月笙說過：「人可以不識字，但不能不識人。」對於上層、頭面的人物，杜月笙向來是傾力結交的。

袍哥首領、川軍師長范紹增最初相識杜月笙，曾在國際飯店宴客，吃到終了，侍者端上了一碟生梨，大家在談笑之間，都怪洋刀太鈍，削皮不易。唯有杜月笙在片刻之間，把生梨的皮削去，晶瑩光滑，不曉得杜的綽號是「萊陽梨」的范師長見到他這般削梨技術大加稱道，杜卻坦白地告訴范說：「我本是這一行出身。」范聽後，從此不敢讚一詞。不久，范紹增與上海舞女黃自瑛產生了戀情，被細心的杜月笙看在眼裡。當范向杜告別返川後，杜月笙出錢贖出黃舞女，並用飛機將她送到重慶范公館。當時四川報紙稱：「千里蝴蝶飛，萬金贈美人。」范感激涕零，對杜的報答就是全力保障杜在四川境內的毒品製造和走私業。兩人成為結拜兄弟，莫逆之交。一九四六年，蘇北地區洪災嚴重，杜月笙等出面組織「上海小姐選美」，以募資救災，這可是中國歷史上第一次正式選美。當時各界均看好高貴典雅、儀態萬方的復旦畢業生謝家驊小姐，唯有范紹增鍾情交際花王韻梅，杜不惜花費鉅資為「范哈兒」捧場，最後王韻梅如願以償當選「上海小姐」。

杜氏也是個有些雅量的人。二十世紀三〇年代初，杜月笙迷老生戲《打嚴嵩》，曲調爛熟，但一口浦東腔怎麼也改不過來。有次慈善演出，杜月笙的《打嚴嵩》把全場觀眾全部笑倒在地。當時有個怪才王無能，善方言，獨角戲風行一時。王無能聽得杜月笙的浦東腔後，感覺有戲，立即創作了杜派《打嚴嵩》，每每逗得大家捧腹大笑。有一天，老友范回春見杜無精打采，就推薦王無能來一試，王無能聽說杜月笙派人來請，面孔蒼白，腳骨鬆軟，心想今天逃不過了，只好硬著頭皮進了杜公館。王無能字正腔圓才唱了三句，滿屋子的人全都撐不住了，一個個笑倒在地。再看杜月笙不慍不惱，隨著大家一起誇獎「學得像，學得像」。直到王無能走後，杜還對家人連聲講：「今朝滿開心，今朝滿開心格。」

杜月笙晚年在香港度過，日子過得越來越拮据，其最後的本錢就是離開上海前賣掉杜美路房屋所得的四十五萬美金。最後重病在床之際，杜還在感嘆今不如昔：「沒有錢可以借給別人，場面沒了，朋友也就沒了！」但是，杜月笙銷毀了歷年別人寫給他的所有借據。他對子女說：「我不希望我死後你們到處要債。」據杜的女兒杜美如回憶：

有一天，杜月笙突然叫她從匯豐銀行的保險箱裡取來一只信封。當時杜月笙很喜歡也很相信杜美如，保險箱鑰匙就歸她管。信封裡面有許多單子，杜美如拿出後，父親就讓她走開。杜美如躲到一邊遠遠地看父親做什麼，只見杜月笙正把這些單子撕掉。「我不想讓你們在我走路以後去打官司。」杜美如問父親為何要撕掉時，父親反要她幫忙撕。杜美如一邊撕一邊看，原來是一張張簽有包括國民黨政府軍政大員大名在內的借條，少的五千美元，多的五百根「大黃魚」。

杜月笙的好客大方、仗義疏財，為他贏得「春申門下三千客，小杜城南尺五天」的好名聲。從一個流浪癟三、水果小販成長為上海黑幫魁首，再到地方領袖，杜先生這「三碗『面』」吃得的確是高水準，可謂盡得其精髓。當然這一切，杜月笙還是要追求回報的，他曾對龐京周言：

人總是愛捧的，因而也同情捧人的人，我對於這些衰老病失意老人何嘗有什麼報償的希望，但是將來得到的將比我目前很方便地付出去的東西多得多。

4

江湖惡鬥

鋤奸張嘯林

抗戰爆發後，上海三大亨出現了分化，杜月笙遠走香港，黃金榮稱病不出，於是，日本軍方和汪偽隨後將目光投向張嘯林。張嘯林原本就和日本軍方土肥原、永野修身等人在菸土買賣上有些聯繫，二十世紀三〇年代初汪精衛來上海從事反蔣政治活動，張嘯林認為是一個機會，正想在政治上有所發展。在政治上，張嘯林是悲觀論者，總認為落後的中國無法與日本抗衡，所以，杜月笙要拉他去香港，他決心不走了。於是張嘯林與汪偽一拍即合，開始在偽政府中活躍起來，成為「孤島第一人」，產生了政治野心。

張嘯林從莫干山回到上海，出面組織了「新亞和平促進會」，將他的門徒召集在門下。到各地為日軍收購和運銷急需的煤炭、大米和棉花等物資。他派幫會兄弟俞葉封專門收購棉花，還與東北的關東軍勾結，把蘇聯的枕木調到遼瀋地區的碼頭，從而為日軍戰略軍需物品的供應立下汗馬功勞。張嘯林的附逆，得到日本侵略者的賞識，每月津貼達三千元。

張嘯林首先覬覦上海市偽市長的職位，但他落水晚了一步。與日本有很深關係的傅筱庵獲得青睞，傅於一九三八年十月出任上海市偽市長。此後，張嘯林就想憑藉自己在上海和浙江的勢力，謀求浙江省偽省長一職，並得到日本方面的首肯。

國民黨情報人員對幫會首領的動向非常關注，一份情報這樣寫道：

> 我軍放棄上海之後，日方積極拉攏流氓，張嘯林、黃金榮等活動甚力。黃金榮先令其徒楊正心擔任漕河涇維持會會長之職，未越數日，即遭我方暗殺，並函告張、黃以警告，勸勿助虐為暴。斯時彼等略有戒心，未敢活動。

張嘯林的投敵活動，引起了國民黨的極大不滿。蔣介石親自指示軍統局長戴笠對張嘯林予以制裁，吩咐青幫也要積極配合。蔣介石曾派人向杜月笙傳口信說：「上海的陣地是不能失的，以後請杜鏞先生多偏勞了。」杜月笙曾叫朋友勸張嘯林懸崖勒馬，保全晚節，但被張一頓臭罵。

一九三八年初，戴笠向潛伏在滬上的軍統上海區區長陳恭澍發出了針對張嘯林的鋤奸令。上海區軍統立即制定鋤奸計畫並建立行動組。行動組長陳默接到任務後，用一個月時間摸清了張嘯林的生活起居規律，甚至對他外出時在車上的慣坐位置都瞭若指掌。

但軍統對張嘯林進行的數次暗殺行動，均未成功。一九三八年，行動組獲知張嘯林每天晚上都去大新公司五樓俱樂部賭錢，完事後與十餘名保鏢，分乘兩輛車回家。張的車隊回家要經過一個十字路口，如果碰上紅燈，車一定會停。軍統上海區行動股長、杜月笙的門徒丁松喬，決定在此路口下手。為了保險，他們對燈線做了手腳，張的車一到，就可拉開紅燈。一切按計畫進行著，車隊經過時紅燈亮了。丁松喬帶領幾個特工對車輛一陣猛射。張嘯林的司機見狀，猛踩油門，闖過紅燈，疾駛而去。原來張嘯林坐車的車身護有鋼板，汽車窗玻璃也是打不破的避彈玻璃，雖然中彈並無大礙。

一九四〇年一月十三日，行動組又獲悉張嘯林的親家俞葉封邀請張嘯林第二天去更新舞臺包廂看京劇名角新豔秋的演出。新豔秋原名王玉華，一九三〇年改藝名新豔秋而專攻程派戲，其唱腔寓剛於柔，幽咽婉轉，風靡上海。於是行動組開始計畫再一次暗殺。陳默率領若干便衣特務，到更新舞臺樓上第一排就座，旁邊就是俞葉封。然而戲快完了張嘯林還是未到，陳默只好下令先除掉俞，殺一殺張的威風。張嘯林獲悉此事，又恨又怕，整天待在家中，還向日本人要來了一個憲兵班，並在大門口安排內外雙崗，凡有人來訪未經他同意一律不得入內。

張嘯林不出家門，迫使軍統改變策略。第一次暗殺張嘯林未成後，在杜的合作下精心部署，陳默就開始設法策反林懷部，一方面曉以民族大義，一方面以五萬銀元獎勵。

林懷部原系法租界的華人巡捕，其父親曾經在北洋軍隊裡服役，與張嘯林有點交情。他是在張嘯林的司機阿四的介紹下進的張宅，起初只當了個門衛。張嘯林遭到幾次暗殺後，就希望能找到幾個身手和槍法都超群的保鏢。這時林懷部出現了，考驗槍法時，林在阿四的幫助下，連發三槍，槍槍從紅心穿過，又一槍把飛過的一隻麻雀射下。就這樣，他取得了張嘯林的信任，被聘為保鏢。

一九四〇年八月十一日，在張嘯林死前三日，張在豫園路岐山村五十四號岑德廣家，接受了偽浙江省省長的委任狀。十四日，張嘯林和偽杭州錫箔局局長吳靜觀在樓上商量事情之際，林懷部決定待張嘯林送客下樓時動手，但沒想到，事情談完後，張又叫手下去妓院叫幾名妓女來陪酒賭錢。

這時林懷部想，如果這樣下去，何時才能結束呢，豈不是要到半夜才能動手？張嘯林的司機阿四當時正好在院子裡擦車。林懷部走了上去對阿四說道，「我家裡有點事，你能不能幫我到樓上和老闆說一聲，讓我請假休息幾天。」阿四說，「這可能不大好，老闆的規矩你不是不知道，他在會客的時候，是不允許我們去打擾的。」林懷部於是故意刺激道：「你平時不是很牛嗎？說張先生對你如何如何的好，現在看來，還不是和我一樣，原來你是吹牛啊。」那阿四聽到這樣的話，自然也就不開心了。兩人便在院子裡吵了起來。爭吵的聲音讓樓上的張嘯林聽到了。他走到陽臺，朝下喊道：「吵你媽的✕啊，煩死人了，不想幹就替老子滾。老子好多叫點東洋兵來了，用不著你們哉。」林懷部回道：「是的，老子還真不想幹了，又哪能呢？」張嘯林頭伸得更直了，罵道：「你他媽的別不識抬舉，阿四，幫我把他的槍卸掉，讓他滾。」

那阿四便上來要繳林懷部的槍。林懷部喊道：「不用你趕，我自己走。」一邊說著，一邊從腰間拔出手槍，眼看著就要交到阿四的手裡，突見手腕一轉，「乓」的一聲，一顆子彈神奇地射進了張嘯林的腦門，張當場斃命。

林懷部殺了張嘯林後，被法租界巡捕抓住。他在自供狀中申訴，因為每月只有二十元工資，難以維持生活，加上當時請假沒有獲准，又遭到張嘯林的辱罵，因而出於義憤才開槍殺人的。

由於林懷部死活只認這一殺張的動機，巡捕房一時無法「定罪」，也沒將林懷部引渡給日偽。林懷部被抓住後，始終不承認自己與重慶國民黨方面有聯繫。法租界巡捕房最後將殺張一案定為洩憤報復的刑事案，租界法院判決林懷部有期徒刑十五年。

林懷部被關在提籃橋監獄裡，並沒吃什麼苦；但太平洋戰爭爆發以後，日本人接收了監獄，情況就大不相同了。日偽尤其是張嘯林的嘍囉們對林百般折磨，尤其是他那雙手，原是出槍奇快打槍百發百中的手，每一寸骨頭都被竹條子抽斷了。他的老母、妻兒也因無人照顧而非常困苦。小孩不僅上不起學沒有書念，而且跟乞丐差不多；他的妻子主要是幫人家縫縫補補，收入也非常少；老母則流落街頭，一家老小主要靠乞討為生。

槍殺張嘯林的消息傳到香港，杜月笙輕輕嘆了口氣，掉下眼淚，什麼話都沒有說。從民族大義而言，杜月笙認為這是為國鋤奸，義不容辭；但從幫會義氣來說，杜月笙認為，殺結拜兄長，說不出口，所以終其一生他是沉默的。

再說林懷部，軍統主持上海事務的陳恭澍，晚年在臺北出版他的回憶錄《無名英雄》時，也再三表示：林不是軍統的人。抗日戰爭勝利後，林懷部才得以出獄，國民黨政府曾經獎勵一萬法幣，但都給軍統特務私分了。新中國成立後，林懷部進入上海市房管局工作，一直到年邁退休，算是安享晚年了。

「上海皇帝」鬥法「蔣青天」

抗戰勝利後，儘管杜月笙與蔣介石已有過節與矛盾，但雙方基本保持井水不犯河水，表面上客客氣氣；在公開場合，杜月笙對蔣的政策均表示擁護，表態積極，捐款踴躍。但到一九四八年秋天，杜月笙與蔣家父子形成了正面衝突，發動攻擊的，正是如日中天的蔣經國。

一九四八年八月十八日，南京政府下了一道經濟處置法，實行所謂的幣制改革，強令民間持有的法幣及所藏的金銀外幣一律交出，兌換成中央銀行發行的金圓券。蔣介石想通過這針強心劑，來挽救瀕臨崩潰的經濟，以期內戰能夠繼續打下去。當時的社會輿論對政府實施經濟管制、推行金圓券並不樂觀。就連《中央日報》都將之比喻為割除發炎的盲腸：

割得好則身體從此康強，割得不好則同歸於盡。

於是，蔣經國以經濟副督導員的身分，帶領他一手組建的經濟勘建大隊來到中國經濟、金融中心上海。幾天後，蔣經國又挑選一萬多名青年，組成了大上海青年服務隊。在動員會上，蔣經國鼓動隊員，對付那些抵制幣制改革的巨商、富戶、官僚，要拿出武松打虎的勇氣，所以金圓券改革又稱「打老虎」。為了搜刮更多的民脂民膏，蔣經國又鼓動打虎隊，對富豪毫不手軟，標榜：「只打老虎，不拍蒼蠅！」他表示：

本人此次執行政府法令，決心不折不扣，絕不以私人關係而有所動搖變更。投機家不打倒，冒險家不趕走，暴發户不消滅，上海人民是永遠不得安寧的。

於是，法幣、黃金、白銀、美金……上海市民半個世紀的積蓄，就這麼在一夜之間消失了。僅寧波幫大佬劉鴻生一人，就被小蔣活生生「勸」出了八百根金條和二百五十萬美金。到十月份，上海共收兌黃金一百一十四萬兩，美金三千四百五十二萬元，港幣一千一百萬元，銀子九十六萬兩，合計價值超過二億美元。

試想，中國歷朝歷代，哪有一個政府會下達這麼荒唐的命令，沒收人民私藏的金銀財富，強迫兌換成一張張日後成為廢紙的「金圓券」。即便是清政府和袁世凱政府，都想不出這套滑天下之大稽、竭澤而漁的金融政策。金圓券改革的實質，是蔣家父子對大陸人民尤其是上海人民的最後一次搜刮。當然，小蔣做的是非常「認真」的。

蔣經國本人還時常微服出巡，發現貪贓受賄的官員嚴懲不貸，將一批批違法商人遊街示眾。八月二十三日和二十七日，蔣經國兩次指揮上海的軍警，到全市庫存房、水陸交通場所進行搜查。凡觸犯法令者，商號吊銷執照，負責人法辦，貨物沒收，並槍決了犯勒索罪的淞滬警備部科長張亞民、官員戚再玉、囤積居奇的商人王春哲。逮捕違反法令者六十四人，其中有中國民族資本集團榜首榮家第二代幹將申新紗廠經理榮鴻元、米商萬墨林、中國水泥公司常務董事胡國梁、美豐證券公司總經理韋伯祥。為了殺雞儆猴，杜月笙之三子、中匯銀行經理杜維屏因「囤貨炒股」，在交易所外拋售永安紗廠股票二千八百股，被判了八個月徒刑。第二天，一些報紙以通欄標題報導杜維屏入獄的消息，杜月笙威風掃地。

小蔣連小杜都敢抓，算是動了真格。一時之間，蔣經國在五百萬上海市民心目中成了傳奇人物，果然緊急處分，雷厲風行，有人喊他「蔣青天」，有人稱是「包公再世」。蔣公子的打虎行動，被當時的新聞予以大肆渲染。九月十五日《新民報》晚刊的報導：

蔣經國年紀不大，四十左右，他過著一般青年人的生活，愛騎馬，駕吉普，玩玩網球之類，照相，玩幾套魔術，看看電影，京戲，樣樣都來。自來上海後，因為工作忙碌，這些娛樂消遣的時間，都被剝奪了，他卻並未為此而叫苦。他自白的說工作並未影響他的日常生活，早晨七時左右起來，晚間十一時左右安息。唯據他的祕書說：最近因公事太多，當遲至夜二時才睡。他沒有特殊的嗜好，在漁輪中四個小時，未見他吸一支菸，大概不會吸菸，在家中吃的是家鄉寧波小菜。他自己說：對西菜毫無興趣，無事也愛讀一點舊俄作家托爾斯泰、屠格涅夫的小說，一切都平凡得像一般青年一樣，至少在船上四小時，他沒有表現一點公子哥兒的舊習，和大官的臭架子。從他的皮鞋後跟釘著橘瓣形的鐵釘，和前頭開縫裂口，但並未連起來的情形看來，此公生活相當節約，樸實，而又不拘小節。

火終於燒到了杜月笙的頭上。

老管家萬墨林和兒子杜維屏相繼入獄，這對於「上海皇帝」杜月笙來說，還是第一回。其實早在幣制改革前夕，蔣介石曾把杜月笙、劉鴻生等招到南京去商談，要求合作；而杜也預感到一些不良的徵兆，曾將家中之人召集到十八層樓（今錦江賓館），要求每人服從政府，謹慎從事，將黃金白銀外幣全部兌換成金圓券。但杜月笙無論如何想不到，打老虎會打到自己頭上來。對外他硬氣地講：「怕什麼，我有八個兒子，缺了維屏，絕不了杜門。」他讓〈商報〉刊登公開信，表示：

二十年來，鏞之擁護領袖，服從政府，如所周知。……幣制改革，只能成功，不許失敗，為心所企求，經國先生執法如繩，不罔不縱，深致敬佩，何致以事涉私情，有所非議。

但，「上海皇帝」杜月笙無法嚥下這口氣。杜立即打電話給錢新之、章士釗、陸京士等來寓所議事，第二天又邀請黃炎培、劉鴻生、盛丕華、徐采丞等商量，決定了反擊的策略。杜吩咐徒子徒孫四處活動，蒐集蔣氏姻親在上海囤積居奇的情報。

九月下旬的一天，蔣經國在浦東大樓召集上海工商巨頭開會，對部分人在實施經濟管制中陽奉陰違的做法，進行詰責和威脅：

有少數不明大義的人，仍在冒天下之大不韙，投機倒把，囤積居奇，操縱物價，興風作浪，危害國計民生。本人此次秉公執法，誰若囤積逾期不報，一經查出，全部沒收，並予法辦！

蔣經國剛說完，杜月笙便不緊不慢地說：

犬子維屏違法亂紀，是我管教不嚴，無論蔣先生怎樣懲辦他，是他咎由自取。不過，我有個請求，也是今天到會各位一致要求，請蔣先生派人到揚子公司查一查。揚子公司囤積的東西，在上海首屈一指，遠遠超過其他各家。希望蔣先生一視同仁，把揚子公司囤積的物資同樣予以查封，這樣才能使大家口服心服。

揚子建業公司一直是倒賣外匯、走私商品的最大官倒企業，自金圓券改革以來，它又是上海最囂張的囤積大戶，其在錦江飯店斜對面的倉庫裡（後為錦江計程車公司，現為迪生百貨公司），堆滿了從汽車到毛料的各種物資。

杜月笙突如其來的這一番話，大出蔣經國意料，他馬上意識到了杜月笙的險惡用意。因為揚子公司的董事長和總經理，就是宋美齡的外甥、前行政院長孔祥熙的兒子——孔令侃。可既然自己每天口口聲聲說「秉公執法」，此刻已沒有退避的餘地，便當眾宣稱：「揚子公司如有違法行為，我也一定繩之以法！」杜月笙連忙說：「好，好！那我敬候佳音。」說罷兩袖一甩，走出了會場。

蔣經國心裡很明白，查處揚子公司，絕不像他表態那麼容易。宋美齡沒有生育子女，故而對孔令侃寵愛有加，視如己出；另外蔣、孔、宋三家的關係，蔣經國心裡也很清楚。因此，在動不動孔，動的尺度問題上，他一直很謹慎。但孔令侃有恃無恐，根本不把蔣經國經濟管制的法令措施放在眼裡。這種採取不合作的態度，也著實讓蔣經國惱火。蔣經國到上海後規定午夜十二點以後宵禁，不許通行，可孔令侃偏偏於宵禁時內，開車闖關而過；明令不准囤積居奇，可孔令侃偏偏頂風大量囤積物資，還弄得上海灘路人皆知……如今，杜月笙又來將了一軍：你蔣太子要做包青天，要「打老虎」，就請你先大義滅親，把自家的「大老虎」抓牢，別盡打別人家的「老虎」。所以，蔣經國不得不表態。

這一表態不打緊，整個上海，全體工商界都拭目以待。蔣經國在全社會的關注下，十月七日，命令經濟大隊長程義寬查封揚子公司，但孔令侃並沒有像榮鴻元、杜維屏那樣，鋃鐺入獄。對於蔣經國在關鍵時刻未下手逮捕小孔，杜月笙不依不饒，再度反擊，他動員所有的工廠，以原料缺乏為詞，全部停產，並唆使徒眾參與黑市交易，掀起搶購風潮，藉以報復。

一時，上海、南京、北平爭相報導「揚子公司案」。有為蔣經國「清算豪門」叫好，亦有因查封之後沒有下文而不滿，「只拍蒼蠅，不打老虎」的說法，便在街頭傳播開來。就在這叫好與質疑並存的日子裡，新經濟改革漸呈強弩之末，由於物資奇缺，生產萎縮得不到根本改觀，物價開始回升，搶購之風又起……新一輪更險惡的經濟紊亂的徵兆，已露出端倪。

其實，蔣經國查封揚子公司後，打算六親不認，對孔令侃進行處置，但還沒動手，宋美齡就找上門來了。揚子公司被查封後，孔令侃才發現對蔣經國看走了眼。於是，他只好匆匆趕到南京向小姨媽求救。宋美齡專程赴滬，以中秋佳節家庭聚會相約，把蔣經國、孔令侃召到永嘉路上的孔家宅院。宋美齡勸解說：你們是表兄弟，我們一家人有話好說。蔣經國隨即要求孔令侃顧全大局。孔一聽便急了：什麼！你把我的公司都封了，還要我顧全大局？接著兩人爭得不可開交。蔣經國見孔不可理喻，甩下一句「我蔣某一定依法辦事！」頭也不回地走了。

孔令侃也不示弱，對著蔣經國的背影喊道：你不要逼人太甚，狗急了還要跳牆呢！如果你要搞我的揚子公司，我就把一切都掀出來，向新聞界公布我們兩家包括宋家在美國的財產，大家同歸於盡！這對表兄弟各走極端，而宋美齡已無計可施，遂急電正在北平的蔣介石，說上海出了大事，要他火速返回處理。當時北平的戰事已焦頭爛額，蔣介石是專門去督戰的。接電報後，蔣介石只好將一切託付給傅作義，坐著以他夫人名字命名的美齡號專機，急急飛赴上海。不明究裡的傅作義，對此極為不滿，長嘆一聲「蔣先生是不愛江山愛美人」。

十月八日，蔣介石到上海後，宋美齡屏擋了一切人，連蔣經國都沒見成，而她則獨自對夫君反覆陳述揚子公司案的利害關係，最終，蔣介石被她說服了。翌日，蔣介石召見蔣經國，開頭第一句話就是，和為貴。半小時後，蔣經國從蔣介石處出來，像一隻鬥敗的公雞。當年蔣經國的親信賈亦斌親身經歷了此事：

賈亦斌找到蔣經國在上海逸村的寓所，開門見山地告訴蔣經國，是專為孔令侃案而來。此案若不辦理，豈不真如報紙所說，是「只拍蒼蠅，不打老虎」的騙局？

這一段，蔣經國被諸多棘手之事纏繞，心緒煩亂，見賈亦斌總揪著這他避之唯恐不及的事不放，認為他一點不體諒自己的苦衷，氣得放開沙啞的喉嚨喊起來：孔令侃又沒有犯法，叫我如何辦他？

見這位信誓旦旦「秉公執法」、聲稱與貪汙腐敗勢不兩立、一度那麼強硬的人，突然變得這麼軟弱，甚至無視事實，為大經濟罪犯辯護，一種從未有過的失望，一股愛誠怒烈的衝動，驅使賈亦斌一拍桌子站了起來：「孔令侃沒犯法誰犯法？……你這話不僅騙不了上海人民，首先連我都騙不過！」

賈亦斌回到寓所，掌燈伏案，給蔣經國寫了封十四頁的長信，但一切為時已晚。

蔣介石座機駕駛員衣復恩回憶：

揚子公司事件落幕後的某日，宋美齡搭總統座機要從上海回南京，座機停在上海龍華機場，宋美齡特地在機上約見蔣經國。蔣太子急匆匆登機與宋美齡見面，關門密談片刻，蔣經國臉色沉重步出機艙。自那天起，上海「打虎」成為歷史名詞。

第二天，上海警察局召開新聞發布會，宣布「揚子公司所查封的物資均已向社會局登記」。而大肆報導「揚子案」的《大眾晚報》、《正言報》被勒令停刊。經濟管制的壽命僅僅維持了七十天，蔣經國苦心建立起來的整肅權威頓時冰散，市場信心瞬間崩潰，小蔣以一己之力與惡勢力鬥、拯救黨國的夢也隨之破滅了。在向上海人民道歉後，蔣經國黯然而去。

蔣經國上海「打虎」首鼠兩端，無疾而終。當杜維屏回到杜公館時，受到了盛大的歡迎。杜月笙非常得意地說了句，強龍終究鬥不過地頭蛇。

還有一則數年後的插曲，說蔣經國在臺北一餐廳偶遇杜維藩，當眾致歉，當然這是杜月笙長孫杜順安的回憶：

> 祖父去世，我們一家人到了臺灣，某日，我們去臺北市長安東路一家廣東燒臘餐廳吃飯，剛好蔣經國也在那家餐廳裡用膳，蔣經國那時住臺北六條通，和那爿廣東燒臘店隔街相望。他見我們一家人也在用餐，馬上走了過來，和父親握手致意，蔣經國坐在父親身邊，以上海話告訴我父親：「上海的事情我感到抱

歉！」蔣經國這句抱歉，一筆勾銷了過往仇隙，過去的恩恩怨怨，俱往矣！

「我們只是夜壺」

杜月笙雖然文化不高，但終其一生，倒留下不少精彩妙語，其中有句：「我們只是『夜壺』——被利用完了，還是要塞回床底。」可謂形象而深刻。

現在，年輕的朋友看到「夜壺」兩字，可能都不知是何方聖物了。

夜壺本是過去男人在冬天夜晚接小便的器具，因多在夜間使用，故名。

一九二七年四一二政變時，上海黑道立下汗馬功勞，尤其是杜月笙，他的積極性遠遠超過黃金榮。除了參與消滅上海工人糾察隊，三大亨還製造反共輿論。四月十三日，陳群秉承蔣介石的指令，擬定文稿，由黃、張、杜署名公開發表。十六日，三大亨受淞滬警備司令部陳群指使，公開發表反共談話，次日又印發十萬份警告工人書。這些言論為蔣介石國民黨公開反共做了試探。還以另一批流氓組成「工聯總會」替代上海市總工會，四月十二日他們被任命為「調查專員」，到處搗亂。次日，他們佔領了湖州會館，立即發布就職通告。誕生於五卅運動高潮的上海市總工會就此被扼殺。兩日後，「工聯總會」更名為「上海工會組織統一委員會」。

四一二之後，黑道繼續參加血腥的屠殺活動。接著，張伯岐出任二十六軍的義勇隊司令、淞滬員警廳副廳長，黃金榮的門徒董明德擔任偵緝隊副隊長，徐福生擔任諜報處長，黑社會殺手芮慶榮擔任清黨委員會行動大隊長，其手下集中了二千名黑道人物。他們先後查封了上海特別市政府、中國濟難會、特別市黨部等機構，抓捕革命者一千多人，全部移送東路軍總指揮部，「是共產黨便槍決」。這時楊虎為淞滬警備司令，陳群為上海黨政軍實際負責人。楊虎、陳群每日要與杜月笙、張嘯林在呂宋路（今連雲路）十八號俱樂部碰頭，議決要事，上海黑社會權勢炙手可熱。他們還將魔爪伸到外地。四月下旬，杜月笙又夥同楊虎、陳群，率二百名幫會成員和軍警去寧波「清黨」，使「寧波一城腥風血雨，每天都在殺人」，共產黨組織盡遭破壞。

上海黑社會通過參與四一二事變，築起中國黑社會史上的一個重要里程碑。在此以前，黑社會分子雖為租界當局看重，從地下伸展到地面，但他們的形象仍因地位的卑下而未能從地面上立起來，而四一二以後，黑社會的首腦人物黃金榮、張嘯林、杜月笙擔任南京陸海空軍總司令部少將參議、行政院參議，耀登「黨國新貴」，黑勢力也成為國民黨統治的社會基礎之一。此後黑社會的經濟觸角，也從為人不齒的邪惡事業堂而皇之地伸展到工商業，一批黑道人物衣冠楚楚，出入於上流社會，儼然成為士紳的同道，地方的領袖。

在抗戰爆發前的十年中，杜月笙等充當了國民黨在租界的別動隊的角色，當蔣介石不方便親自出面時，杜月笙的黑道勢力便在租界裡，協助國民黨清除和控制反蔣勢力，打擊共產黨勢力，自己也得以壯大。有時還要為皇親國戚清除後患。

宋子文之弟宋子良年輕時，是個風流倜儻的公子哥，一九三四年，時任中國建設銀公司總經理的宋子良，在上海維也納舞廳結識一紅舞女張小姐，那舞女不僅漂亮高貴，且舞姿優美，談吐雅致，不久宋子良便拜倒在張小姐的石榴裙下，並致其懷孕。宋子良給其銀元二千元，要其打胎，不料張小姐開口索要二十萬元，並要求宋負擔她和她母親下半生生活。老於此道的宋子良玩一個舞女哪肯花如此代價，卻又怕舞女大鬧壞其顏面，便向杜月笙傾訴，杜聽了只淡淡一笑。兩天後，該舞女於夜間被叫到中匯銀行經理室，馬上被綁架送到十六鋪的輪船上，船開到吳淞口後，該舞女身上綁了石頭被投入長江江心——黑社會術語叫「種荷花」。

與國民黨的聯姻結盟，使上海黑社會進入了全盛時期。「三大亨」等通過參與四一二事變而為黑社會以後十年的升騰鋪平了道路。有了國民黨政權的公開扶持，黑社會勢力迅速地改頭換面，滲透到政權的各個層次、社會的各個領域，並造就了四面威風、八方來朝的杜月笙這樣黑社會中空前絕後的大亨。

抗戰時期，杜月笙也曾立下「汗馬功勞」。一九三七年上海八一三事變爆發後，杜月笙不僅參加成立上海各界抗敵後援會，還與戴笠合作，以非常快的速度建立了一支民間與官方合作的抗日武裝——蘇浙滬別動隊，不少門徒犧牲在戰場。上海淪陷後撤至香港，與國民黨合作，敦促上海工商界不與侵略者合作，並策畫成功「高陶事件」，打擊汪精衛漢奸集團，受到蔣介石的高度讚揚。

所以到一九四五年夏，眼看抗戰即將勝利，杜月笙開始做起他的上海市長夢來。黑社會圈子裡曾傳言說，重慶政府將任命杜月笙為上海市市長，事實證明這只是杜月笙自己的妄想而已，蔣介石不僅不給杜任何官職，連其徒陸京士本來已十拿九穩的社會局長一職，亦成水中之月。而早已仗勢向杜月笙樹起叛幟的門生吳紹澍，則一躍而為身兼六職的頭號接收大員①。杜月笙一回到上海，就遭到了來自吳紹澍的正面打擊，他

①吳紹澍時任國民黨上海市政治、軍事特派員、國民黨上海市黨部主任委員、上海市副市長、軍委會上海辦事處主任、三青團上海支團部幹事長、監察院江蘇監察使等職。

乘坐的列車還未進站，北火車站竟掛出了大幅標語：「打倒社會惡勢力！」

不能當市長，退而求其次，杜月笙暗忖能坐上市參議會議長寶座也行，結果蔣介石也不同意。一九四六年夏，蔣介石為體現「民主政治」，下令「民選」上海市參議會議員。杜月笙信以為真，有意競選議長席位，於是組織門徒大張旗鼓活動，不惜大把花錢拉票，擺出種種理由宣揚議長一職非杜月笙莫屬。哪知就在勝券在握時，傳來蔣介石的口信：議長一席，希望由潘公展擔任。杜月笙只能識相點，在當選議長後，馬上宣讀了一份辭職呈文：「上海係通都大邑，議長責任重大，本人為多病之人，不能擔此重任，辜負諸公厚意，多請原諒，再予改選。」主持選舉的市長吳國楨立即表示接受，聽從本意，另行重選。於是潘公展當選議長。求官無著落的杜月笙，只好自嘲是「一品老百姓」。

抗戰勝利後的上海環境，對杜月笙和他所代表的黑社會而言，已發生了致命的變化，這就是租界消失了，市政歸於統一。於是，杜月笙所賴以自重的大規模黑社會勢力不僅失卻了藉以生存、繁衍的治安死角，而且失卻了最有力的奧援——帝國主義的直接庇護。他以及他背後的勢力對國民黨來說，已不再具有勾結帝國主義媒介和租界別動隊的價值。國民黨統治上海，已盡可以直接依靠軍隊、警察、黨部、特務，犯不上再利用這股聲名狼藉而又頗難駕馭的黑社會勢力。因此，對於靠中外統治力量與黑社會結合這一歷史條件起家的杜月笙來說，政權已不再能為他所用了。杜月笙悲哀地看到，黑社會昔日左右逢源、一呼百諾的黃金時代，已無可挽回地一去不復返了。

接著，以杜月笙為首的黑社會勢力又連遭打擊。他的門徒謝葆生因漢奸罪被槍斃。一九四六年三月，戴笠飛機失事摔死，杜月笙為失去這位在國民黨高層內最能依靠的人物而痛哭流涕，如喪考妣。一九四七年，選舉偽國大代表時，杜月笙想爭取得票第一，以顯示自己的實力和能量，結果遭遇到ＣＣ（Central Club，中央俱樂部組織，中國國民黨派系之一）分子的全力壓制，只得第三。他的總管家、萬昌米行老闆、上海豆米業公會理事長萬墨林被淞滬警備司令兼市警察局長宣鐵吾投入監獄，罪名是「經營私運、壟斷市場、操縱物價、盜款作弊」。在此情況之下，杜月笙對國民黨不滿之情日益增長。筆者近查閱一批杜月笙在香港與交通銀行董事長錢新之、浙江興業銀行董事長徐寄廎的來往文函，杜對國民黨搜刮民脂、發行大面額鈔票、搞亂經濟極為反感：

國內發行變相之萬元券、五千元券仍苦不能濟用，港中刻所發行者，則為五分券、十分券，運用自如。

連日金融狂潮波蕩甚劇，中央頒布管制辦法後，收效如何，未易跡睹，但於商業銀行業務限制，已益加嚴。

連日法幣狂瀉，金鈔飛騰，滬市恐慌紊亂自可想見。……此種嚴重局面，稍有差失，未堪設想。

一九四八年夏，為平抑上海飛漲的物價，國民政府在上海拋售大量物資，但結果仍歸於失敗，蔣介石認為這是因為杜月笙指使並夥同投機商乘機囤積所致，對此，杜月笙深感委屈。國民黨在上海徵集「救濟特捐」五兆五千億元，以支撐內戰，目標無法達到，市警察局長宣鐵吾便將杜月笙變相扣押八小時，到第二天，杜月笙被迫拿出一千億元，以贖回自己的自由之身。到是年八月，蔣經國風塵僕僕地來到上海「打虎」，杜月笙儘管步步退卻，小心謹慎，甚至囑其長子杜維藩去北京躲避，但三兒杜維屏還是被蔣經國抓住把柄，鋃鐺下獄，登報示眾。一時，「打倒社會惡勢力」的口號響徹整個上海社會。

杜月笙講的「夜壺」，就是黑社會，使用者就是國民黨，尤其是蔣介石。因為「夜壺」畢竟味道很臭，所以不用時要被塞到床底下去的。早年在上海灘上混過的蔣介石，對黑幫的德性最知根知底，一直採取又打又拉、「恩威並重」的方針。他非常忌諱民間所講的「白天是國民黨的天下，夜裡是黑幫的天下」。由於各幫會與國民黨有歷史上這種特殊的淵源關係，故而雙方一直相倚相托，同呼吸，共命運。到抗戰勝利後分歧明顯，但基本上仍沆瀣到一九四九年，因為國民黨要控制社會還需要黑道的幫襯。

在這有進有退、忽得忽失中，杜月笙勉力維持著「龍頭老大」的體面，他對國民黨的怨憤與日俱增。他對密友范紹曾講：

淪陷時上海無正義，勝利後上海無公道。過去帝國主義統治租界時期還有些建設，秩序也比較好，國民黨來了以後只知道要錢，搜刮民脂民膏的手段超過帝國主義十倍不止。

杜月笙就像一只「夜壺」，蔣介石用完就往床底下一扔。

幾番沉浮掙扎，杜月笙看透了國民黨政權的卑劣腐朽，雖然也戴上了全國麵粉業公會理事長、全國棉紡織業公會理事長、全國輪船業公會理事長、中國紅十字總會副會長等諸多桂冠，身患嚴重哮喘症的他已深感力不從心了。

一九四八年底，北方解放軍勢如破竹，國民黨敗局已定。蔣介石請杜月笙專程到南京加以安撫，仍要杜如當年四一二政變時一樣表現，什麼「戡亂建國」，什麼「自救救國」，全力協助湯恩伯守住上海。杜月笙表示「杜鏞算為黨國盡力了。」表面上杜月笙仍出任上海市城防工事建築委員會主席，但對募集二百億元金圓券的要求，採取拖延對策，整日夜在西愛路（今茂名南路）十八層樓（即峻嶺公寓，今錦江中樓）的姚玉蘭房間裡，謝絕來客。

杜月笙不願再當「夜壺」了。

一九四九年五月，蔣介石在上海復興島接見杜月笙，要其火速去臺灣。國民黨兵敗如山倒，這時候又需要黑道這只「夜壺」了。但此時的杜月笙，已不願意再跟蔣介石走了，而決定避居香港，以為進退。杜月笙長孫杜順安回憶：

> 祖父不去臺灣的第二個原因，是和復員後的一些事情有關。勝利後，他滿心以為即使不能當上市長，至少也可當個議長吧，結果沒想到什麼官銜也沒有，到頭來成了一場空。

黃金榮的兩份悔過書

上海即將解放時，中共中央對上海黑幫是有所擔憂的。毛澤東曾問來西北坡請示工作的潘漢年，上海灘的黑社會是否還會再搞個四一二政變？潘漢年分析應該不會。此後，主管白區工作的中共中央副主席劉少奇也問過潘漢年，青紅幫會不會像一九二七年那樣搗亂。潘回答，黃金榮、杜月笙那幫人不會鬧事。潘漢年分析了黃金榮、杜月笙等人的情況，認為這些人是反動統治時期帝國主義的走狗，蔣介石的靠山，他們和他們的門徒在上海幹了許多壞事。但是他們表示要服從人民政府領導，沒有破壞，說明至少對我黨不抱敵意。黃金榮現在不問外事，我們就不必把他當作專政對象，只要他表示態度就行。劉少奇要潘漢年轉告陳毅、饒漱石，「先不動他們，觀察一個時期再說」。

解放後鴉片不能抽了，但黃金榮在家裡鴉片還是抽的；派出所警察只不過對黃金榮說，你抽的時候窗門關關好。為黃金榮帶來巨大聲譽的大世界，他也交給弟子們去管了。這個時候的黃金榮，似乎與正在發生急劇變化中的上海無關，照常過著他那保持了半個世紀之久的「皮包水」「水包皮」的生活。上午，與程錫文、丁永昌等親信、丁老大（流氓女大亨）一起，到雲南路的三和樓喝茶聊天，下午再去逍遙池「孵混堂」。

但時代已經不同了。

黃金榮的「過房兒子」兼愛徒陶雪生，是上海漕河涇人，曾任淞滬鐵道護路團司令，抗戰時曾被汪偽七十六號抓捕，釋放後投敵，擔任汪偽漕河涇自衛團團長，為虎作倀，販毒牟利，戰後因漢奸罪被判處徒刑。此後繼續充當反共打手，一九四八年，曾參與策畫逮捕許榮夫和王孝和等事件。尤其是因破獲上海電力公司工會理事長、共產黨員王孝和一案有功，被國民黨當局提升為警察局特工組長，後又升任偵查股長。解放後，陶雪生奉命潛伏下來，與人民政權對抗。經群眾檢舉揭發後，陶被逮捕，經審判犯罪事實確認，人民法院判處其死刑，一九五〇年十月，陶被押至其老家漕河涇——也就是黃家花園旁處死。

在狠狠打擊犯罪的同時，人民政府責令參加過幫會的人員進行登記，到一九五一年，上海登記人數達二萬六千八百人，數以百計的幫會頭子被監督勞動，接受里弄群眾的監督。鑑於黃金榮的一些門徒仍在從事破壞活動，這勢必牽涉到黃金榮本身。對此，政府內部也有些幹部仍主張將黃金榮法辦。他們認為打蛇要打頭，不鎮壓黃金榮，就無法制服他的數以千計的門徒，也就無法有效地控制上海。也有些幹部認為，要用發展的眼光看待事物，國民黨反動派的死硬分子都跑了，杜月笙也跑了，黃金榮能夠留下來還是好的。潘漢年在市府工作會議上分析說：

黃金榮是反動統治時期帝國主義的走狗，他的門徒在上海幹了許多壞事，但是，上海解放後，他沒有逃走，也就是說他對祖國還有感情，對我們至少不抱有敵意。他聲稱不問外事，那很好，我們不必要把「專政對象」加在他頭上，只要他表示態度就行了。

上海市政府和軍管會對於黃金榮做了專門的研究，概括而言，黃金榮的罪惡主要有五個方面：

第一，四一二事變時組織「共進會」，協助蔣介石屠殺愛國志士；第二，勾結法帝國主義壓迫人民；第三、非法以「吃講茶」的方式敲詐勒索；第四，組織榮社等縱容門徒，為非作歹；第五，欺壓周信芳等民間藝人。

對他的基本政策有三條：第一，黃金榮過去有罪惡，是帝國主義豢養之惡霸；第二，但黃金榮近年來已不作惡，解放後向人民政府低頭認罪，且已衰老；第三，對反動幫會勢力應採取鬥爭瓦解策略，對黃本人取寬大政策。經過商議，決定派人向黃講明政策，即：只要不干涉政府的行政事務，不再包庇徒子徒孫地痞流氓，破壞社會治安，人民政府可以對他寬大處理。潘漢年親自指派杜宣作為軍管會的代表，負責向黃金榮本人進行訓話。

著名作家杜宣後來回憶，那是一九四九年的夏天，天氣很熱，他帶著十幾個全副武裝的解放軍戰士，乘坐兩輛吉普，直奔黃金榮的家。黃金榮連忙出來迎接，看到荷槍實彈的解放軍，心裡不免有些恐懼，甚至感到不妙。杜宣等來到大廳，宣布了政府的政策並要求黃金榮老實交代。

黃金榮見政府並沒有逮捕他的意思，一塊石頭才算落了地，便馬上表白說：

我黃金榮在上海灘，幾十年來，做盡壞事，販賣毒品，拐賣人口，殺人綁票都做過，貴軍沒有殺我，是貴軍的寬大……

因為年紀大了，牙齒脫落，口音不清，黃金榮嘟噥的這幾句話，還得由旁邊的門徒一句句翻譯，才能聽懂。接著，黃金榮從懷裡摸出蔣介石一九二七年黃大壽時贈給他那塊金懷錶，交給杜宣，說上繳政府處理。這隻金錶，配著一根金鏈，金光奪目。黃金榮打開金錶，指著底蓋上的一行字，讓杜宣細看：「金榮夫子大人惠存 弟子蔣中正敬贈。」黃金榮說：「長官，這是我的罪證。人民公敵蔣介石拜我為師的時候送的。現在交給貴軍。」杜宣收下金錶，開始對黃金榮進行訓話。他代表上海市軍管會，要求黃金榮必須老老實實，服從人民政府管教，不許亂說亂動；要求黃金榮必須對所有門徒嚴加管束，不得進行破壞活動。黃金榮表示絕不包庇幹壞事的門徒，聽從人民政府的領導。

接著杜宣說，政府還是同意他正常經營大世界、共舞臺的。最後指出：

我們的政策是坦白從寬，抗拒從嚴，立功受獎。只要老老實實，不再做一切不利於人民的活動，過去的罪惡，我們可以從寬處理。

黃金榮立即唯唯諾諾，不敢多吭一聲。黃金榮那個手下接著替黃金榮向杜宣匯報。

他說，黃金榮還有幾十個門人，打算把黃金榮的一個戲院、兩個澡堂、三條弄堂的收入，用來實行「供給制」——他們黑幫也要像解放軍一樣，實行「供給制」，每個門生每月兩擔半米。

杜宣一聽，十分惱火，流氓集團怎麼可以與解放軍相提並論？黑幫怎麼可以不倫不類也實行「供給制」？他當場對那人進行了訓斥。後來，經過調查，查明那人是個混在黃金榮門生之中的潛伏特務。杜宣繼續告誡黃金榮：「今後一定要老老實實，如發現你再做欺壓人民、違抗人民政府的事，那就要從嚴法辦了。」這時，黃金榮連忙頻頻鞠躬道：「保證不再做壞事……」他非常感謝政府對他網開一面，不予逮捕，並保證不在上海鬧事。

到一九五一年，聲勢浩大的鎮壓反革命運動開始了。一封封控訴信、檢舉信，寄到了上海市人民政府，堅決要求鎮壓黑幫頭子黃金榮。市政府研究後決定以副市長盛丕華、市政協副祕書長梅達君和市檢察署副檢察長方行三人為代表，召見黃金榮，向黃金榮宣布政策不變，但要求他寫「悔過書」公開登報，進一步向人民交代，進一步低頭認罪。

根據方行的回憶，召見的地點是在市政協的一間會議室內。當時的市政協設在和平飯店，也就是原沙遜大廈內。盛丕華（1882-1961），寧波人，過去曾任四明銀行經理，創辦過紅棉酒家，解放前就與黃金榮熟稔，所以處理黃金榮的事情，基本上他都出席。這樣可以穩定黃金榮的情緒，使他不至於過於驚慌而無法談話。

五月初的一天，黃金榮由其門生、舟山旅滬同鄉會會長陳翊庭和孫子黃擎宇陪同，應召前來。在鎮壓反革命的浪潮中，體衰年邁的黃金榮的確也是如驚弓之鳥。報章上的標題「大張旗鼓，嚴厲鎮壓反革命」、「滬市懲處一批著名惡霸」、「滬市捕獲一批反革命分子」等，直看得黃金榮怵目驚心，恐懼萬分。

黃金榮進入辦公室，副市長盛丕華首先指出：

人代會上有些代表提出控訴，要求政府處理你。你生平罪惡甚大，但解放前幾年未曾作惡，解放後尚能安分守己，且年已八十六歲（應為八十四歲——作者注）可由你先向人民表白罪行，再憑處理。

方行接著說：

人民的控訴是正確的，人民政府未曾處理你，並不是說你沒有罪惡，你應主動向人民交代。可用悔過書在各報刊刊出，內容是承認自己的罪惡，擁護政府法令，規勸已捕黨徒真誠坦白，立功自新；未捕黨徒同應向政府立功自新，以求得人民的寬大。

黃金榮聽後，趕忙重彈老調，承認自己罪惡重大，願意真誠地向人民請罪，求得政府寬大處理，並著重表示：

我絕不指使和包庇黨徒做壞事，如有指使包庇為非作歹，或知情不報，願受政府的嚴厲處分。

回到鈞培里後，黃金榮即囑咐龔天健執筆，代為起草悔過書。根據黃金榮的口授，整理成文。黃金榮認為這是件大事，遂召集親信們商量了兩次，權衡再三，有的門徒建議不要寫得太壞，以免政府有把柄。經反覆修改後，黃金榮才哆哆嗦嗦地在悔過書的末尾簽上了大名。這份自述悔過書寫在宣紙上，迄今保存完好，收藏於上海市檔案館。這份悔過書交給政府後，並沒有獲得通過。因為文中多是隱惡揚美、文過飾非之處。黃金榮強調，他是孫中山先生革命事業的支持者：

孫中山先生在上海革命是我保護的，中山先生直到北京去的時候，我保護送他上車，臨走的時候，中山先生對我說，上海的革命同志要我保護，所以後來我認得了許多革命分子，像胡漢民與汪精衛他們就在革命黨打製造局的時候認識的。

黃金榮又把自己說成是一個「慈善家」：

八一三日本人打來上海的時候，難民很多，米糧恐慌，虞洽卿辦了一批洋米，由我出面代為救濟、籌款。

黃又強調在日偽時期，沒有落水做漢奸。黃金榮寫道：「日本人時常來與我商量，要我出來做事，我總說年紀大了，不能做什麼事，回絕他們。」總之，在這份悔過書裡，黃金榮儘量為自己塗脂抹粉。

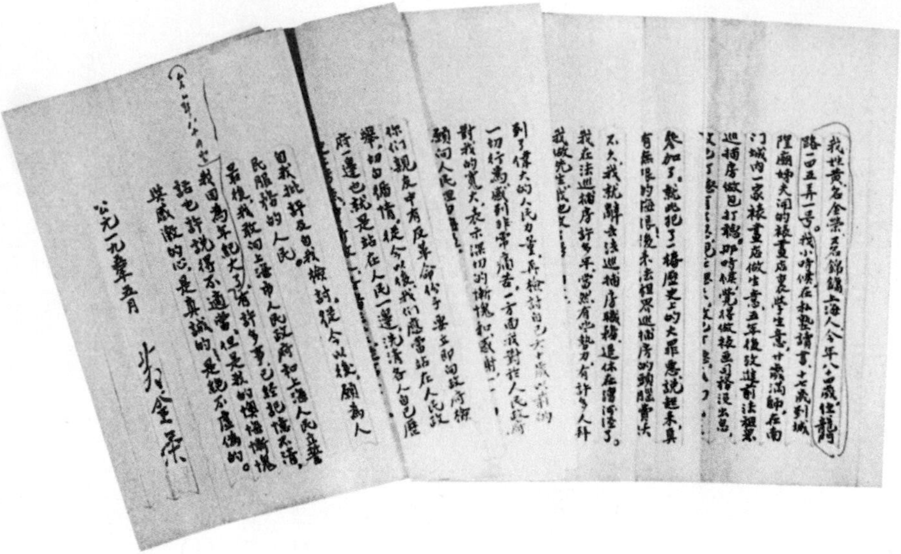

我姓黃名金榮，又名錦鏞，上海人，今年八十四歲，住龍門
路一四五弄一號。我小時候在私塾讀書，十七歲到城
隍廟姊夫開的裱畫店裏學生意，廿歲滿師，在南
門城內一家裱畫店做生意，五年後就進前法租界
巡捕房做包打聽。那時候覺得做裱畫司務沒出息，
[illegible]

參加了。就此犯了一樁歷史上的大罪惡，說起來真
有無限的慚愧！後來法租界巡捕房的頭腦費沃
[illegible]
不久我就辭去法巡捕房職務，退休在漕河涇了。
我在法巡捕房許多年，當然有些勢力，有許多人拜
我做先生 [illegible]

到了偉大的人民力量，再檢討自己七十歲以前的
一切行為感到非常痛苦，一方面我對於人民政府
對我的寬大，表示深切的慚愧和感謝 [illegible]
願向人民坦白 [illegible]

你們親友中有反革命份子要立即向政府檢
舉，切勿循情，從今以後我們應當站在人民政
府一邊，也就是站在人民一邊，洗清各人自己歷
[illegible]

自我批評及自我檢討。從今以後，願為人
民服務的人民。
最後，我敢向上海市人民政府和上海人民立誓
我因為年紀大了，有許多事已經記憶不清，
話也許說得不適當，但是我的懊悔慚愧
與感激的心，是真誠的，是絕不虛偽的。
公元一九五一年五月
黃金榮

黃金榮的自述悔過書

另外，黃金榮還處處諉過於他人，推卸自己的歷史罪責，說：

> 到抗戰勝利後，我也沒有做過什麼事情，但是聽說我的門生，仍借我的名義，在外面招搖，幹不好的事。因為年紀很大，也顧不了這許多。不過這種事情，是怪我過去太賣情面，收了好多門生，現在想想這種不好的情形實在錯誤。

他把罪惡都推到了門生們身上去了，而只剩下了「收了太多門生」這一問題了。這離事實太遠了。

因此這樣一份「搗漿糊」的悔過書當然不會獲得通過的。於是，軍管會首長立即要求儘快重新改寫。在政府的敦促下，黃金榮讓龔天健捉刀，寫了一份「自述悔過書」，於一九五一年五月七日，送交上海市政府。這份遠較第一份誠懇的悔過書終於獲得了通過。軍管會立即將其以〈黃金榮自白書〉的名義刊登在二十日的《文匯報》和《新聞報》頭版上，還配以黃金榮的照片。

黃金榮自白書

〔本報訊〕居住在本市的黃金榮，昨日發表悔過書一件，全文如下：

我小時候，在私塾讀書，十七歲到城隍廟姊夫開的裱畫店裡學生意，二十歲滿師，在南門城內一家裱畫店做生意，五年後考進前法租界巡捕房做包打聽。那時候，覺得做裱畫師傅沒出息，做包打聽有出息。現在想來，做包打聽，成為我罪惡生活的開始。

我被派到大自鳴鐘巡捕房做事，那時我二十六歲，後升探長，到五十歲時升督察長，六十歲退休，這長長的三十四年，我是一直在執行法帝國主義的命令，成為法帝國主義的工具，來統治壓迫人民。譬如說私賣菸土，開設賭臺，危害了多少人民，而我不去設法阻止，反而從中取利，實在真不應該。

蔣介石是虞洽卿介紹給我認識的，國民黨北伐軍到了上海，有一天，張嘯林來看我，他們發起了組織共進會，因為我是法租界巡捕房的督察長，叫我參加，我也就參加了。就此犯了一樁歷史上的大罪惡，說起來，真有無限的悔恨！後來法租界的巡捕房頭腦費沃利，命令禁止共進會在法租界活動，一方面張嘯林要借共進會名義，發展他們的幫會勢力，所以對我不滿意，我因為職務上的關係，就和他們鬧意見，從此與張嘯林避不見面。不久，我就辭去法巡捕房職務，退休在漕河涇了。我在法巡捕房許多年，當然有些勢力，有許多人拜我做先生，我也收了許多門徒，門徒又收門徒，人多品雜，就產生了在社會上橫行霸道，欺壓善良的行為。我年紀大了，照顧不到，但無論如何，我是應該負放縱之責的，因而對於人民我是有罪的。

解放以後，我看到共產黨樣樣都好，人民政府是真正為人民的政府。幾十年來，帝國主義軍閥官僚國民黨反動派盤踞下的上海，整個變了樣子。政府根絕了貪汙，社會上也沒有敲竹槓仗勢欺人的事情。我今年八十四歲，已經二十多年不問世事，但經過這個翻天覆地的變化，看了偉大的人民力量，再檢討自己六十歲以前的一切行為，感到非常痛苦。一方面我對於人民政府對我的寬大，表示深切的慚愧和感謝，一方面我願向人民坦白悔過，懇切檢討我的歷史錯誤，請求允許我立功贖罪。

我堅決擁護人民政府和共產黨，對於政府的一切政策法令，我一定切實遵行。現在，正是嚴厲鎮壓反革命的時候，凡是我所知道的門徒，或和我有關係的人，過去曾經參加反革命活動或做過壞事的，都應當立即向政府自首坦白，痛切承認自己的錯誤，請求政府和人民饒恕；凡是我的門徒或和我有關係的人，發現你們親友中有反革命分子要立即向政府檢舉，切勿徇情。從今以後，我們應當站在人民政府一邊，也就是人民一邊，洗清個人歷史上的汙點，重新做人，各務正業，從事生產，不要再過以前遊手好閒，拉臺子，吃講茶乃至魚肉人民的罪惡生活。這樣，政府可能不咎既往，給我們寬大，否則我們自絕於人民，與人民為敵，那受到最嚴厲的懲罰，是應該的了。

現在，幸蒙共產黨寬大為懷，使我有重新做人的機會，在毛主席旗幟下學習革命思想，徹底剷除帝國主義的封建思想意識，誓再不被反動派利用，決心學習自我批評及自我檢討，從今後，願做為人民服務的人。

最後，我敢向上海市人民政府和上海人民立誓，我因為年紀大了（今年八十四歲），有許多事，已經記憶不清，也許說得不適當，但我的懊悔慚愧與感激的心，是真誠的！是絕不虛假的。

西元一九五一年五月黃金榮

〈黃金榮自白書〉的公開發表，在海內外引起很大的反響。從清末以來的近百年間，一直是統治階級拉攏收買對象的幫會黑道勢力，第一次在人民政權和群眾的強大壓力下，由黃金榮這個最夠格的總代表，終於向人民低頭悔過，舉手臣服了！這篇〈自白書〉，不僅是黃金榮個人的懺悔，也是中國的幫會以這種形式，給自身的歷史打上了一個句號。

這也表明，政府對幫會的控制與消滅的步驟愈益嚴格和緊湊，〈自白書〉的發表對舊幫會的幫會殘餘勢力是一個很好的威懾行為。

兩份悔過書還有一個不同，第一稿裡提到了杜月笙，原文寫道：

後來北伐軍到上海做事的時候，有一天張嘯林、杜月笙、虞洽卿來看我，因為他們發起組織共進會，因為我是法租界捕房的督察長，叫我也參加。

據說當時主管政法工作的副市長潘漢年交代黃修改重寫，即不能出現杜月笙的名字，因為中共正在爭取杜月笙。

死而不哀門前冷

一九四九年五月上海解放了。黃公館裡，已垂垂老矣的黃金榮平靜地迎來了這個萬眾歡騰的日子。

解放時，大世界遊樂場的門票是每張舊幣五百元，到十二月二十六日增至六百元，二十八日以後又增為八百元。但作為老闆的黃金榮，卻長期沒有給職工增加工資，不僅如此，而且他還以大世界營業不佳為由，拖延年終的獎金。為此，演員、職工曾集合數百人，到鈞培里與黃金榮談判。另一方面，黃金榮則不斷從大世界抽取大量錢款。據大世界遊樂場的賬目，在一九五〇年二月至一九五二年一月底的時間裡，黃金榮以獎金、薪水、借款等名義共從大世界賬房提取了二十五筆現款，共計二十七億八千四百萬元。這樣，扣除黃金榮應得的工資，黃金榮還欠大世界遊樂場六千七百萬元。經過政府有關部門的工作，大世界演職員的生活有所改善。而黃金榮欠大世界的鉅款至死也沒有歸還，因此在黃金榮死後，人民政府於一九五四年將大世界收歸國有，改名人民遊樂場，此乃後話。

黃金榮感激人民政府對他的寬大，他甚至有點佩服共產黨人的氣量和胸懷。一九五〇年一月，黃金榮購買了五萬元國家公債，以表示這種感激的心情和對人民政府的擁護。

後來，黃金榮現金缺乏，突然想起有筆舊債可以救急。原來在法租界時代，黃金榮、楊虎、程子卿等同總巡喬辨士私下做軍火生意，一次，有批軍火賣給了商人劉裕章，他沒有付款，現在劉就在香港。於是黃便對程錫文說：「現在我買了五萬元公債，沒有錢，你到香港去找杜月笙，請他給我討還一筆十萬元借款，這是劉裕章早幾年向我借的。」二月程錫文到香港討債，結果，在杜月笙處卻碰到了個軟釘子，程回憶說：杜月笙「要我去找大少奶奶（即李志清）想辦法，我只得回上海，把情況告訴黃金榮。」第二次，黃金榮親自寫了信，要程錫文再去香港找杜月笙，黃金榮還幾次打電報給杜月笙，請杜設法將欠款追回。程錫文赴港還有一個使命，就是黃金榮奉政府之命，要程勸告杜月笙返回上海。杜月笙對要他回大陸一事，未置可否；對黃老闆要他幫助追討款項，也表示無能為力；但最後，杜還是讓萬墨林匯給黃金榮五萬元，表示一點心意。當時，楊虎也奉令要黃振世到香港說服杜月笙、金廷蓀和王曉籟等回內地。王曉籟聽了黃振世的勸說後立即回到了上海，但杜、金表示難以從命，還勸黃振世回滬後規勸黃金榮速去香港，免得落入共產黨的法網。黃振世回到上海向黃金榮談起此事時，黃金榮多少有些心動，他沉思了一會兒，問黃振世怎麼辦。黃回答：「還是不去的好。」黃金榮點點頭，決定按兵不動。

一九五一年，全國的鎮壓反革命運動一浪高過一浪，〈自白書〉刊出後的黃金榮，此時真的是處於四面楚歌的境地。這不僅僅是因為市民們對流氓惡霸的聲討與反應，更因為市政府節節進逼的嚴厲措施。他的把兄弟和徒子徒孫們在鎮壓反革命運動中，一個個被壓上了斷頭臺。就在黃金榮的〈自白書〉刊登後的第九天，「小八股黨」的幹將、殺害汪壽華的劊子手葉焯山被押到法庭，其子葉麟根也到庭揭發其父逼死其母和舅父的罪行，最後，葉被判處死刑。七月二十六日，黃金榮的親信弟子、漢奸盧英被槍斃。二十八日，黃金榮的另兩個徒弟被綁赴刑場，執行槍決。一個是迫害越劇名伶筱丹桂的惡霸張春帆，另一個是「小八股黨」成員、殺害汪壽華的兇手馬祥生。

群眾來信像雪片一樣飛入政府機關，紛紛要求可殺不可留。其中主要理由有：

1. 組織共進會，在瑞金一路原大千世界開會，辦事處在老西門關帝廟裡。共進會曾在霞飛路寶康里逮捕共產黨人四十多人。

2.組織榮社，外表如俱樂部，實際鞏固黃金榮的地位，是個封建幫會。正月初六、清明節、七月半、十月初一等團拜會，收斂錢物。

3.勾結軍閥、日偽、國民黨。曾在接待黎元洪時，得到一等嘉禾章。汪偽時期與陳群、盧英等往來密切。與日本海軍武官府江新司令和貝當路憲兵隊軍曹長杜井經常交往。

4.開設賭臺、菸土行。曾有公興賭臺、公買菸土行，並向緣寶、永安、華民、西園、同慶、升生等賭臺按月拿開銷。

5.私藏槍支拒不繳出。一九五一年四月，在黃公館搜繳大批武器，計長短槍九支，雖說武器是其兒子黃源濤私藏，但無可否認黃金榮也有部分責任。

6.攜財產逃港。在上海解放前夕，黃金榮的大少奶奶李志清攜帶大量金條美鈔潛逃香港。

消息傳到黃金榮的耳朵裡，他更加恐慌了，閉門不出，整日裡提心吊膽，害怕哪一天會被政府抓去，被槍斃？被砍頭？甚至晚上也整夜無法入眠，本來老年人就睡得少，這樣一來，精神更糟了。

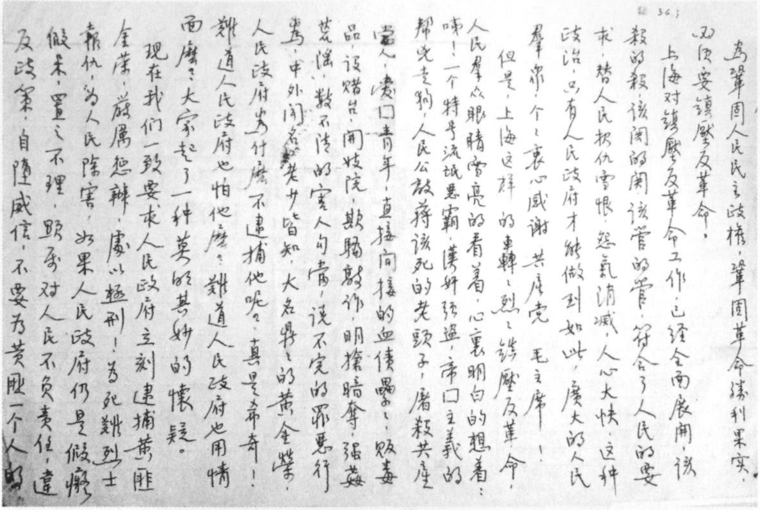

为巩固人民民主政权，巩固革命胜利果实，必须要镇压反革命。
上海对镇压反革命工作已经全面展开，该杀的杀，该关的关，该管的管，符合了人民的要求，替人民报仇雪恨，怨气消灭，人心大快，这种政治，只有人民政府才能做到如此，广大的人民群众，个个衷心感谢共产党 毛主席！
但是，上海这样的轰轰烈烈镇压反革命，人民群众眼睛雪亮的看着，心里明白的想着：唷！一个特号流氓恶霸，汉奸强盗，帝国主义的帮凶走狗，人民公敌，将该死的老头子，屠杀共产党人，爱国青年，直接间接的血债累累，贩毒品，设赌台，开妓院，欺骗敲诈，明抢暗夺，强奸荒淫，数不清的害人勾当，说不完的罪恶行为，中外闻名，老少皆知，大名鼎鼎的黄金荣，人民政府为什么不逮捕他呢？真是希奇！难道人民政府也怕他么？难道人民政府也用情面么？大家起了一种莫明其妙的怀疑。
现在我们一致要求人民政府立刻逮捕黄匪金荣，严厉惩办，处以极刑！为死难烈士报仇，为人民除害，如果人民政府仍是假痴假呆，置之不理，照旧对人民不负责任，违反政策，自堕威信，不要为黄匪一个人的

上解放後上海市民代表所寫的檢舉信要求立即法辦黃金榮

老態龍鍾的黃金榮在大世界門口掃地

實際上政府方面對黃金榮本人倒絲毫沒有這個意思。

由於心情恐慌，黃金榮隨即就病倒了。先是整日坐在太師椅裡，臃腫的身子幾乎站不起來，站起來也挪不開步子了。漸漸地連坐也困難了，只能整日躺在床上了。自知不久於人世的黃金榮，要求家人不要送他去醫院，他最後的願望就是在生活了近半個世紀的、有著他的大部分榮耀和成就的鈞培里，安靜地離開人世。

外面的世界正在發生驚天動地的變化，但對於這些黃金榮已經麻木了，遲鈍了。他畢竟是屬於舊時代的人物。

一九五三年六月二十日上午，黃金榮進入了彌留狀態，附近的永川醫院應家屬的請求，派出護士到黃公館，給他注射了強心針，但已無濟於事了。當天下午，黃金榮停止了呼吸，時年八十六歲。

黃金榮死後，當地公安部門向上級報告說：

> 查黃金榮現年八十六歲，上海著名的大流氓，收有門徒萬眾，本區大世界、共舞臺、榮金大戲院皆是他的產業，當他於二十日死時，大世界經理杭石君即報告分局雲南南路派出所，並申請更換大世界負責人姓名，以後便由黃金榮的得

意門徒陳福康為主辦理喪事，計有馬筱峰、陳榮富、陳昌良（榮金大戲院經理）、沈茂貞、湯融、嚴興林、毛政紀、顧德昌、錢福林、陸正崇、朱文偉、陳益亭、王世昌、莊海寧、杭石君、陳榮炳等十七人前來銷聲匿跡地看不出動靜地治喪。屍體於二十二日移往麗園殯儀館入殮，當晚在鈞培里一號黃金榮住宅中，備有九桌酒席，治喪過程中除上述得意門徒十七人前來外，別無其他動靜。

治喪中黃府只備了九桌酒席，且只有十七個門徒前來弔喪，這在黃金榮這樣一個大亨級別的、享盡了生榮的人來說，死而不哀的程度，是空前的了。畢竟時代變遷了，要在過去，黃金榮的喪事應是上海灘上的一件轟動一時的盛事，起碼也要與清末盛宣懷、二十世紀三〇年代洋大亨哈同的「大出喪」媲美。

不過，從上海灘三大亨的結局而言，黃金榮算是最好的了。黃張杜三人中，最早走的是與日偽勾結、失節投敵的張嘯林，一九四〇年八月十三日，他被保鏢擊斃。杜月笙出走香港，處境尷尬，一九五一年八月十六日客死異鄉，只活了六十三歲，後來他的遺體又披風撥浪，被運到臺灣，葬在了遠離故鄉的臺北汐止鎮大尖山墓地。只有黃金榮晚年能以八十六歲高齡得以善老故土。

黃金榮死後，黃家生活日見拮据，甚至難以維持日常的開支。黃家打算變賣一些不動產，但又不敢貿然向政府提出。後來在無奈之中求助於章士釗。章士釗即寫信給市長陳毅和副市長潘漢年，陳述黃家的經濟困難。在潘漢年的親自處理下，順利解決了黃金榮的遺產問題。

一個盜匪群起、黑道橫行的時代，在黃金榮死後徹底地結束了。

一九五三年六月二十日，也就是黃金榮死的那天，有人在復興公園——法租界時代的顧家宅公園——這個曾經掛著「中國人不得入內」、「戴著口罩的狗可以入內」園規的公園後門的一塊黑板上，寫了五個雄勁的大字：「黃金榮死了」。

這大概是上海灘的公眾媒體上，唯一能見到的關於黃金榮死訊的訃告了。

杜墓探訪記

近年來，筆者多次到臺灣，參加學術活動之餘，一直想抽閒去尋訪杜月笙的墓地。二〇〇八年十月應臺北國父紀念館之邀請，赴臺參加孫中山思想研討會。一行人住在國軍英雄館。還有個插曲，大陸方面的有關部門在接到我們遞交的文件後，突然指出，大陸教授住在國軍英雄館，似乎不妥。於是趕忙請國父紀念館另覓旅館，後來接到臺灣方面的傳真一看，英雄館變成了教育公館，自然順利通過了審查。豈料來臺北仍被安排進了英雄館。一打聽，英雄館一夜只要人民幣二百元。中山思想討論之後，我們去了臺中日月潭。返回臺北時，注意到高速公路前方有一出口為「汐止」，雖然路牌一閃便過去了，筆者突然意識到這「汐止」似乎就是杜月笙的墓地。

十二月，筆者應中央研究院近代史研究所之邀，再訪臺北，在南港中央研究院開會，看到高速公路下一出口便是「汐止」，便料定離南港不會太遠。會議在近代史所舉行，因此會中便向幾位前輩學者打聽杜墓之地址，中央研究院院士張玉法先生、近史所前所長陳三井先生、呂芳上先生，以及現任所長陳永發先生，他們均稱不知。次日，正好社會科學研究中心的朱德蘭教授來探望，她正兼任該中心的圖書館館長，並邀請筆者去她主管的圖書館參觀。在參觀時，要求查閱章君穀的《杜月笙傳》，很快就找到了該書，翻到第四冊最後，一行字跳出：

杜月笙遺體葬臺北縣汐止鎮大尖山麓之西，靜修禪院旁。

一九五一年八月十六日杜月笙病逝香港，在陸京士等的堅持下，杜氏靈柩於一九五二年十月二十五日從香港東華山莊移至碼頭，由太古輪船公司的盛京輪航行兩日到達基隆碼頭，存放於臺北市南京東路極樂殯儀館。次年六月二十八日正式入葬汐止鎮大尖山。

「去杜月笙墓地應沒問題。」見筆者興致如此之高，朱德蘭女士即找人嚮導。

十二月十二日下午，會議議程全部結束，正好有半天空餘，朱德蘭教授邀博士生李其霖先生開車探路，於是我們三人上車了。自南港至汐止鎮，其實並不遠，車行十餘分鐘即到了。但探尋杜墓卻花了點時間，儘管李先生事先已查網路，確認杜墓在秀峰國民小學背後的山上，但要找國民小學，還是費了一些時間。終於繞過街來，遠遠望見一排導遊牌子，上面有一塊寫著：「杜月笙陵園」五字。那肯定不遠了。

下車後，只見靜修禪院高聳輝煌，入山門，正殿前的盤龍石柱十分氣派。禪院旁有一小路，路邊有當地政府豎立一介紹杜月笙其人其墓的牌子。左上角有杜月笙照片一張，文字內容為：

杜月笙事略

被稱為「上海皇帝」的杜月笙（1888-1951）是上海青幫中最著名的人物，西元一八八八年中元節誕生於江蘇川沙（現為上海浦東區）高橋南杜家宅。其乳名為「月生」，發跡後以《周禮》東方之樂為「笙」，又號「月笙」。父母早逝，既無叔伯，終鮮兄弟。本在水（果）行當學徒，後入法國捕房探長黃金榮之公館打雜，女主人桂生姐慧眼識其氣度恢宏，智勇雙全鼎力提攜，由一介十里洋場的浦東孤兒，晉升到上海皇帝的國際聞人，美國傳記作家約翰·根仕譽其為「中國的猛漢，亞洲最受矚目的大人物」。人有求於他（，）嘴邊掛著「閒話一句」（。）平生不喜沾染政治，然自北伐、清黨、抗日，甚至於蔣介石、宋美齡結婚式場維安，「婉勸」蔣之前妻陳潔如赴美遊學，成全世紀聯姻……杜月笙無役不與，潛力所及，鼓蕩風雲，動見觀瞻。

杜月笙在臺北的墓地

盧溝橋事變時，上海人民大力投入戰場，杜月笙也參加了上海各界抗敵後援會，更兼任主席團成員及籌募委員會主任。他積極參與勞軍活動，籌集大量物質，送到抗敵後援會。並弄到一些軍中急需的器材、裝甲保險車送給抗日將領，使他的影響更為深遠。

他常喟嘆：「人生有三碗難吃的『面』——情面、體面、場面。」即使冠蓋雲集，門庭若市，喜自嘲：「我們只是『夜壺』——被利用完了，還是要塞回床底。」八仙橋杜公館長年夏施痧藥，冬送棉衣，死贈棺衾。每月有三千人憑證領受救濟金。遇天災國難，每每粉墨登場義演賑災救難，笑他荒腔走板，老少爭睹捐輸。常憶兒時輕狂窘迫，輒告誡門生弟子：「吃是明功，著是威風，賭是對沖，嫖是落空。」

一九五一年，中元節前夕，杜月笙病逝香港，遺囑「皈依國土」，移遷臺灣，由太古輪船公司抵基隆，再寄厝臺北「極樂殯儀館」。由陳誠、于右任、王寵惠、許世英、張群等組成「安厝委員會」，祈大鵬半年深測，卜定墓址，以其蒼松如海，梵音欲流，景幽氣爽，合是長眠之地。蔣中正親書輓額，並於安厝禮成直升機盤旋墓園，低徊不已……

該篇「事略」文字總體尚屬雅致，當然溢美多多。

小路的左側就是秀峰國民小學，在小學與禪院之間，有一條小路，通往山裡。我們上山時，正是上課時，周圍十分寂靜。三人即開始漫步小路，約百餘米，小路盡頭，出現了上山道。拾級而上，沒有幾步，就看到一石墩上刻著「杜墓界」。原來杜月笙的墓地已到了。

首先映入眼簾的是杜妻姚氏之墓，姚氏就是姚玉蘭女士，當年上海灘的名伶。立墓碑的是姚玉蘭所生的兒女，黑色墓碑上刻金字：「生於民前七年農曆五月十一卯時，歿於民國七十二年農曆十一月初四申時，」中書「顯妣杜母姚太夫人谷香墓」，落款為「孝男維善、維嵩，孝女美如、美霞率孫叩立」。其中維嵩名字已有黑框，也就是他走在了母親前面了。

再往上攀登十數米，就是杜月笙墓地了。杜、姚兩墓不在一中軸線上，姚氏之墓稍偏，杜墓坐東南而面西北。

杜墓規模宏大，半圓形的墓穴上刻有蔣中正手書「義節聿昭」四字。蔣的題詞下為張群所書的「月笙先生千古」及「譽聞永彰」四個大字。墓碑上方為立碑時間：中華民國四十二年六月二十八日。中刻大字「顯考杜公月笙府君之墓」，下列所有杜氏兒女名字，依次為：男維屏、維善、維藩、維翰、維垣、維寧、維新、維嵩；女美如、美霞、美娟敬立。

杜墓上蓋一塊黛色石板，墓前有數個石瓶。其中的一隻石瓶裡插著三支香菸，自然是熄滅了的，但在地上可看到，約一釐米半長的煙灰還是非常完整的，我推測也許是今天早上有人來點燃的。說著，我們環顧四周，只見我們上山的道，兩旁的雜草、樹枝均修剪整齊，也就是說，一定有人看墓或是時常來打掃的。

杜墓坐東南而面西北。西北不就是上海方向、浦東方向嗎？杜月笙是為了望見故鄉——上海高橋。

一代梟雄，死後只能暫棲身於臺北近郊小山的一角，「回浦東」的夙願至今未成，令人不勝感慨也。

隨著海峽兩岸關係的改善，杜月笙的遺願能實現嗎？

國家圖書館出版品預行編目(CIP) 資料

繁花上海背後：上海黑幫/蘇智良著 -- 二版
-- 新北市：立緒文化事業有限公司, 民113.04
336 面 ; 14.8×21 公分. --（新世紀叢書）

ISBN 978-986-360-226-2（平裝）

1. 幫會 2. 黑社會 3. 中國

546.97 113003245

繁花上海背後：上海黑幫

（原書名：上海黑幫）

出版 — 立緒文化事業有限公司（於中華民國 84 年元月由郝碧蓮、鍾惠民創辦）
作者 — 蘇智良

發行人 — 郝碧蓮
顧問 — 鍾惠民

地址 — 新北市新店區中央六街 62 號 1 樓
電話 — (02) 2219-2173
傳真 — (02) 2219-4998
E-mail Address — service@ncp.com.tw
劃撥帳號 — 1839142-0 號 立緒文化事業有限公司帳戶
行政院新聞局局版臺業字第 6426 號

總經銷 — 大和書報圖書股份有限公司
電話 — (02) 8990-2588
傳真 — (02) 2290-1658
地址 — 新北市新莊區五工五路 2 號
排版 — 伊甸社會福利基金會電腦排版
印刷 — 尖端數位印刷股份有限公司

法律顧問 — 敦旭法律事務所吳展旭律師

分類號碼 —546.97
ISBN— 978-986-360-226-2
出版日期 — 中華民國 99 年 11 月初版 一刷（1 ～ 3,000）
中華民國 113 年 4 月二版 （初版更換封面）

定價◎ 360 元（平裝）

大旗文化 閱讀卡

姓　名：

地　址：□□□

電　話：(　　)　　　傳　眞：(　　)

E-mail:

您購買的書名：＿＿＿＿＿＿＿＿＿＿

購書書店：＿＿＿＿市（縣）＿＿＿＿＿＿書店

■您習慣以何種方式購書？

□逛書店 □劃撥郵購 □電話訂購 □傳真訂購 □銷售人員推薦

□團體訂購 □網路訂購 □讀書會 □演講活動 □其他＿＿＿＿

■您從何處得知本書消息？

□書店 □報章雜誌 □廣播節目 □電視節目 □銷售人員推薦

□師友介紹 □廣告信函 □書訊 □網路 □其他＿＿＿＿

■您的基本資料：

性別：□男 □女　婚姻：□已婚 □未婚　年齡：民國＿＿＿年次

職業：□製造業 □銷售業 □金融業 □資訊業 □學生

□大眾傳播 □自由業 □服務業 □軍警 □公 □教 □家管

□其他＿＿＿＿＿＿＿＿

教育程度：□高中以下 □專科 □大學 □研究所及以上

建議事項：

愛戀智慧 閱讀大師

廣 告 回 信
北區郵政管理局登記證 北臺字8448號
免 貼 郵 票

立緒文化事業有限公司 收

新北市 2 3 1

新店區中央六街62號一樓

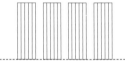

請沿虛線摺下裝訂，謝謝！

立緒文化 閱讀卡

感謝您購買立緒文化的書籍

為提供讀者更好的服務，現在填妥各項資訊，寄回閱讀卡（免貼郵票），或者歡迎上網http://www.facebook.com/ncp231 即可收到最新書訊及不定期優惠訊息。